J. A. Wagner, Dio Cassius

Dio Cassius' römische Geschichte

Fünfter Band, die Register enthaltend

J. A. Wagner, Dio Cassius

Dio Cassius' römische Geschichte
Fünfter Band, die Register enthaltend

ISBN/EAN: 9783743396920

Hergestellt in Europa, USA, Kanada, Australien, Japan

Cover: Foto ©ninafisch / pixelio.de

Manufactured and distributed by brebook publishing software (www.brebook.com)

J. A. Wagner, Dio Cassius

Dio Cassius' römische Geschichte

Dio Cassius

Römische Geschichte

Fünfter Band
die Register enthaltend.

Aus dem Griechischen übersetzt

von

Johann Augustin Wagner,

Conrector am Gymnasium zu Merseburg.

Frankfurt am Main
bei Johann Christian Hermann
1796.

I. Historisches Register.

[Die erste Ziffer, mit darauf folgendem Komma, bedeutet Bücher, die folgenden Kapitel. Br. sind Bruchstücke.]

Abas, Fluß in Albanien, 37, 3.
Acerraner, grausame Behandlung derselben durch Hannibal. Br. 54. (Liv. 27, 3.)
Acerronia Polla, Gesellschaftsdame Agrippinens (Nero's Mutter) ertrinkt in der See. 61, 13.
Achäer. Ihre Streitigkeiten mit den Lacedämoniern (Pausanias Ach. 7, 11—13.) die dann die Römer zu Hülfe riefen, und dadurch Schuld an Trennung des Achäischen Bundes wurden. Br. 165. (vergl. Justin 34, 1. der eben so kurz als aufrichtig das Verfahren der Römer schildert) — hatten alle halbe Jahre eine Volksversammlung. Br. 165.
Achaja leidet viel im Kriege Augusts gegen Sext. Pompejus 48, 39. 46. — wird bey der Theilung der Provinzen zwischen August und dem Senat eine senatorische Provinz 53, 12. — war nebst Macedonien unter Tiber kaiserlich geworden, Claudius macht sie aber wieder zur Volksprovinz. 60, 24. (Suet. Claud. 25.) — Nero erklärt es für einen Freystaat. 63, 11. (Suet. 24.) welches Vorrecht doch Vespasian wieder aufhebt. ebendas.

Dio Cass. 5. B.

I. Historisches Register.

Achillas, Oberfeldherr in Aegypten, empfängt den Pompejus mit verstellter Höflichkeit, und läßt ihn dann umbringen 42, 4. — zieht mit der Armee gegen Cäsar an, und läßt sogar dessen Gesandte hinrichten 42, 37. — auf Arsinoes Befehl ermordet. 42, 40.

Achilles. Kaiser Caracall stellt bey seiner Anwesenheit in Troja zu dessen Andenken Spiele an, und läßt ihm eine eherne Bildsäule errichten. 77, 16.

Man. Acilius Glabrio (Consul 563.) vertreibt den König Antiochus aus Griechenland, und verdient sich Lob, daß er sich an keinem Griechischen Tempel vergreift, vielmehr dieselben noch verschönert. Br. 123.

Man. Acilius Glabrio (Consul 687.) 35, 12. Nachfolger Luculls im Mithridatischen Kriege, 35, 14. kommt aber nicht zur Armee, weil vielmehr in Bithynien, 35, 17. giebt ein Gesetz wider Amtserschleichung, der er doch selbst einigermaßen schuldig ist. 36, 21.

M. Acilius vertheidigt die Stadt Oricum gegen Pompejus 42, 14. (Cäs. vom Gall. Kriege 3, 15.)

Man. Acilius Glabrio (Consul 844.) wird von Domitian umgebracht, weil er ihm im Wettkampf gegen wilde Thiere überlegen war. 67, 14.

Man. Acilius Glabrio. Exconsul, von Pertinax sehr geschätzt 73, 3. (Herodian 2, 3. 8.)

Acte (Claudia) eigentlich Sclavin aus Asien gebürtig, Liebschaft des Nero 61, 7. (Sueton 28.)

Actium.

I. Historisches Register.

Actium. Vorgebirge. Lage desselben 50, 12. dem Apoll gewidmet. ebendas. dem auch August hernach eine Kapelle daselbst errichtet 51, 1. und die sogenannten Actischen Spiele alle fünf Jahre verordnet 51, 1. die auch unter den folgenden Kaisern gefeiert werden 59, 20.

Adana, St. in Cilicien. 47, 31.

Adenystra. Kastell in Adiabene. 68, 22.

Adiabene. Provinz in Assyrien. Lage derselben 68, 26. Erdkluft daselbst Br 10 vergl. mit 68, 27. — Tigranes fällt unter Nero in dieselbe ein, und verwüstet sie 62, 20 von Trajan erobert 68, 6. — Feldzug des Sept. Severus in dieselbe 75, 1 2.

Adra Feldherr der Belgier gegen Cäsar. 39, 1. (Cäsar nennt ihn Galba, vom Gall. Kriege 2, 4.)

Adraste. Auch bey den Britten als Göttin verehrt, kommt vor unter dem Namen Andate 62, 7. und Andraste 62, 6. (ist mit der Phönicischen Astarte einerley. Selden de Diis Syris Synt 2.)

Adrian, s. Hadrian.

Adrumetum, St. in Africa. Hier landet Cäsar, wird aber von der Stadt selbst zurückgeschlagen 42, 58. — Von Tit. Sextius unter dem Triumvirat eingenommen 48, 21.

Aduatiker, s. Atuatiker.

Adventus, vorher Profos und Spion bey der Armee, dann Kammerdiener, hernach von Macrin zum Senator, Consul (971.) und Stadtpräfect gemacht 78, 14.

Abule, f. Athlula.
Acas, (bey Dio Anas) sonst auch Aous. Fl. bey Apollonien 41, 45.
Aeduer, suchen bey Cäsar Schutz gegen die Helvetier 38, 32. Empörung derselben 40, 37. 38.
Aegeä, Stadt in Cilicien 47, 30. richtiger Aegä, wie es 78, 39. wirklich steht.
Aegestes. Numitors Sohn, von Amulius umgebracht. Br. 3. (beym Ovid. Fast. 4, 54. 55. Lausus.)
Aegina, nimmt August den Atheniensern, die bisher die Nutzung davon gezogen hatten 54, 7.
Aegypten. Von Gabin bey Wiedereinsetzung des Ptolemäus erobert 39, 58. — Empört sich gegen Cäsar 42, 9. 34. wird bezwungen, und Kleopatren zugetheilt 42, 44. — Anton begünstigt das Land in Rücksicht auf Kleopatra 49, 41. — August verzeiht dem Lande nach der Schlacht bey Actium 51, 16. — macht es aber zinsbar 51, 17. wird kaiserliche Provinz 53, 12. — Es werden Richter als Statthalter dahin gesandt, nicht Senatoren, die ohne besondere Erlaubniß nicht einmal in Privatangelegenheiten dahin reisen dürfen — alles deswegen, weil Aegypten ein Land war, durch dessen natürliche Fruchtbarkeit (Kornkammer von Rom) sich ein mächtiger Römer leicht Nachdruck geben konnte 51, 17. (vergl. Tacit. Hist. 1, 11. Annal. 2, 59.) — Auch soll kein Aegyptier Senator in Rom werden können, wovon man unter Caracall das erste Beyspiel hat. (s. Köranus) 51, 17. 76, 5. — Empört sich zu

I. Historisches Register.

M. Aurels Zeiten unter Anführung eines Priesters Isidorus 71, 4.

Aegyptier. Nationalcharacter, Leichtsinn und Wankelmuth 51, 17. 50, 24. — Haben viele Götter, über die sie oft selbst mit einander Krieg führen 42, 34. — ihr Gottesdienst innerhalb der Ringmauer oft, auch von August verboten. (s. antiquar. Regist. unter Serapis) 53, 2. — Rechnen ihre Monate zu dreyßig Tagen 43, 26. — sind sehr rüstige Lastträger 50, 28. — Sept. Severus läßt ihre geheimen Bücher überall wegnehmen 75, 13.

Aelia Capitolina, an Jerusalems Stelle von Hadrian erbaut 69, 12.

Aelia Catella, achtzigjährige Dame, macht Neros Bartfeste zu Ehren noch ein Tänzchen mit 61, 19.

Aelianus. (Casperius) prätor. Präfect unter Domitian und Nerva, verhetzt die Leibwache gegen den letztern 68, 3. deshalb von Trajan zur Strafe gezogen Kap. 5.

Aelius Gallus. s. Gallus.

Aelius Saturninus, wird wegen eines Spottgedichts auf Tibers Befehl vom Tarpejischen Felsen gestürzt 57, 22.

Aelius Sejanus. s. Sejan.

Aelius Tubero Consul. (743.) 54, 32.

Aelix. Aurel. berühmter Athlet unter Elagabal 79, 10.

Aemilia Vestalin. wird ihrem Gelübde untreu Br. 92. (deswegen hingerichtet Oros. 5, 15. Asconius üb. Cic. Milon 12.)

Aemilian, einsichtsvoller Senator und Feldherr des Pescenn. Niger, bleibt im Treffen 74, 6.

Cäcil. Aemilian, Statthalter im Bätischen Spanien, auf Caracalls Befehl hingerichtet 77, 20.

L. Aemilius (Paulus) Besieger des Königs Perseus, sein Lob Br. 76. ließ nur seinen Soldaten so viel Willen im Plündern. ebendas.

M Aemilius Lepidus. Triumvir. s. Lepidus.

L. Aemilius (Paulus) von seinem eigenen Bruder, dem Triumvir Lepidus, geächtet 47, 6. Dieser erlaubt ihm doch nachher, sich nach Miletus zu wenden 47, 8. (ist vielleicht derjenige, der unter August gegen die Cantabrier und Asturier zu Felde zog 53, 29.)

P. Aemilius Lepidus, (von dem vorhergehenden verschieden) Untercensor nebst Piso zu Augusts Zeiten 54, 1. (Perizon. Animadv. Hist. S. 125. ff. d. Harles. Ausgabe.)

Aemilius Rectus, Statthalter in Aegypten unter Tiber 57, 10.

Mamercus Aemilius Scaurus, als Verfasser einer Tragödie Atreus unter Tiber hingerichtet 58, 24. (Tac Ann. 6, 29. Seneca Controvers. 4.)

Aemilius Lätus. s. Lätus.

Aemilius Saturninus, prätor. Präfect unter Septim. Severus, von seinem Collegen Plautian ums Leben gebracht. 75, 14.

Aeneas

I. Historisches Register.

Aeneas kommt aus Macedonien, erhält Lavinien zur Gemahlin, bleibt in der Schlacht gegen Mezenz Br. 3. sein Geschlecht geht mit Nero aus 62, 18. 63, 29.

Aequier, erobern Tusculum, gewinnen eine Schlacht gegen M. Minucius, und Quintius wird gegen sie zum Dictator gewählt, Br. 27. u. 140.

Aesar in Etruscischer Sprache so viel als Gott. 56, 29.

Aeserninus s. M. Marcellus.

Aethiopier, fallen zu Augusts Zeiten unter Anführung ihrer Königin Kandace in Aegypten ein, werden aber von Petronius zurückgetrieben. 54, 5. — ihre Hauptstadt Tapana. ebendas.

Aetna. Berg, wirft vor der Schlacht bey Actium gewaltiges Feuer aus. 50, 8.

Aetolier, unterstützen den König Pyrrhus Br. 39. hingegen den Flaminius gegen König Philippus Br. 157. und Cäsarn im Bürgerkriege 41, 5¹.

Afer (Domit.) s. Domitius.

L. Afranius. Unterfeldherr (Legat) des Pompejus im Orient gegen Phraates 37, 5. auf Empfehlung des Pompejus Consul (694.) 37, 49. — tanzt als Consul gut. ebendas. (Cicero an Atticus 1, 16. 19.) — Unterfeldherr im Bürgerkriege in Spanien, wo er dem Cäsar viel zu schaffen macht. 41, 20. — sich aber ergeben muß. K. 22. — ficht dennoch wieder in der Pharsalischen Schlacht gegen Cäsar, und geht nach Verlust derselben zu Cato 42, 10. — flieht nach Mauritanien, wird aber ergriffen, und auf Cäsars Befehl niedergemacht. 43, 12.

P. Afranius Petitus, gemeiner Bürger, thut bey einer Krankheit des Caligula das Gelübde, auf den Fall der Genesung selbst sterben zu wollen, und der Kaiser zwingt ihn, Wort zu halten. 59, 8.

Africa, nach der Pharsal. Schlacht und Besiegung des Scipio und Cato nimmt Cäsar von Numidien Besitz, und theilt Africa in zwey Theile: den Theil Lybiens in der Gegend von Karthago, (weil er schon längst erobert war,) Alt Africa; und das jetzt bezwungene Numidien, Neu Africa 43, 9. — unter dem Triumvirate bald Cäsarn, bald Anton, zuweilen auch Lepidus, wenigstens dem Scheine nach, zugetheilt 48, 1. 21. 50, 6. — Libya Cyrenaica vom Triumvir Anton der Kleopatra gegeben. 49, 41. — Bey der Theilung der Provinzen zwischen August und dem Senat bekommt Africa und Numidien die letztere 53, 12. — erhält, nebst Asien, ausschlüßlich Consularen zu Statthaltern, die übrigen Provinzen nur Exprätoren. 53, 13. — Caligula macht die Einrichtung, daß die Armee und Numidien einen eigenen Vorsteher haben sollen, (abgesondert von dem Statthalter im eigentlichen Africa) 59, 20. — Mauritanien wird vom Kaiser Claudius in zwey Provinzen, Tingitanam und Cäsariensem eingetheilt, und jede bekommt einen Römischen Ritter zum Statthalter. 60, 9.

I. Historisches Register.

Africaner, der Treulosigkeit wegen berüchtigt Br. 60. — rohen, wilden Wesens 77, 6. — **Africanische Thiere**, Elephanten, Pantherthiere u. s. w. oft in Rom bey Spielen aufgestellt, 53, 27. 54, 26. u. s. w.

Agamemnon, die Romaner geben vor, die Nachkommenschaft desselben habe sich bey ihnen erhalten 35, 11.

Agathokles, König von Sicilien. Br. 40.

Agathosthenes, alter Geschichtschreiber angeführt Br. 10.

Cäcil. Agricola, einer der vornehmsten Schmeichler Plautians, wird nachher hingerichtet, 76, 5.

Cn. Jul. Agricola, Statthalter in dem von ihm besiegten Britannien, entdeckt zuerst, daß es Insel sey, lebt dennoch nachher verkannt und arm, und wird auf Domitians Befehl hingerichtet. 66, 20. (sein Leben von seinem Schwiegersohne Tacitus.)

Marcius Agrippa, vorher Sclav und nach unserer Art Friseur, unter Kaiser Macrin Statthalter in Pannonien und Dacien 78, 13.

M. Vipsan. Agrippa, Octavian (August) trägt ihm den Krieg gegen Sext. Pompejus auf 48, 20. sendet ihn gegen Anton, um Sipuntum wieder zu erobern. 48, 28. — Consul (717.) geht als solcher gegen die rebellischen Gallier über den Rhein, erhält die Ehre des Triumphes, die er doch verbittet, und bekommt nun die Anschaffung und Ausrüstung der neuen Flotte gegen

gegen Sext. Pompejus zu besorgen. 48, 49. — legt den Hafen bey Bajä an 48, 50. — gewinnt eine Seeschlacht gegen Demochares, den Admiral des Sextus Pompejus bey Mylä 49, 3. 4. — geht dann nach Sicilien herüber, um den Cornificius zu retten. 6. 7. gewinnt die entscheidende Seeschlacht gegen S. Pompejus 8—10. — bekommt zuerst und zuletzt unter allen Römern eine goldene Corona rostrata. K. 14. — wird gegen die Dalmater gesandt. 49, 38. — läßt die Marcische Wasserleitung, alle öffentliche Gebäude und Landstraßen herstellen, und die Kloaken säubern, giebt auch dem Volke als Aedil prächtige Spiele 49, 42. 43. (vergl. besonders Plin. Hist. natur. 36, 15.) erobert in dem Bürgerkriege gegen M. Anton die Stadt Methone, wo er den König Bogud tödten läßt 50, 11. — ingleichen die Insel Leukas, Paträ und Korinth, und gewinnt eine Seeschlacht gegen Q. Nasidius 50, 13. — eine andere gegen Sossius K. 14. (s. Ruhnken zu Vell. Paterc. 2, 85.) — nach der Schlacht bey Actium bekommt er nebst Mäcen volle Gewalt über Rom und Italien 51, 3. und eine seeblaue Fahne 51, 21. — räth dem August, die republikanische Regierungsform wieder herzustellen 52, 2 — 13. läßt sich aber auch Augusts Entscheidung für Monarchie gefallen 52, 41. — ist in Augusts Gesellschaft Censor. 52, 42. — und Consul zum zweytenmal 726.) 53, 1. — August giebt ihm Marcellen, seiner Schwester Tochter, zur Gemahlin ebendas. — er verschönert die Septa

(Schran-

I. Historisches Register.

(Schranken) auf dem Marsfelde 53, 43. — baut den Säulengang des Neptuns, das Lakonische Bad, und das Pantheon 53, 27. — muß, weil sein Haus abbrennt, zu August in den Pallast ziehen. ebendas. — August giebt ihm bey seiner gefährlichen Krankheit seinen Siegelring, und erklärt ihn dadurch einigermassen zum Nachfolger in der Regierung 53, 30. 31.— Weil Marcell darüber empfindlich ist, giebt August dem Agrippa die Statthalterschaft über Syrien, er sendet aber nur Legaten dahin, und geht nach Lesbos 53, 32. August nöthigt ihn, sich von Marcellen zu scheiden, und sich mit seiner eigenen Tochter Julien zu vermählen, um ihm als neuem Stadtpräfect mehr Ansehen zu geben 54, 6. — Julia gebiert ihm den Cajus (Cäsar) 54, 8. — er geht nach Gallien, wo er theils innerliche, theils von einfallenden Celten veranlaßte Unruhen beylegt, dann nach Spanien, wo er nach vieler Mühe die Cantabrier besiegt 54, 11. — erhält von August Volkstribunengewalt auf fünf Jahre 54, 12. — ihm wird der zweyte Sohn Lucius gebohren, den August nebst dem ältern Bruder adoptieret, und beyde für seine Nachfolger in in der Regierung erklärt 54, 18. — scheint doch auch seine Feinde zu haben 54, 15. — wird wieder nach Syrien gesandt 54, 19. — bekommt einen Krieg im Cimmerischen Bosporus zu führen, und endigt ihn glücklich 54, 24. — die Tribunengewalt wird ihm verlängert, und er muß nun gegen die Pannonier zu Felde ziehen, ben, die sich aber noch vor seiner Ankunft bequemen. Auf der Rückreise wird er in Campanien krank, und stirbt. August hält ihm selbst die Leichenrede, und läßt ihn in seinem Mausoleum beysetzen 54, 28. — noch nach seinem Tode wird ihm ein Sohn (Agrippa Postumus) gebohren 54, 29. — sein Lob 53, 23. 54, 29.

C. Agrippa (Cäsar) ältester Sohn des vorhergehenden von Julien 54, 8.. wird von August adoptiert 54, 18. — sitzt bey Schauspielen neben Tiber, welches August mißbilligt, um ihn nicht vor der Zeit stolz zu machen 54, 27. giebt Spiele bey Augusts Rückkehr 55, 8. — fängt an, etwas liederlich zu werden 55, 9. — wird in den Krieg in Armenien mitgesandt, stirbt aber daselbst, und sein Leichnam wird nach Rom gebracht. 55, 11. 12.

L. Agrippa (Cäsar) zweyter Sohn des Vipsan. Agrippa von Julien, nebst dem ältern Bruder von August adoptiert. 54, 18. — fängt an, in Ausschweifungen zu verfallen 55, 9. stirbt jung. 55, 11.

Agrippa Postumus, dritter Sohn des Vipf. Agrippa, nach dessen Tode von Julien gebohren 54, 29. — seine niedrige Denkart — Fischen war seine Haupneigung, weswegen er sich auch Neptun nannte — Grobheit gegen Livien und August selbst — wird in die Insel Plarasia bey Corsica entfernt, 55, 32. — weil August kurz vor seinem Tode denselben auf seiner Insel besucht,

I. Historisches Register.

besucht, und sich mit ihm aussöhnen zu wollen scheint, so kommt nicht nur Livia in den Verdacht, Augusts Leben verkürzt zu haben 56, 30. sondern Tiber läßt ihn auch sogleich nach Augusts Ableben aus der Welt schaffen. 57, 3. — ein Pseudo-Agrippa. 57, 16.

Agrippa Vibulenus. s. Vibulenus.

Agrippa (Herodes) von Tiber in Fesseln gelegt, bekommt von Caligula das großväterliche Reich wieder 59, 8. — Gesellschafter des Caligula in Gallien, bestärkt ihn in der Kunst zu tyrannisieren. 59, 24. bekommt vom Kaiser Claudius noch mehr Land und Consularenrang. 60, 8.

Agrippa der jüngere, König in Ituräa, kommt unter Vespasian mit seiner Schwester Berenice nach Rom, und erhält Prätorenrang. 66, 15.

Agrippina, Augusts Enkelin von Agrippa und Julien, Germanicus Gemahlin, wird von der Armee in Deutschland gefangen genommen. 57, 5. — Tiber ist mißtrauisch gegen sie 57, 6. — läßt sie ums Leben bringen 58, 22 ihr Sohn Caligula bringt ihre Asche nach Rom, und läßt sie in Augusts Gruft beysetzen 59, 3.

Agrippina, Germanicus Tochter, Gemahlin des Cn. Domitius, Neros Mutter. 58, 20. — Anekdote von Neros Geburt 61, 2. — buhlt mit dem eigenen Bruder Caligula, wird aber, weil sie es auch mit Lepidus hält, in die Insel Pontia verwiesen. 59, 22. — eine andere Liebschaft derselben ist Tigellin. 59, 23. — Kaiser Claudius läßt sie aus der Verbannung zurückkommen

I. Historisches Register.

kommen 60, 4. — sie schmeichelt sich bey ihm, dem Onkel, an, daß er sie zur Gemahlin nimmt: als solche spielt sie gewaltige Rärke, läßt dem Stiefsohne von (Messalinen) Britannicus eine sehr schlechte Erziehung geben, und verleitet dagegen den Kaiser, ihren Sohn Nero zum Eidam, und an Sohnes Statt anzunehmen — ist grausam, und läßt mehrere Personen hinrichten 60, 32. — neue Liebschaft Pallas. 61, 3. — selbst Seneca kommt in ähnlichen Verdacht. 61, 10. — sie bringt dem Claudius Gift bey. 60, 34. — maßt sich anfangs Theilnehmung an Regierungsgeschäften an, auf Senecas und Burrhus Rath schränkt sie doch Nero ein. 61, 3. — sie mäkelt indeß immer fort, und ist gebieterisch gegen Nero selbst. 7. — ist im Verdacht, den Sohn selbst zur Blutschande zu verleiten 11. — soll auf einem künstlichen Schiffe nach Neros Absicht im Meere ihr Grab finden, entschwimmt zwar glücklich, wird aber nachher niedergestoßen, und von dem Sohne noch als Leiche frevelhaft behandelt. K. 12—14.

Agrippinus (Fabius) Statthalter in Syrien unter Macrin, auf Elagabals Befehl hingerichtet. 78, 3.

Agron, König in Illyrien, sein Sohn Pinnes, seine Gemahlin Teuta. Br. 151. vergl. Br. 46.

Agylla, nachher Cäre St. in Etrurien. Br. 142.

Akademie in Athen, von Sylla ihrer schönen Alleen beraubt. Br. 121.

Akroceraunia, ganz am Ende von Epirus an der Mündung des Jonischen Meerbusens. 41, 44.

Akrö-

I. Historisches Register.   15

Akropolis, Festung an den so genannten Caspischen Bergpässen. (Caspiä Portä) 37, 1.

Alabanda, Stadt in Carien 48, 26.

Alamannen. Weiber derselben bringen sich lieber selbst ums Leben, als daß sie Sclavinnen werden sollten 77, 14. — Ihre Männer geben vor, durch Zaubermittel Caracalls Gehirn verrückt zu haben 77, 15.

Alba Longa St. woher sie ihren Namen hat. Br. 3.

Alba Pompeja, Stadt in Ligurien, Colonie Pompejus des Großen, Geburtsort des Kaisers Pertinax 73, 3.

Albaner (in Asien) überfallen den Pompejus in den Winterquartieren 36, 37. — werden dann von ihm selbst angegriffen 37, 4. Doch gesteht er ihnen den Frieden zu 37, 5. — ihr Land von P. Canidius Crassus eingenommen 49, 24.

Albanischer Berg und Gebiete im Lateinerlande. Bildsäule Jupiters auf dem Albanischen Berge 39, 15. — Kapelle der Juno 39, 20. — die Consuln hatten ein öffentliches Gebäude daselbst, das sie bey den Lateinischen Ferien bewohnten 54, 29. — Tiber hielt sich oft da auf 58, 24. auch Domitian 66, 3. 67, 1. 14.

Albanische Legion, ein Theil der Leibwache, vom Albanischen Berge, wo sie im Quartiere lag, benannt 78, 13. 79, 4.

L. Postum. **Albinus.** Feldherr in Illyrien gegen Teuta. Br. 151.

Albinus

I. Historisches Register.

Albinus (D. Clod. Septimius) Feldherr unter Commodus gegen die Sarmater 72, 8. Unter Pertinax und Did. Julianus Statthalter in Britannien 73, 14. — Sept. Sever zieht ihn in sein Interesse, und verspricht, ihn zum Mitregenten und Thronfolger anzunehmen 15 — will ihn nach Pescennius Nigers Besiegung nicht mehr dafür erkennen, es kommt zum Kriege, Albin wird nach einigen erhaltenen Vortheilen bey Lyon geschlagen, und bringt sich selbst ums Leben 75, 4 — 7.

Alchaudonius, Arabischer Dynast, unterwirft sich dem Lucullus 35, 2. ist auf der Parther Seite gegen Crassus 40, 20. tritt unter dem Triumvirat dem anmaßlichen Statthalter Syriens, Bassus, als dem meistbietenden bey 47, 27.

Alexander, der Große. Seine Bildsäule zu Cadix im Tempel des Herkules 37, 52. August läßt sich dessen Leichnam in Alexandrien zeigen 51, 16. Sept. Sever läßt aber diese Gruft auf immer verschließen 75, 13. vorzüglicher Nacheiferer desselben war Trajan, der gar zu gern, wie jener, einen Zug nach Indien gemacht hätte 68, 29. — ingleichen Caracall 77, 7. ff. — und Pescennius Niger 74, 7. — Unter Elagabal durchzieht ein Dämon unter Alexanders Namen Thracien, geht nach Byzanz und Chalcedon, bringt Opfer, begräbt ein hölzernes Pferd unter die Erde, und — verschwindet 79, 18.

Alexander,

I. Historisches Register.

Alexander, (Jamblichus des ältern Bruder) in Emesa. August nimmt ihm das Reich, führt ihn im Triumph auf, und läßt ihn hinrichten 51, 2.

Jul. Alexander in Emesa, unter Commodus hingerichtet. 72, 14

Jul. Alexander. Feldherr unter Trajan 68, 30.

Alexander, Antons, des Triumvirs Sohn von Kleopatra 49, 32. Der Vater hält für ihn bey dem König von Armenien um die Tochter an 49, 39. — weil dies nicht zu Stande kommt, vermählt er ihn mit Jotape, der Medischen Prinzeffin 49, 40. 44. — und theilt ihm das eroberte Reich Armenien zu 49, 41. — der Vater nennt ihn Sol, (Sonnengott) so wie deffen Schwester, Kleopatra, Luna 50, 25. 51, 21. — August läßt ihm das Leben 51, 15. führt ihn aber im Triumph auf 51, 21.

Alexander Severus. Kaiser. Sein eigentlicher Name Baffian — Enkel der Julia Mäfa, Sohn der Julia Mamäa von Geffius Marcianus 78, 30. wird von Elagabal, der mit ihm Geschwisterkind ist, adoptiert 79, 17. und nach dessen Ermordung zum Kaiser gemacht 80, 1. — erklärt seine Mutter für Augusta, und sie wählt ihm die verständigsten Männer zu Gesellschaftern und Beysitzern in Regierungsgeschäften, ebendas. (hier bricht Dio seine Geschichte ab.)

Alexandrien. Empört sich gegen Jul. Cäsar 42, 34 — 44. Damals brennt die Bibliothek daselbst ab 42, 38. — Anton erklärt sich für

Gymnasiarchen daselbst 50, 5. — soll nach Augusts Verordnung keine Senatoren haben, und bekommt sie erst unter Septim. Sever. 51, 17, Grausamkeiten Caracalls in dieser Stadt, bey welcher Gelegenheit auch das Museum und der gemeinschaftliche Speisesaal der Gelehrten zerstört wird 77, 23.

Alexandriner. Schilderung derselben 39, 58. 50, 24. — Beweis ihrer Neigung zu Spott und lakonischem Witz gegen Vespasian 66, 8. ingleichen gegen Caracall, der sich doch grausam an ihnen rächt 77, 22. 23. August schont sie blos in Rücksicht auf Alexander den Großen 51, 16.

Alienus, (bey Tacitus heißt er Cäcina, mit dem vollständigen Namen Aulus Alienus Cäcina) von Vitell zum Anführer seiner Truppen gegen Vespasian gemacht, geht zur Gegenpartey über, beredet auch seine Soldaten, den Vespasian als Kaiser anzuerkennen. Doch bald gereut es diese, und sie nehmen ihn in Cremona gefangen 65, 10. lassen ihn aber wieder los, um ihnen nach einer mörderischen Schlacht einen Vergleich mit Antonius Primus zu bewirken. Kap. 14. verschwört sich gegen Vespasian, und wird auf Titus Befehl hingerichtet 66, 16.

Allobroger. Ihre Theilnehmung an der Catilinarischen Verschwörung 37, 34.

Alma Berg in Pannonien bey Sirmium 55, 30. (bey Eutrop 9, 11. Almus. Mannert Germanien S. 758.)

Alpen.

I. Historisches Register.

Alpen. Celtische, auf ihnen entspringt der Rhein 39, 49. Cottische 60, 24. — Maritimä 54, 24. Tridentinische 54, 22.

Amanus. Bergkette zwischen Cilicien und Syrien 48, 41.

Ambriorix, Gallier, Anführer der Eburonen 40, 5. ff. vom Cäsar besiegt 40, 11. — fängt vom neuen Krieg an, und macht den Römern viel zu schaffen 40, 31. 32. Cäsar giebt sein Land der Plünderung preis. ebendas.

Amisus, St. in Pontus, erhält von Cäsar die Freyheit, weil sie sich gegen Pharnaces tapfer hält 42, 46. 48.

Amphiktyonen, Beysitzer des Griechischen Nationalconvents in Delphi. Br. 122. s. antiquar. Register.

Amphilochius, Wahrsager. Orakel desselben zu Mallus in Cilicien. 72, 7.

Amyntas, Dejotars Feldherr, (auch Staatssekretär 49, 32.) geht von Brutus zu Octavian und Anton über 47, 48. wird von Anton zum Fürsten von Galatien gemacht 49, 32. August bestätigt ihn Kap. 51. stirbt, und sein Reich wird Römische Provinz. 53. 26.

Anaitis (Manaitis in Dios Texte ist fehlerhafte Lesart) District in Armenien, einer Göttin gleiches Namens gewidmet. 36, 31 (Valesii Emendat. S. 132.).

Anas s. oben Aeas.

Anchialus, König der Henioch̄er und Machelonen

nen (im heutigen Circaſſien) unter Trajan 68, 18. 19.

Andate, Göttin der Britten. 62, 7. ſ. Abraſte.

Anderium, Feſtung in Dalmatien, vertheidigt ſich ſehr tapfer gegen Tiber und Germanicus 56, 12. 14.

Andraſte, Göttin der Britten ſ. Abraſte.

Andreas, Anführer der rebellirenden Juden unter Trajan. 68, 32.

Anicetus, Freygelaſſener Neros, von ihm gebraucht, ſeine Mutter ums Leben zu bringen. 61, 12. 13.

Anicius (Cornel.) verſchwört ſich gegen Caligula, wird aber hingerichtet. 59, 25.

Anicius Feſtus, Statthalter in Aſien unter Macrin 78, 22.

Annäus Cornutus, unter Nero vorzüglich als Gelehrter geſchätzt 62, 29. (Lehrer des Perſius und Lucanus in der Dichtkunſt.)

Annius Vinicianus, war nach Caligulas Tode mit im Vorſchlage als neuer Kaiſer geweſen, und ſucht durch Claudius Tod den Narrheiten deſſelben ein Ende zu machen, entleibt ſich aber nach entdeckter Verſchwörung ſelbſt. 60, 15.

Annius Vivianus (vermuthlich Vinicianus) des Corbulo Schwiegerſohn, von Nero zum Conſul gemacht 62, 23.

Anthemuſien, Landſchaft in Meſopotamien, hat ſeinen eigenen kleinen Fürſten (Phylarchen) 68, 21.

Antigonien St. in Syrien 40, 29.

Anti-

I. Historisches Register.

Antigonus zu des Triumvirs M. Antons Zeiten von dem Könige der Parther, als Syriens Eroberer, zum Regenten von Palästina an Hyrcans Stelle eingesetzt. 48, 26. sieht sein Land von Ventidius erobert, und muß viel Geld zahlen 48, 41. — wird seiner Treulosigkeit wegen von Sossius bekriegt, überwunden und enthauptet. 49, 22.

Antimachus Griechischer Dichter 69, 4. Note.

Antinous, Lustknabe Hadrians, stirbt und erhält Bildsäulen fast im ganzen Römischen Reich 69, 11. auch ihm zu Ehren wird

Antinoia oder **Antinoupolis**, Stadt in Aegypten benannt. ebendas.

Antiochien, von den Parthern vergebens belagert 40, 29. ingleichen von Dolabella 47, 30. — erobert von Labienus. 48, 25. großes Erdbeben unter Trajan, der damals selbst in der Stadt war. 68, 24. wird unter Sept. Sever erobert 74, 8. ihre Vorstadt Daphne 51, 7.

Antiochus, König von Syrien, führet gegen die Römer Krieg, verfällt aber nach der Einnahme von Chalcis in Schwelgerey Br. 67. 68. (vergl. Liv. 36, 11.)

Antiochus von Comagene, unterwirft sich den Römern unter Lucull. 35, 2. — Krieg des Triumvirs Anton gegen denselben, der aber sehr bald beygelegt wird. 49, 22. — August läßt ihn durch den Senat nach Rom citieren, weil er einen Gesandten seines Bruders heimlich umbringen lassen, und — hinrichten 52, 43.

Antiochus, deſſen Sohn. Caligula giebt ihm das väterliche Reich wieder, und die Küſte von Cilicien noch dazu. 59, 8. — macht dem Caligula Hof in Gallien, und iſt im Verdachte, denſelben nur noch mehr zu Grauſamkeiten zu verhetzen 59, 24. — er muß dennoch ſein Reich vom neuen verloren haben, weil es ihm Claudius wieder gegeben hat. 60, 8.

Antiochus, cyniſcher Philoſoph aus Cilicien unter Caracall. 77, 19. 21.

Antiſtius Labeo, unbeſcheidene Freymüthigkeit gegen Auguſt 54, 15.

Antonia, Mutter Livillens, der Gemahlin des Druſus. 58, 11. wird von dem Enkel Caligula genöthigt, ſich ſelbſt das Leben zu nehmen. 59, 3.

Antoninus Pius, (Note: das vollſtändige Leben deſſelben, wie es Dio beſchrieben haben mag, iſt ſchon zu ſeines Epitomators Zeiten verloren geweſen,) wird nach des ältern Commodus Tode von Hadrian adoptirt, und zum Thronfolger ernannt — bringt es durch ſeine dringenden Bitten dahin, daß der Senat dem Hadrian göttliche Ehre zuerkennt. 70, 1. hat durchgängig das Lob des rechtſchaffenen Mannes, iſt in der Gerechtigkeitspflege zu ſehr Krittler, und bezeigt Achtung gegen die Chriſten. 70, 3. 5.

Antoninus Philoſoph. (Mark Aurel.) noch zu Hadrians Zeiten und auf deſſen Befehl von Antoninus Pius adoptirt. 70, 1. 71, 1. — nimmt den L. Verus zum Mitregenten an, und giebt ihm ſeine Tochter Lucilla zur Gemahlin, nöthigt
ihn

I. Historisches Register.

ihn aber, weil er einen Meuchelmord gegen ihn vorhat, den Giftbecher zu trinken. 71, 2. führt einen langen Krieg mit den Jazygern und Markomannen, auch gegen die über den Rhein bis nach Italien vordringenden Deutschen, und bedient sich dabey der Feldherren Pompejan und Pertinax. 71, 3. fürchterliches Wintergefecht auf der gefrornen Donau gegen die Jazyger 71, 7. wundervoller Sieg über die Quaden K. 8 — 10. macht Friede mit allen diesen Völkern 71, 15 — 19. besonders auf die Nachricht von Avidius Cassius Empörung in Syrien 17, 22. edles Betragen des Kaisers bey und nach dieser Empörung K. 24 — 28. geht in den Krieg gegen die Scythen, stirbt aber unvermuthet, und, wie Dio für gewiß behauptet, durch Gefälligkeit der Aerzte gegen Commodus K. 33. sein vortreflicher Charakter, des Menschen und des Regenten 71, 29. 32. 34 — 36.

C. Antonius, als Consul Mitverschworner des Catilina. 37, 30. — ist, als solcher, dennoch zu fürchten 37, 32. man trägt ihm, weil man seine Verbindung mit Catilina nicht weiß, den Krieg wider diesen selbst auf. K. 33. bey der hernach vorfallenden Schlacht stellt er sich krank, überläßt das Commando dem M. Petrejus, und erhält den Ehrennamen eines Imperator. K. 39. 40. wird hernach wegen verübter Bedrückungen in Macedonien angeklagt, und ob er gleich einen Cicero zum Vertheidiger hat, aus der Stadt verwiesen. 38, 10.

24 I. Historisches Register.

M. Antonius, des Triumvirs Großvater, zu Cinnas Zeiten umgebracht. 45, 47.

M. Antonius, des Triumvirs Vater, verließ so viele Schulden, daß die Söhne die Erbschaft nicht antreten wollten. 45, 47.

C. Antonius, des Triumvirs Bruder, wird im Bürgerkriege von den Pompejanern auf einer kleinen Insel gefangen genommen 41, 40. 42, 11. — wird Prätor, und nimmt sich Macedonien zur Provinz 45, 9. — als Statthalter daselbst geräth er in des Brutus Hände 47, 21. wird anfangs gut, hernach aber als unruhiger Kopf und Verhetzer der Armee des Brutus strenger gehalten, und endlich, vielleicht ohne Brutus Verwissen, umgebracht. 47, 24.

L. Antonius, des Triumvirs Bruder, Volkstribun 45, 9. der Triumvir überläßt ihm die Fortsetzung der Belagerung von Modena, 46, 37. — wird Consul (713.) 48, 4. — hält in seinem Consulat einen Triumph über vorgeblich besiegte Alpenbewohner, ebendas. — schikaniert nebst Fulvien den Octavian (August) auf alle Weise 48, 5—10. — es kommt zu förmlichen kriegerischen Auftritten, Anton bemächtigt sich Roms, flieht aber bey Octavians Ankunft, wird in Perusien belagert, und aus Mangel an Lebensmitteln sich zu ergeben gezwungen. 48, 12—14.

M. Antonius Triumvir, setzt sich als Volkstribun zuerst in Cäsars Gunst 41, 1. 2. der ihn als Dictator dann zu seinem Feldherrn der Reiterey macht. 42, 21. hat während Cäsars Auf-

I. Historisches Register. 25

Aufenthalt in Aegypten die höchste Gewalt in Rom K. 27. — maßt sich das Recht an, einen Stadtpräfect in der Person des L. Cäsar zu ernennen K. 30. — Consul mit Cäsar (710.) 43, 49. — flieht bey Cäsars Ermordung, faßt aber bald neuen Muth, und versammelt den Senat im Tellustempel. 44, 22. giebt durch seine Leichenrede auf Cäsar Gelegenheit, die Amnestie ungültig zu machen. 44, 36—50. — mißbraucht den ihm gegebenen Auftrag, Cäsars Einrichtungen und nachgelassene Papiere zu untersuchen, will den jungen Octavian von der Erbschaft ausschließen, sucht dagegen den Lepidus durch Beförderung zum höchsten Pontificat bey Gutem zu erhalten 44, 53. 45, 5. läßt den jungen Octavian einmal von der Rednerbühne herabreißen 45, 7. — vergleicht sich zwar mit demselben, die Einigkeit dauert aber nicht lange. K, 8. — um das Volk, das den Octavian sehr begünstigt, auch für sich einzunehmen, läßt er eine neue Vertheilung der Ländereyen an das Volk durch seinen Bruder Lucius in Antrag bringen K. 9. — er schaltet mit den Statthaltereyen in den Provinzen, wie es ihm beliebt, wobey er besonders Cäsars Mörder zurücksetzt. K. 10. geht nach Brundisium, um die aus Macedonien herübergekommenen Legionen zu übernehmen, Octavian kommt ihm aber zuvor, und überbietet ihn. K. 12. — nun geht er nach Gallien, um dem Dec. Brutus die Provinz zu nehmen, dieser will aber nicht weichen, und wird von Octavian unterstützt. K.

14. 15. — der Senat sendet ihm Befehl zu, Legionen und Gallien abzugeben, und dagegen nach Macedonien zu gehen. 46, 29. — noch ehe man seine Erklärung hierüber hat, sieht man den Krieg für unvermeidlich an, und er. nennt die Consuln, und den Octavian unter dem Titel eines Prätors, in dem jenseitigen Gallien aber den Lepidus und Munacius Plancus zu Heerführern K. 29. 30. er belagert den Plancus in Modena. K. 35. — zieht den zum Entsatz anrückenden Consuln Hirtius und Octavius entgegen, ist auch anfangs so glücklich, nicht nur über diese zu siegen, sondern auch dem Vibius Pansa unterwegs aufzulauern; am Ende wird er dennoch in einer förmlichen Schlacht besiegt. K. 36 — 38. — Octavian, vom Senat zurückgesetzt, läßt ihm unter der Hand Frieden antragen 41. — nach und nach sammelt er wieder eine Armee von den aus der Schlacht entkommenen, Lepidus tritt zu ihm über, und nun vereinigen sich alle drey 51. kommen dann bey Bologna zusammen, und verbinden sich zu einem Triumvirat 55. 56. — alle drey rücken dann in Rom ein, und lassen Listen der Verbannten anschlagen, wobey Anton der blutbegierigste ist 47, 2 — 8. — der Verabredung gemäß geht nun Anton gegen Brutus und Cassius, findet sich aber bey Brundisium von Statius, der dieser Männer Flotte commandiert, behindert 47, 36. — sein erster Versuch vor Octavians Ankunft ist unglücklich, doch vereinigen nun beyde ihre Armeen vor Philippi. K. 37.

I. Historisches Register.

K. 37. — Schlacht, in der er gegen Cassius zu fechten kommt, und denselben zurückschlägt, dagegen Octavian geschlagen, und beyder Lager erobert wird. K. 45. — nach Cassius Selbstentleibung sammelt Brutus noch einmal seine Kräfte, verliert aber die zwente Schlacht, und bringt sich selbst ums Leben 48. 49. — Anton macht nun eine neue Eintheilung der Provinzen mit Octavian 48, 1. — geht nach Asien, kommt mit Kleopatren in Bekanntschaft, und läßt in Asien den Plancus, in Syrien den Saxa zurück 48, 24. — läßt die Geschwister der Kleopatra vom Altar der Diana in Ephesus wegreißen und umbringen. ebendas. — schwelgt indeß in Aegypten, ermannt sich doch einmal wieder, will Tyrus, von den Parthern belagert, entsetzen, geht aber weiter nach Griechenland, wo er seine Mutter und Gemahlin spricht, den Octavian für Feind erklärt, und sich mit (Sextus) Pompejus verbindet 48, 27. — geht nach Italien, erobert Sipuntum, muß aber Brundisium förmlich belagern. ebendas. — während der Zeit stirbt seine Gemahlin Fulvia in Sicyon, und er macht mit Octavian einen neuen Vertrag über die Provinzen des Römischen Reiches K. 28. auch gegen Sextus Pompejus gemeinschaftliche Sache zu machen. K. 29. — die Soldaten dringen in Brundisium auf Bezahlung der versprochenen Gelder, und Octavian beruhigt sie. K. 30. — auch Senat und Volk sind über den Krieg gegen Sext. Pompejus sehr aufgebracht,

Anton

Anton und Octavian kommen darüber selbst in Lebensgefahr, und sehen sich gezwungen, mit Sextus einen Vergleich zu treffen 30. — Zusammenkunft bey Misenum, und Vergleich 36 – 38. — Anton geht nun nach Griechenland zurück, legt sich den Namen des zweyten Bacchus bey, läßt sich auch den Vorschlag der Athenienser gefallen, ihre Schutzgöttin Minerven zur Gemahlin anzunehmen, wobey Athen, wie billig, für die Aussteuer zu sorgen hat. K. 39. — nach Asien läßt er den Ventidius vorausgehen, um den Krieg gegen die Parther zu führen. ebendas. — kommt auf Octavians Entbieten, weil der Krieg mit Sext. Pompejus von neuem beginnt, wieder einmal nach Brundisium, eilt aber, ohne Octavian zu sprechen, in den Orient zurück 48, 46. — kommt noch einmal nach Octavians Verlust zur See nach Italien, mehr doch, um Octavian auszukundschaften. Octavian stiftet noch Versöhnung, die er doch bald nachher, unter dem Vorwande, sie den Gefahren des Partherkrieges nicht aussetzen zu wollen, nach Italien zurückschickt. K. 54. — giebt dem Octavian einige Schiffe gegen Sextus 49, 1. — wird über das Glück seines Unterfeldherrn Ventidius eifersüchtig, und erscheint nun selbst in Syrien, entsetzt den Ventidius seines Amtes, macht den Sossius indeß zum Feldherrn, und geht für seine Person nach Italien 49, 23. — überträgt dem von den Parthern zu ihm übergegangenen Monäses die Führung des Krieges, und weil dieser zu den Parthern

I. Historisches Register.

thern zurückgeht, läßt er dem neuen König Phraates, um Zeit zu gewinnen, Frieden antragen 24. — belagert die Stadt Praaspa, setzt viel Volk dabey zu, läßt sich durch Vorspiegelung des Friedens bereden, die Belagerung aufzuheben, findet sich aber getäuscht, und verliert theils durch die ihn überall beunruhigenden Feinde, theils durch Kälte viel Leute, verlegt seine Armee in Armenien in die Winterquartiere, und eilt in die Arme seiner Kleopatra 25 — 31. — schaltet um diese Zeit mit den kleinern Königreichen im Orient nach Willkühr, von denen Kleopatra mehr als Eins bekommt. K. 32. 33. — sein Betragen gegen Sextus Pompejus nach verlohrner Seeschlacht 49, 18. — will nun mit Hülfe des Königs der Meder den König von Armenien, der ihm nicht gehörig beygestanden, bekriegen, und geht aus Aegypten ab, setzt aber auf die Nachricht, daß seine Gemahlin Octavia auf der Herreise sey, seinen Weg nicht fort, befiehlt ihr, nach Rom zurück zu reisen, läßt dennoch die ihm mitgebrachten Soldaten und Geschenke in Empfang nehmen, und geht nach Aegypten zurück K. 33. — bekommt den Artabazes mit List in seine Gewalt 39. — erobert dann ganz Armenien, und führt den gefangenen König in Aegypten im Triumph auf, giebt dem Volke in Alexandrien einen prächtigen Schmaus, und verschenkt ganze Provinzen an Kleopatra, Cäsarion und seine mit Kleopatra erzeugten Kinder K. 41. — schreibt an den

den Senat zu Rom, er sey geneigt, dem Triumvirat zu entsagen, aber in der tückischen Absicht, den Octavian zu nöthigen, ein Gleiches zu thun. ebendas. — macht mit dem König von Medien einen gegenseitigen Vertrag, daß dieser ihm gegen Octavian, er hingegen jenem gegen die Parther beystehen solle, und geht dann nach Jonien und Griechenland, um sich zum Kriege gegen Octavian zu rüsten 49, 44. — Beschwerden beyder gegen einander 50, 1. — in Rom arbeiten für ihn die beyden Consuln des Jahres (722.), können aber nichts ausrichten, gehen also zu ihm ab. K. 2. sein dem Octavian zu Händen gekommenes Testament empört jeden Patrioten, und man erklärt gegen Kleopatra, im Grunde gegen ihn den Krieg. K. 3. 4. — läßt sich Gymnasiarchen von Aegypten, ingleichen Osiris und Bacchus nennen. 50, 5. — Angabe der ihm zugethanen Provinzen des Römischen Reiches K. 6. — will den ersten Angriff, und zwar in Italien selbst thun, besinnt sich aber anders, und nimmt Winterquartiere im Peloponnes K. 9. — geht dann nach Actium, wo seine Flotte vor Anker liegt. K. 13. — Schlacht daselbst 31—35. — hatte sich zuerst in den Peloponnes, dann nach Africa zu Pinarius Scarpus gerettet, weil ihn dieser aber nicht aufnahm, geht er nach Alexandrien zurück. 51, 5. — sucht den Octavian durch Unterhandlung zu täuschen, erhält aber keine Antwort. K. 6. — seine Absichten, nach Spanien oder Syrien, oder an den arabischen Meerbusen zu

gehen,

gehen, werden vereitelt. K. 6. 7. — sendet noch zweymal Gesandte an Octavian mit Berufung auf ihre ehemalige Freundschaft. K. 8. — zieht nun gegen Corn Gallus, der Stadt und Hafen Parátonium eingenommen, ist auch hier unglücklich, und verliert einen Theil seiner Flotte K. 9. — indeß hatte Octavian sich Pelusiums bemächtigt, Anton überfällt ihn mit einigem Vortheil, verliert aber hernach, und läßt sich durch die untreue Kleopatra verführen, nach Alexandrien zurück zu kommen. Auf die falsche Nachricht von ihrem Tode fällt er in sein eigenes Schwerdt, ermannt sich aber wieder, als er hört, sie lebe noch, läßt sich in ihr Kastell hinaufwinden, und stirbt in ihren Armen K. 10. wird mit Kleopatren in Einem Sarkophag beygesetzt K. 15. verläßt von Fulvien einen Sohn, Julius, von Octavien zwey Töchter, die einen Theil des väterlichen Vermögens erhalten K. 15. Schicksal seiner mit Kleopatra erzeugten Kinder — sein Charakter ebendas.

Antonius Musa. Arzt. stellt den Kaiser August von einer gefährlichen Krankheit wieder her, und wird deswegen reichlich belohnt, büßet aber kurz nachher einen wichtigen Patienten am Marcellus ein, den er doch nach eben der Methode behandelt. 53, 30.

Antonius Primus s. Primus.

L. Antonius (Saturninus) Statthalter in Deutschland, empört sich gegen Domitian, wird aber bald bezwungen und niedergemacht. 67, 11. (Sueton 6.)

Antonius ein Ritter, unter Nero als angeblicher Giftmischer hingerichtet. 61, 7.

Antyll, des Triumvirs Antonius Sohn, wird in seinem zehnten Jahre mit Augusts Tochter Julien verlobt. 48, 54. nach des Vaters Tode hingerichtet 51, 15.

Anulinus, Feldherr des Sept. Severus gegen Pescennius Niger. 74, 6. 75, 2. 3.

Apamea. [Orakel des Jupiter Belus daselbst. 78, 8.

Apelles, berühmter tragischer Schauspieler unter Caligula 59, 5. (Sueton 33.)

Apiaten, Gallische Völkerschaft. 39, 46. (beym Cäsar Sotiates. f. Cellar B. 1. S. 180.)

Apicata, Sejans Gemahlin, entleibt sich selbst, ob sie gleich (acht Jahr vorher von ihm geschieden Tac. Ann. 4, 3.) an seinen Verbrechen keinen Theil genommen hatte, 58, 11.

Apicius, ausschweifender Schwelger, 57, 19.

Apis, Gottheit der Aegyptier, begehrt August nicht zu sehen. 51, 15.

Apokolokynthosis. Name einer Spottschrift Seneeas auf Kaiser Claudius. 60, 35.

Apoll, weint einmal drey Tage nach einander Br. 89. (was er nach Ovid Metamorph. 2. V. 621. nicht hätte thun sollen) — Apollo Grannus 77, 15. s. auch Delphi.

Aurel. Apollinaris. Obrister der Leibwache unter Caracall, Mitverschworner gegen denselben. 78, 5.

I. Historisches Register.

Apollodor, berühmter Baumeister unter Trajan, den Hadrian aus Künstlerneid hinrichten läßt. 69, 4.

Apollonien Stadt am Jonischen Meerbusen, Colonie der Korinther Br. 43 (Thucid. B 1. =6.) hat eine Art von Rednerakademie, weßhalb sich Octavian bey Cäsars Ermordung daselbst aufhielt 45, 3. in der Gegend derselben steigen häufige Feuerflammen auf, ohne doch die Fruchtbarkeit zu hindern. Die Flamme wird beym Regenwetter stärker. — auch) ein Orakel daselbst (s. Nymphäum) 41, 45.

Apollonius von Nikomedien, Lehrer M. Aurels in der Philosophie 71, 35.

Apollonius von Tyana tritt in Ephesus zu eben der Stunde, in der Domitian zu Rom niedergemacht wird, als freudiger Verkündiger dieser Nachricht auf 67, 18 — Caracall läßt ihm zu Ehren eine Capelle erbauen 77, 18.

Apollophanes, Admiral des Sext. Pompejus, glückliches Seegefecht gegen Octavian 48, 47. — wird aber in Africa von Menas geschlagen 48, 48. — ergiebt sich nach der Schlacht bey Artemisium an August. 49, 10.

Appius Claudius (Pulcher) Consul (611.) mit Metellus, reizt die Salassier, ein Gallisches Volk zu Feindseligkeiten gegen die Römer auf, Br. 79. — verlangt die ihm nicht gebührende Ehre eines Triumphes Br. 80. strenger Censor in Gesellschaft des sanften Fulvius. Br. 84.

Appius Claudius, Prätor, Bruder des Volkstribuns
Dio Cass. 5. B.   C

tribuns Clodius, widersetzt sich der Zurückberufung Ciceros. 39, 6.

C. Appius Silanus, Statthalter in Spanien, einer der würdigsten Römer, von Claudius auf Messalinens Verhetzung hingerichtet. 60, 14.

Apronian, Dios Vater, Statthalter in Cilicien. 69, 1.

Apronian, Statthalter Asiens unter Sept. Severus, abwesend zum Tode verurtheilt. 76, 8.

Apsus, Fl. in Macedonien. 41, 46.

L. Apulejus Saturninus, Volkstribun Br. 105. 44, 25. sechs und dreyßig Jahre nach dessen Tode wird Rabirius noch beschuldigt, denselben umgebracht zu haben. 37, 26.

Apuler, Völkerschaft am Jonischen Meerbusen. Br. 8.

Aquila, Freigelassener Mäcens, Geschwindschreiber. 55, 7.

Julia Aquilia Severa, aus einer Vestalin Elagabals Gemahlin, verstoßen und wieder angenommen. 79, 9.

Aquilier, Vater und Sohn, sollen nach der Schlacht bey Actium ums Leben losen, will aber keiner den andern überleben. 51, 2.

Aquitanien, von Cäsar bezwungen. 39, 46.

Arabien, Nabatäa und das Ituräische (in diesem Lysanias, in jenem Malchus König) werden vom Triumvir Anton an Kleopatra und ihre Kinder verschenkt. 49, 32. — im Ituräischen Soämus als König von Caligula eingesetzt. 59, 12. — ein Theil desselben (Peträa) unter

Tra-

I. Historisches Register. 35

Trajan zur Römischen Provinz gemacht. 68, 14. und daſ. Reimars Note. — Feldzug Sept. Severus dahin. 75, 1.

Arabion Dynaſt (Scheich) einer Arabiſchen Horde. 48, 22.

Aradus, Inſel, weigert ſich, dem Triumvir Anton Tribut weiter zu geben. 48, 24. — wehrt ſich auch gegen Antons General Ventidius ſehr tapfer 48, 41. — wird endlich von C. Soſſius erobert. 49, 22.

Arbandes, Meſopotamiſcher Prinz, des Sporakes Sohn, von Trajan vorzüglich geliebt. 68, 21.

Arbela, durch Alexanders Sieg berühmt, wird von Caracall erobert, und die daſelbſt befindlichen Gräber der Parthiſchen Könige zerſtört. 78, 1.

Arce, Stadt in Syrien. 78, 30.

Archelaus, König in Cappadocien, vermittelt den Frieden zwiſchen Sylla und Mithridates (deſſen Feldherr er geweſen, hernach zu den Römern übergegangen war.) Br. 73.

Archelaus, Sohn des vorigen, von Berenice zum Gemahl genommen, und zum Mitregenten in Aegypten gemacht, wird aber von Gabinius gefangen genommen, und umgebracht. 39, 57. 58.

Archelaus von Anton an Ariarathes Stelle zum König in Cappadocien gemacht. 49, 32. — Auguſt beſtätigt ihn. 51, 2. — bekommt noch den an der Seeküſte gelegenen Theil Ciliciens und Klein-Armeniens 54, 9. — wird von Tiber, weil er während ſeines Aufenthalts in Rhodus

dus ihm nicht Hof gemacht, nach Rom entboten und kommt kaum mit dem Leben davon, stirbt aber kurz nachher. 57,117.

Archelaus (Herodes) Herodes des Großen Sohn, wird auf eine von seinen Brüdern in Rom angebrachte Klage über die Alpen verwiesen, und ein Theil seines Landes zur Röm. Provinz gemacht 55, 27.

Ardiäer, (sonst Sardiäer) Illyrische Völkerschaft Br. 151.

Arduba, Stadt in Dalmatien — hartnäckige Gegenwehr gegen Tiber und Germanicus. 56, 15.

Aretas, König in Arabien (Peträa), hatte Syrien sehr beunruhigt, wird aber von Pompejus besiegt, und in Fesseln gelegt. 37, 15.

Argessa, alter Name von Italien. Br. 3.

Argyrippa. Stadt des Diomedes in Apulien, hernach Arpi. Br. 8.

Ariarathes, König in Cappadocien, vom Triumvir Anton des Thrones entsetzt. 49, 32.

Ariobarzanes König von Cappadocien, erhält nach der Pharsalischen Schlacht von Cäsar einen Theil des von Dejotar besessenen Reichs (Galatien) und ein Stück des dem Pharnaces abgenommenen Armeniens 41, 63. — wird, weil ihm Brutus und Cassius nicht trauen, von ihnen gefangen genommen und umgebracht 47, 33.

Ariogäsus, König der Jazyger unter M. Aurel 71, 13. 14.

Ario-

I. Historisches Register.

Ariovist, König der Celten (Germanen) unter Cäsars Consulat zum Freund und Bundsgenossen der Römer angenommen, war über den Rhein gegangen, und hatte die Sequaner und Aeduer bedrückt. Diese fordern Cäsars Schutz auf, Aristovist spricht etwas starkes Deutsch mit Cäsar. 38, 34. — wird endlich nach hartem Kampfe überwunden, und entkommt auf einem Kahn über den Rhein. 38, 49. 50.

Aristion, Kommandant in Athen bey Syllas Belagerung Br. 124. (Appian Mithridat. K. 28—39.)

Aristion Freund des Mithridates, Feind des Archelaus, Königs in Cappadocien, auf Syllas Befehl hingerichtet. Br. 173.

Aristion kommt bey Gelegenheit des Krieges in Kreta unter Metellus vor. 36, 2.

Aristo (Cäcil) Statthalter in Bithynien unter Macrin 78, 39.

Aristobulus Fürst und Hoherpriester der Juden 37, 15. — wird von Pompejus als Gefangener mitgenommen 37, 15. entkommt aus Rom, wird aber an Pompejus abgeliefert 39, 56. — hernach vom Cäsar nach Judäa gesandt, um das Land von Pompejus Parthey abzuziehen 41, 18.

Aristoteles, soll nach Caracalls Meynung an Alexanders Tode mit schuld gewesen seyn, weßhalb er auch alle Schriften der Aristoteliker verbrennen lassen will 77, 7.

Arius aus Alexandrien, Philosoph in Augusts Gefolge 51, 16. 52, 36. (Sueton 89.)

Armenien, (Groß-) Tigranes König 36, 28 — 36. Artavasdes 49, 25. welchen Anton der Triumvir durch List gefangen nimmt, in Alexandrien im Triumph aufführt, und sich des ganzen Landes bemächtigt 49, 40. hernach dasselbe seinem mit Kleopatra erzeugten Sohne Alexander giebt 49, 41. — geht aber für die Römer wieder verlohren 49, 44. — unter August kommt als König Artabazus vor, an dessen Statt, auf Verlangen der Armenier selbst, Tigranes von den Römern zum König gemacht wird 54, 9. — das Land rebellirt, und August sendet erst den Tiber 55, 9. dann Cajus Cäsar dahin 59, 11. — unter Tiber giebt es Artaban, der Parther König, seinem Sohne Arsaces, Tiber hingegen dem Teridates, und bald nachher dem Mithridates 58, 26. — unter Nero führt besonders Corbulo glückliche Kriege daselbst, und Teridates empfängt endlich in Person das Diadem zu Rom 62, 19. 63, 1 — 5. — Exedares bekommt es unter Trajan 68, 17. — Trajan macht es aber zur Römischen Provinz 68, 18. 19. unter Mark Aurel stiftet der Satrap Teridat Unruhen daselbst 71, 14. — unter eben demselben kommt ein von den Römern eingesetzter Regent Soämus vor, (Anhang zu B. 71. aus Suidas) unter Sept. Sever. Sanatruces 75, 9. Caracall führt einen unglücklichen Krieg daselbst 77, 21.

Armenien (Klein-) der Triumvir Anton giebt es dem Polemon 49, 33. — August dem Archelaus 54, 9. Caligula dem Kotys 59, 12.

I. Historisches Register.

Arminius, der deutsche Fürst, hintergeht den Varus durch verstellte Freundschaft 56, 19.

Arnuphis, Aegyptischer Zauberer zu Mark Aurels Zeiten 71, 8.

Arria, ihr Heldenmuth im Tode, und Zärtlichkeit gegen ihren Gemahl Cäcina Pätus 60, 16. (Martial 1, 14.)

Arrianus (Flav.) Statthalter in Cappadocien unter Hadrian 69, 15.

L. Arruntius, gelehrter Mann unter Tiber, entleibt sich, um den Caligula nicht als Regenten zu erleben 58, 27.

Arpi, s. Argyrippa.

Arsaces (Sintricus) König der Parther. Beyde Theile, Mithridates und Tigranes sowohl als die Römer (Lucull) suchen ihn in ihr Interesse zu ziehen, er bleibt aber neutral 35, 2. 3. stirbt 36, 28.

Arsaces, Artabans Sohn, bemächtigt sich Armeniens (unter Tiber) 58, 26.

Arsania, Fluß. Fällt in den Euphrat. An demselben die Stadt Randeja 62, 21.

Arsinoe, Schwester der Kleopatra, bekommt von Cäsar Cyprus angewiesen 42, 35. — wird von Ganymed aus Cyprus herübergebracht, um ihr den Thron Aegyptens zuzuwenden 42, 39. — wird von Cäsar mit im Triumph aufgeführt, bekommt aber hernach ihre Freyheit wieder 43, 19. von Anton hingerichtet 48, 24.

Artaban (der zweyte) König von Parthien (unter Tiber) giebt seinem Sohne Arsaces nach

Artaxes Tode Armenien, macht selbst einen Verſuch auf Cappadocien, und behandelt ſeine eigene Unterthanen hart, die deßhalb einen neuen König von Tiber verlangen 58, 26. — bedroht unter Caligula ſelbſt Syrien, wird aber von L. Vitellius gedemüthigt 59, 27.

Artaban (der vierte) unter Caracall, der ihm ohne Urſache den Krieg ankündigt, und das Land verwüſtet 78, 1. Artaban bekriegt nun die Römer unter Macrin ſelbſt 78, 26. macht Frieden 27. wird von Artaxerxes, König von Perſien, bekriegt, und ums Leben gebracht 80, 3.

Artabazes, Tigrans Sohn, König in Armenien zu Craſſus Zeiten 40, 16.

Artabazes der zweyte, oder Artarias, unter Auguſt, von ſeinen eigenen Unterthanen umgebracht 54, 9.

Artacier, Thraciſche Völkerſchaft 51, 26.

Artavasdes, König von Medien (Atropatene) bietet dem Triumvir Anton den Bund der Freundſchaft an 49, 25. wird von Artaxes gefangen genommen 49, 44. 54, 9.

Artavasdes, König in Armenien, auch zu des Triumvirs M. Antons Zeiten, unterſtützt denſelben verſprochenermaßen nicht im Kriege gegen die Parther 49, 25. Anton ſucht ſich deßwegen an ihm zu rächen. K. 33. lockt ihn durch Liſt zu ſich ins Lager, läßt ihn feſſeln, und bey ſeinem Triumph in Alexandrien vor ſeinem Wagen

I. Historisches Register.

gen herführen. K. 39. 40. wird nach der Schlacht
bey Actium umgebracht 51, 5.

Artara (gemeinschaftlicher Name der Könige von
Armenien) einer derselben von den Soldaten
an seines Vaters Artavasdes Stelle zum König
gemacht, wird vom Triumvir Anton besiegt
49, 39 hingegen besiegt er den König der Meder Aravasdes 49, 44.

Artarata, Hauptstadt in Armenien 36, 34. 35.
49, 39. unter Nero von Corbulo dem Erdbo-
den gleich gemacht 62, 20. — Teridat bekomt
Erlaubniß, sie wieder aufzubauen 63, 6. und
giebt ihr den Namen Neronia. K. 7.

Artarerres, König der Perser (unter Alex. Severus) bemächtigt sich nach Artabans Ermordung des Parthischen Reiches, macht auch Ver-
suche auf Armenien, Mesopotamien und Syrien 30, 3. 4.

Artemion, Anführer der rebellierenden Juden
unter Trajan 68, 32.

Artoces, König der Iberier, ist angreifender
Theil gegen Pompejus, muß sich aber nach
mehreren Versuchen bequemen, den Frieden
durch Ueberlieferung seiner Söhne zu erkaufen
37, 1. 2.

(**Artorius**) Arzt Augusts, nicht namentlich genannt, aber gemeint. 47, 4.

Arverner, Gallische Nation, empören sich wider
die Römer 40, 33. Feldzug Cäsars gegen sie
in dem er doch nicht viel ausrichtet. K. 35. 36.

Asander von Pharnaces als Statthalter in Bosporus zurückgelassen, empört sich, und läßt den nach verlohrner Schlacht zurückgekommenen Pharnaces umbringen, weßwegen ihn doch Cäsar selbst verabscheuet, und dem Mithridates aus Pergamus den Krieg wider ihn aufträgt 42, 46—48. stirbt 54, 24.

Asiaticus, s. Valerius.

Asien, zur Römischen Provinz gemacht 53, 12. soll nach Augusts Einrichtung Proconsuln zu Statthaltern haben 53, 14. — Dennoch macht August selbst, obgleich die Provinz senatorisch war, einige andere Einrichtungen 54, 7. sendet auch einmal einen außerordentlichen Statthalter (Legaten) dahin 54, 30.

Asinius Gallus, seine Freymüthigkeit gegen Tiber 57, 2. muß er durch lange Gefangenschaft bey der kümmerlichsten Kost büßen 58, 3. und wird endlich hingerichtet 58, 23.

Asinius Gallus, des Drusus Bruder von mütterlicher Seite, unter Claudius verwiesen 60, 27. (Sueton 13.)

Asinius Pollio, besiegt die rebellierenden Parthiner (Illyrische Völkerschaft) 48, 41. Horaz Oden 2, 1.

Cass. Asklepiodotus, will sich unter Nero nicht als falschen Zeugen gegen Soran bey Gelegenheit der Pisonischen Verschwörung gebrauchen lassen 62, 26. (Tacit. 16, 33.)

Aspar, witziger Spötter zu Sept. Severs Zeiten 76, 9.

Jul. Asper, Statthalter in Asien unter Macrin 78, 22.

I. Historisches Register. 43

Aspis, Stadt. (nach) Ortelius in Syrien, nach Usserius in Pontus) 37, 7.

Aspis, St. in Africa (auch Klupea) 41, 41. 48, 52.

Assyrien heißt auch Atyrien 68, 26.

Astinger (Vandalen) an der Donau, tragen sich den Römern als Bundsgenossen an 71, 12. (Mannert Germanien S. 401.)

Astrologen. August verbietet ihnen, ihre Kunst zu treiben 56, 25. — Tiber läßt die fremden hinrichten, und gegen die einheimischen ein strenges Edict ergehen 57, 15.

Asturier, Spanische Völkerschaft von Statil. Taurus unter August besiegt 51, 20. empören sich vom neuen, und L. Aemilius bändigt sie 53, 20. auch Agrippa 54, 10.

Atejus Capito, widersetzt sich den ehrgeitzigen Absichten des Pompejus und Crassus 39, 32. 35.

Athambil, König der kleinen vom Tigris gebildeten Insel Mesene unter Trajan 68, 28.

Athen, von Sylla belagert, wobey er die heiligen Haine, und die schönen Alleen der Akademie, und des Lyceum niederreißen läßt. Br. 121. Hungersnoth während der Belagerung. Br. 124. — heilige Lampe Minervens verlischt. ebendas. und Valesii Note. — Athen erhält von Mark Aurel neue Privilegien, und er stellt Lehrer in allen Wissenschaften daselbst an 71, 31.

Athenienser empfangen den Brutus und Cassius mit großen Ehrenbezeigungen, und setzen ihnen

Bild-

44   I. Historisches Register.

Bildsäulen. 47, 30. auch dem Anton und Kleopatren 50, 15. werden besonders von Hadrian begünstigt 69, 16.

Athenio, ein Cilicier, Anführer einer Sclavenrotte in Sicilien. Br. 104. (Florus 3, 19.)

Athenodor, Philosoph und Vertrauter Augusts. Freymüthigkeit gegen den Kaiser. 56, 43.

Athluli, Stadt im glücklichen Arabien 53, 29.

Atra, St. in Arabien, verehrt die Sonne, welche Gottheit sie auch gegen mehrere Angriffe schützt 68, 31. gegen Trajan ebendas. — gegen Sept. Sever 75, 10—12. gegen Artaxerxes 80, 3.

Atrebater, Celten (Belgen) machen dem Cäsar unter ihrem Anführer Commius viel zu schaffen, werden aber doch endlich bezwungen 40, 42. 43.

Atreus, eine Tragödie dieses Namens von Scaurus 58, 24.

Attalus von Prusias angegriffen, die Römer nehmen sich aber seiner an. Br. 162.

Claud. Attalus, ehemals Statthalter in Thracien unter Macrin, in Cyprus auf Elagabals Befehl hingerichtet 79, 3.

Attegua St. in Spanien, von Cäsar im Spanischen Kriege gegen Pompejus den jüngern eingenommen 43, 33. 34.

Attia, Augusts Mutter 45, 1. stirbt und wird feierlich begraben. 47, 17.

Attianus, Vormund Hadrians, nachher prätorischer Präfect. 69, 1.

Atti=

I. Historisches Register.   45

Atticus (Numerius) ein Senator, will Augusts Geist gen Himmel auffliegen gesehen haben, und wird deshalb von Livien reichlich beschenkt. 56, 46.

Atticus (Herodes) Lehrer Mark Aurels in der Beredtsamkeit 71, 35.

Atuatiker, Cimbrischer Abkunft. 39, 4.

Atyrien für Assyrien 68, 26.

Atyrischer Hügel Br. 151. steht nicht in meiner Uebersetzung, wohl aber im Original. Ich hatte an dessen Statt Antirrhium gesetzt; weil man aber bey dergleichen geographischen Kleinigkeiten, als Hügel sind, nicht zu rasch emendiren darf, so will ich den Atyrischen Hügel hiermit in integrum restituirt haben. s. auch die Itinerarien, nach Wesselingischer Ausgabe S. 570.

Avaricum, Stadt der Bituriger von Cäsar erobert 40, 34.

Averner See bey Cumä in Campanien 48, 50. in Adiabene Br. 10. bey Babylon 68, 27., und bey Hierapolis ebendas.

Augarus König von Osroene, im zweyten Bürgerkriege mit den Römern verbündet, hat aber vorzüglich durch seine verstellte Freundschaft an dem Unglück des Crassus Schuld. 40, 20. fällt den Römern sogar nach verlorner Schlacht in den Rücken. K. 23.

Augarus König in Osroene (Edessa) sendet dem Trajan bey seinem Feldzuge in den Orient Geschenke, vermeidet aber doch eine persönliche Zu-

Zusammenkunft, um die Parther nicht zu beleidigen 68, 18. kommt aber nachher dem Kaiser entgegen, und wird vertrauter Freund desselben. K. 21.

Augarus zu Caracalls Zeiten, läßt die vornehmsten Männer seiner Zeit umbringen, Caracall nimmt ihm aber das Land. 77, 12.

Augusta Emerita (jetzt Merida) von August für seine abgelebten Soldaten angelegt. 53, 26.

Augusta Prätoria (jetzt Aosta) 53, 25.

Augustaner, ein Korps Soldaten, von Nero blos zu der Bestimmung gehalten, um ihn bey seinem Singsang und andern theatralischen Narrheiten zu begleiten, und nach dem Tacte zu applaudiren 61, 20. nimmt sie auch mit bey seinem Virtuosenzuge nach Griechenland 63, 8.

Augustus (C. Jul. Cäsar Octavian) Dio nennt ihn auch Cäpias 45, 1. (was man sonst nirgends findet.) Seine Abkunft und Vorbedeutungen seiner künftigen Größe 45, 1. — Cäsar adoptiert ihn, giebt ihm eine sehr gute Erziehung, und setzt ihn zum Erben ein 44, 53. 45, 2. — wird von Cäsar sehr jung zum Feldherrn der Reiterey angenommen. 43, 51. — befand sich bey Cäsars Ermordung in Apollonien, um von da aus den Cäsar zu dem Feldzuge nach Parthien zu begleiten (auch sich in der Beredtsamkeit zu üben (Sueton 8. und 89.) wußte damals noch nichts von seiner Adoption und Erbschaft, entschließt sich aber, wie er es hört, nach Rom zu gehen K. 3. 4. ist anfangs sehr bescheiden,

und

und beträgt sich als Clienten des Antonius, ob ihn gleich dieser an der Erbschaft sehr defraudirt, sucht Volkstribun zu werden, und läßt sich durch den Volkstribun Tiber. Cannutius dem Volke vorstellen, dem er die Auszahlung des vom Cäsar ausgesetzten Legats verspricht, und sowohl dadurch, als durch prächtige Schauspiele sich sehr beliebt macht. K. 5—7. — Anton läßt ihn einmal durch Lictoren von der Rednerbühne herunterführen, aber diese Gewaltthätigkeit macht dem Octavian nur noch mehr Freunde K. 8. — er vergleicht sich einmal mit Anton, aber die Einigkeit dauert nicht lange. K. 9. er bietet den aus Macedonien zurückkommenden Legionen mehr Geld als Anton, wirbt auch in Campanien viel Volk, und eilt dann mit seinen Soldaten nach Rom K. 12. — sobald Anton nach Gallien geht, um den Dec. Brutus aus dieser Provinz zu verdrängen, veranlaßt er diesen, sich zu widersetzen. 14. 15. wird, weil der Senat dem Anton förmlichen Krieg anzukündigen nöthig findet, nebst den Consuln Hirtius und Pansa unter dem Titel eines Prätors als Feldherr abgesandt. 46, 29. — besiegt nach einigen unglücklichen Gefechten den Anton bey Modena 46, 36.—38 glaubt auf das Consulat Anspruch machen zu können, sieht sich aber wider alle Erwartung vom Senat weniger geachtet, und dagegen den Dec. Brutus begünstiget — man sucht seine Soldaten zu verhetzen, nennt ihn Knaben, und giebt ihm blos Consulrang und Ehrenzeichen. 39—41. er läßt

also

also dem Anton ingeheim Friedensvorschläge thun 41. — Der Senat weiß dies nicht, erfährt aber, daß Anton und Lepidus zusammenhalten, man fängt also von neuem an, ihm zu schmeicheln, und überträgt ihm den Krieg gegen diese Männer. Er nimmt den Antrag zum Schein an, leitet es aber so ein, daß seine Soldaten sich erklären, gegen keine Armee, die schon unter ihm gedient, zu fechten. Vierhundert derselben gehen selbst nach Rom, und verlangen unter andern auch das Consulat für ihn, erhalten aber noch immer nichts. Er verbindet sich also mit Anton und Lepidus noch genauer, er rückt selbst vor Rom, man ergiebt sich ihm, und macht ihn zum Consul. 42—45. Dolabella muß die Armee an ihn wieder abgeben, auch wird er nun erst förmlich durch ein Curialgesetz in die Familie der Cäsarn adoptirt, und nun heißt er Cajus Julius Cäsar Octavian. K. 46. 47. — fängt nun an Cäsars Mörder zu verfolgen. 48. 49. — thut, als ob er im Ernste wider Anton und Lepidus zu Felde ziehen wolle. K. 50. thut aber nichts, weil er durch sie erst den Brutus und Cassius zu besiegen gedenkt, läßt vielmehr durch Pedius im Senat den Antrag machen, dem Anton und Lepidus zu verzeihen, und ihnen die Rückkehr nach Rom zu erlauben K. 52. — beyde kommen nun mit ihren Armeen an, treffen ihn aber bey Bononien in guter Verfassung, sie verbinden sich, jeder seine Gegner umbringen zu lassen, und zu einem Triumvirat, vertheilen die Provinzen des Römi=

schen

schen Reiches unter sich, Lepidus soll aufs nächste Jahr als Consul in Rom bleiben, Octavian und Anton wollen gegen Brutus und Cassius zu Felde gehen, auch soll Octavian Fulviens Tochter zur Gemahlin nehmen. K. 55. 56. genommener Abrede gemäß tritt er nun seinen Feldzug gegen Brutus und Cassius mit Anton wirklich an, läßt aber gegen Sextus Pompejus, jetzt Besitzer von Sicilien, einen Theil der Armee zur Deckung Italiens zurück. 47, 36. — wird unterwegs in Dyrrhachium krank, eilt aber, sobald er kann, weil Anton bereits einigemal unglücklich gewesen, und beyde schlagen nun ihren Feinden gegenüber bey Philippi ihr Lager auf. K. 37. in der Schlacht bekommt er den Brutus auf seinem Flügel zum Gegner, muß sich zurückziehen, und sein Lager wird erobert K. 45. Brutus wagt nach Cassius Tode noch eine Schlacht, verliert sie, und entleibt sich auch. 48. 49.

Nun macht Octavian mit Anton einen neuen Vertrag mit Ausschließung des Lepidus 48, 1. 2. schickt der herrschsüchtigen Schwiegermutter Fulvien die Tochter zurück, mit dem Vorgeben, sie nie berührt zu haben. 48, 5. — bekommt in Rom besonders mit Fulvien und L. Anton (des Triumvirs Bruder) Streit über Vertheilung der Ländereyen an die ausgedienten Soldaten, die ihm M. Anton nach dem letzten Vergleiche überlassen hatte; Fulvia und L. Anton schlagen sich auf die Seite der Unzufriedenen, die ihre Felder hergeben mußten, und

Dio Cass. 5. B.   D   setzen

setzen dadurch den Octavian in Feindschaft und mehr als eine Verlegenheit, so daß er mehrere Grundstücke, besonders die der Senatoren, aus der Vertheilung zu lassen sich genöthigt sieht, aber doch immer nicht verhindern kann, daß es in Rom sowohl als in andern Städten Italiens zwischen Grundbesitzern und Soldaten zu blutigen Auftritten kommt. K. 6—9. — er versucht mehr als Einen Weg, sich mit seinen Gegnern zu vertragen, erreicht aber seinen Endzweck nicht eher, als bis seine Veteranen sich zu Schiedsrichtern aufwerfen, und den L. Anton und Fulvien straffällig finden K. 10 bis 12. — es entsteht darüber ein förmlicher Krieg in Italien, bis endlich Octavian den Anton in Perusia belagert, und durch Hungersnoth sich zu ergeben zwingt, worauf alles wieder dem Octavian zufällt, und Fulvia mit ihren Kindern zu ihrem Gemahl hingeht. K. 13—15.

Octavian sucht nun den Sextus Pompejus in seine Partey zu ziehen, und vermählt sich mit einer Verwandtin desselben, Scribonien. K. 16. — weil sich Pompejus nicht einlassen will, überträgt er, da er selbst in Gallien zu thun hat, den Krieg gegen denselben dem M. Vipsanius Agrippa. 48, 20. — den unzufriedenen Lepidus beruhigt er dadurch, daß er ihm die Statthalterschaft von Africa überläßt. 48, 20. — Anton, von Fulvien wahrscheinlich verhetzt, fängt neue Feindseligkeiten an, kommt aus Aegypten, und belagert Brundisium. K. 27.

auf

auf die Nachricht von Fulviens Tode versöhnen sich beyde Männer wieder, machen einen neuen Theilungsvertrag über die Provinzen des Römischen Reiches, und verbinden sich zu gemeinschaftlichem Kriege gegen Sext. Pompejus K. 28—29. — in Rom ist man darüber so aufgebracht, daß Octavian und Anton in Lebensgefahr kommen, und dem Sextus den Frieden zusichern müssen. K. 31. — Octavian scheidet sich von Scribonien 34. — nimmt, um Geld zu bekommen, oder sich Anhang zu machen, die schlechtesten Leute, selbst Sclaven in den Senat auf. 34. — Zusammenkunft mit Sext. Pompejus bey Misenum, und Vertrag mit demselben. K. 36—38. — besteht nicht lange, weil Octavian den zu ihm übergegangenen Menas nicht ausliefern will. Zwar entbietet er dem Vertrage gemäß den Anton zu gemeinschaftlicher Führung des Krieges, sieht sich aber von demselben verlassen. K. 46. — seine Flotte leidet unter Anführung des Calvinius Sabinus grossen Verlust, und er selbst ist in einem Seegefecht gegen Apollophanes unglücklich K. 47.— noch unglücklicher durch einen entstandenen Sturm 48. — froh, nur Italiens Küsten decken zu können, läßt er neue Schiffe bauen, und überträgt dieses Geschäft dem Agrippa. 49. — nach vollendeter Flotte segelt er ab, wird von einem neuen Sturm überfallen, doch geht auch Menas wieder zu ihm über 49, 1. — Agrippa, dem er eine Flotte überträgt, gewinnt eine Seeschlacht 49, 3. 4. — er selbst geht in Sicilien

lien ans Land, glaubt den von Agrippa geschlagenen Sextus in einem Seegefecht vollends niederdrücken zu können, ist aber unglücklich, verliert fast das Leben, und ist froh, sich ans feste Land in Italien retten zu können. K. 5. — um die in Sicilien ans Land gesetzte Armee zu retten, sendet er den Agrippa hinüber, der sich auch mit dem Cornificius, welcher sich indeß in großer Verlegenheit befunden hatte, glücklich vereinigt. K. 6. 7. — Octavian geht nun selbst wieder nach Sicilien hinüber, und die Seeschlacht, der beyde Landarmeen am Ufer zusehen, wird von Agrippa glücklich gewonnen. 8—10. Octavian kommt in Messana, wovon Lepidus Besitz genommen, in Lebensgefahr, weiß aber des Lepidus Soldaten für sich zu gewinnen, und entsetzt ihn aller seiner Würden 49, 11. 12. — die Armee empört sich wider Octavian, er bleibt im Ganzen standhaft, vertheilt aber doch Geld und Grundstücke an die, die er derselben würdig hält 13. 14. — geht nach Rom zurück, wo man ihm große Ehrenbezeigungen zuerkennt. 49, 15. — Feldzug gegen die Japyden 35 gegen die Pannonier 36. 37. — gegen die Dalmater. 38.

Anton rüstet sich in Jonien und Griechenland gegen ihn zum Kriege 49, 44. Beschwerden beyder gegen einander 50, 1. — die beyden Consuln (722. Anhänger Antons, suchen Octavian zu stürzen, er vereitelt ihre Absichten, und beyde gehen zu Anton ab 5 , 2 Octavian findet Gelegenheit, Antons gemachtes Testament in die Hände zu bekommen, über dessen

I. Historisches Register.

sen Inhalt das Volk gegen Anton sehr aufgebracht wird 50, 3. — man erklärt den Krieg, dem Vorgeben nach gegen Kleopatra, im Grunde gegen Anton selbst 50, 4. — Provinzen auf Octaviens Seite 6. — er geht im Frühling des folgenden Jahres (723.) über das Jonische Meer hinüber nach Actium, wo Antons Flotte vor Anker lag 12. — Schlacht bey Actium 31—35. — die Armee Antons auf dem festen Lande ergiebt sich auch 51, 1. Octavian rächt sich an Königen, Städten und Privatpersonen, die es mit Anton gehalten, und belohnt seine eigenen Anhänger 51, 2. — läßt sich in den Eleusinischen Geheimnissen einweihen 4. — reiset, weil er den Veteranen nicht traut, nach Italien, wo ihm der Senat, Ritter und Volk in Brundisium Hof machen, und befriedigt die Veteranen, so weit er kann, und schicklich findet 4. — eilt dann nach Asien, um den Krieg gegen Anton und Kleopatra fortzusetzen. K. 5. — erhält von Kleopatra prächtige Geschenke die er auch annimmt, dem Anton hingegen weder jetzt noch zweymal nachher auf gütliche Vorschläge antwortet. K. 6. 7. schickt seinen freygelassenen Thyrsus an Kleopatren, um ihr seine Verliebtheit vorzuspiegeln, sie läßt sich berücken, räth dem Anton, weil August einmal auf dessen Tod besteht, von der Flotte zurückzukommen; Octavian bemächtigt sich, von ihr selbst unter der Hand unterstützt, des Hafens in Pelusium, leidet bey einem muthigen Angriffe Antons einigen Verlust, den er doch bald

bald ersetzt, und rückt dann in Alexandrien ein. K. 8. 9. — auf die ihm von Kleopatren selbst zugekommene Nachricht von Antons Tode sendet er einige Vertraute an sie ab, die so glücklich sind, sie gefangen zu nehmen, und in ihren gewöhnlichen Palast zurückzubringen. Sie wünscht ihn zu sprechen, er besucht sie, bleibt bey ihren Kunstgriffen, alle ihre Reize aufzubieten, kalt, giebt ihr indeß gute Hoffnung, sieht aber seine Absicht, sie im Triumph aufzuführen, durch ihren freywilligen Tod vereitelt 10—14. — er verfährt mit den Aegyptiern sehr gnädig. und läßt sich Alexanders Gruft zeigen 16. — macht aber das Land zur Römischen Provinz, doch so, daß kein Senator Statthalter darin werden soll. K. 17. — wendet die daselbst gefundenen Schätze an, seine Officiere und Soldaten zu befriedigen, und seine Schulden zu bezahlen. ebendas. — Ehrenbezeigungen, die man ihm in Rom schon im Voraus zuerkennt 51, 19. — aus Aegypten geht er nach Syrien, und dann im Winter nach Asien, um hier und in Parthien alles abzuthun. K. 18. — den Sommer darauf nach Griechenland und Italien, wo er drey Tage nach einander prächtigen Triumph hält. K. 21. schließt den Janustempel zum erstenmal 51, 20.

Er entschließt sich auf Mäcens Rath die Monarchie der Demokratie vorzuziehen 52, 1—40. nimmt den Imperatortitel nach der neuen Bedeutung an, und hat ihn in der Folge bis zum ein und zwanzigstenmal fortgeführt 52, 41. —

I. Historisches Register.

41. — wird mit Agrippa Censor, und mindert die Zahl der Senatoren 42. — erneuert Karthago die Colonienrechte, läßt den Antiochus von Commagene vor den Senat citiren und hinrichten 43. — tauscht die Insel Caprea von den Neapolitanern ein. ebendas. — hält den ersten Census 53, 1. — läßt Apolls Tempel, die dazu gehörigen Gebäude und Büchersäle einweihen. ebendas. — erklärt sich, in den Privatstand zurücktreten zu wollen 53, 3—10. läßt sich doch gefallen, die Monarchie auf zehn Jahre zu behalten. K 13. — welche Macht doch hernach immer prolongirt wird. K. 16. — Theilung der Provinzen zwischen ihm und dem Senat, und Einrichtung derselben 12—15. — man erkennt ihm den Ehrennamen August zu. K. 16. — er läßt die Flaminische Straße ausbessern 22. — bereiset Gallien und Spanien. ebendas. — wird im Feldzuge gegen die Cantabrier und Asturier in Tarracona krank. K. 25. — schließt den Janustempel zum zweitennmal 26. — kommt nach Rom zurück 28. — wird von neuem krank, und giebt seinem Collegen im Consulat, Piso, ein Breviarium Imperii (statistische Tabelle) und dem Agrippa seinen Siegelring, wird aber durch den Arzt, Antonius Musa, wieder hergestellt. K. 30. — bekommt vom Senat Erlaubniß, auf Lebenszeit Volkstribun zu seyn, Proconsularengewalt auf immer, das Recht, den ersten Vortrag im Senat zu thun u. s. w. 53, 32. — schlichtet die Streitigkeiten in Parthien, zwischen Teri-

dates und Phraates, und macht zur Bedingung, die ehemals unter Crassus verloren gegangenen Fahnen zurück zu erhalten 53, 33. — das Volk will ihn mit aller Gewalt zum Dictator machen, und er kann sich kaum erwehren, nimmt aber das zugleich angetragene Amt eines Präfectus Annonä an, und wählt zwey Männer, die unter ihm die dazu gehörigen Geschäffte besorgen, 54, 1. — auch das Censoramt verbittet er. K. 2. — Verschwörung des Fannii Cäpio gegen ihn, die Verbrecher werden hingerichtet. K. 3. — weiht den Tempel des Jupiter Tonans ein 4. — geht von Rom ab, um die Provinzen besser einzurichten, und macht, zumal, weil bey der Wahl neuer Consuln große Unordnungen in Rom vorfallen, den Agrippa zum Stadtpräfect, vermählt auch seine Tochter Julien, an denselben 6. — seine Einrichtungen in Sicilien, Griechenland und Asien. — Jetzt erst bekommt er die Fahnen von den Parthern zurück, und ist nicht wenig stolz darüber 7. 8. — Einrichtungen in den Königreichen des Orients 9. — kommt nach Rom zurück, wo man ihm noch mehrere Gewalt überträgt 10. — musiert den Senat, und wünscht, ihn auf dreyhundert zurückzusetzen, muß es aber bey sechshundert lassen 13. 14. 17. — weiht den von ihm neuerbauten Quirinustempel ein, und reiset dann nach Gallien, entweder, um den Römern einmal aus dem Wege zu gehen, oder um Terentien, Mäcens Gemahlin, desto ungestörter genießen zu können 19. — zieht von da aus gegen

I. Historisches Register.

gen die Celten, sie erbieten sich aber zum Frieden, und geben Geiseln. K. 20. — Untersuchung gegen den Statthalter Licin daselbst, der ihn aber listig zu täuschen weiß 21. — legt in Gallien und Spanien mehrere Colonien an 23. — kommt nach Rom zurück, aber bey Nacht, wie immer, um dem Volke die Kosten eines feyerlichen Empfanges zu ersparen 25. — mustert den Senat von neuem 26. — wird nach Lepidus Tode Pontifex Maximus, und widmet einen Flügel seines Pallastes zu den Geschäfften dieses Amtes 27. — hält dem Agrippa die Leichenrede selbst 28. — nimmt nach Agrippas Tode, weil die Söhne desselben noch zu jung sind, den Stiefsohn, Tiber, zum Gehülfen in Regierungsgeschäfften an 31. — vermählt Julien an denselben, und hält seiner verstorbenen Schwester Octavien die Leichenrede 35. — schließt den Janustempel zum drittenmal 54, 36. — hält dem Drusus die Leichenrede 55, 2. — zieht gegen die Celten (Deutschen) zu Felde, doch geht blos Tiber über den Rhein, er selbst bleibt diesseits, um den Krieg zu leiten 55, 6. — er erweitert Roms Ringmauer. (Pomörium) ebendas. — Hauskreuz an den Enkeln Cajus und Lucius, noch mehr an Julien 9. 10. — beyde Enkel sterben 11. — nimmt nun den Tiber an Sohnes Statt an, doch so, daß dieser nicht seinen eigenen, sondern seines verstorbenen Bruders Drusus Sohn, Germanicus, adoptiren muß 13. — läßt den Senat von neuem mustern, hält auch eine Schatzung

D 5 über

über die in Italien wohnhaften Bürger, die nicht unter fünfzigtausend Denaren besitzen 13. — Verschwörung des Cn. Cornel. Cinna (Tochtersohn des großen Pompejus) wider ihn 14. — August verzeiht ihm auf Liviens Rath, und macht ihn sogar zum Consul 22. — bey zunehmendem Alter besorgt er die Staatsangelegenheiten vom Palaste aus, mit Zuziehung einiger Beisitzer aus dem Senat 27. — bey der gefährlichen Empörung der Dalmater und Pannonier hat er den Tiber in Verdacht, nicht thätig genug zu seyn, schickt also den Germanicus auch dahin 29. 31. — erlaubt nun dem Senat, die meisten Geschäffte ganz ohne ihn abzuthun, kommt auch zu keiner Versammlung mehr, nimmt sich aber der Kriegsgeschäffte mit großem Eifer an 34. — sein Wunsch, die Ehen in Rom zu befördern 56, 1—9. Papisch-Poppäisches Gesetz darüber 10. — er erhält die traurige Nachricht von Varus Niederlage in Deutschland, und ist im ersten Schrecken darüber ganz außer sich 23. 24. — zieht sich noch mehr zurück, verbittet die Theilnahme an den Ehrentagen seiner Lieblinge, und die Aufwartungen im Palaste 26. — erbittet sich auch einen Ausschuß von zwanzig Senatoren 28. — reist nach Campanien, giebt Spiele in Neapel, und stirbt in Nola 29. — nicht ohne Verdacht auf Livien, weil er sich mit Agrippa Postumus aussöhnen zu wollen schien, und ihn in seiner Insel heimlich besucht hatte 30. — sein Leichnam wird von den Magistratspersonen jeder Stadt

nach

I. Historisches Register.

nach Rom getragen, und hier von den Rittern übernommen 31. — sein Testament und andere Verordnungen 32. 33. — sein Begräbniß 34 — Leichenrede Tibers 35 — 41. Tempel und andere Ehrenbezeigungen, die man ihm nach seinem Tode zuerkennt 46. 47. — sein Tempel von Caligula eingeweiht 59, 7.

Privatleben: sein Siegel, erst eine Sphinx, hernach sein eigenes Bildniß. 51, 3. — seine Methode in Chiffern zu schreiben, ebendas. war seiner Livia nicht immer treu 54, 19. 56, 43. — nimmt Freymüthigkeit von Freund und Feind nicht übel. sein Lob überhaupt. 56, 43.

Avidius Cassius, ein Syrer von Geburt, vortreflicher Mann 71, 22. — Feldherr unter Mark Aurel gegen die Parther 71, 2. — dann Statthalter über ganz Asien 71, 3. dämpft eine in Aegypten entstandene Empörung 71, 4. — läßt sich durch Faustinen zur Empörung gegen Mark Aurel verleiten 71. 22. — wird durch die falsche Nachricht von des Kaisers Tode veranlaßt, seinen Plan zu verfolgen 23. — wird aber von einigen Subalternofficieren niedergemacht. 27.

Jul. Avitus. Consular, Gemahl der Julia Mäsa, Großvater des Kaisers Elagabal. 78, 30.

Avitus, Enkel desselben, nachher Kaiser Elagabal 78, 30.

Aurelia Severa, Vestalin, unter Caracall lebendig eingemauert 77, 16.

Aurelian, ein Senator unter Macrin, die Soldaten verlangen die Auslieferung desselben 78, 12. wozu

12. wozu sich der Kaiser auch endlich bequemt. 78, 19.

Aurelius s. Antonius Philosophus.

Aurelius Aelix, berühmter Athlet unter Elagabal 79, 10.

Aurelius Apollinaris, Oberster der Leibwache unter Caracall, Mitverschworner gegen denselben 78, 5.

Aurelius Eubulus, Rentmeister (Rationalis) unter Elagabal, wird bey dessen Tode von dem Volke aus Erbitterung in Stücken zerrissen. 79, 21.

Aurelius Nemesianus, Oberster der Leibwache unter Caracall, und Mitverschworner gegen denselben 78, 5.

Aurunker, zwischen den Campanern und Volskern wohnende Völkerschaft Italiens Vr. 4.

Ausonien. Grenzen desselben in alten Zeiten. Vr. 4.

Arona. Fluß in Gallien (bey Rheims) 39, 2.

B.

Babylon. Harz daselbst. 68, 27. von Trajan erobert 68, 26. 27. — ingleichen von Septimius Severus 75, 9.

Bäbius Marcellinus, Senator unter Sept. Sever zum Tode verurtheilt. 76, 8.

Bajä. Beschreibung der Gegend und warmen Bäder daselbst. 48, 50. 51.

Balearische Inseln. Die Griechen nennen sie auch Gymnesische, ein anderer lateinischer Name derselben Valerische. Vr. 18.

I. Historisches Register.

Bambalio, Spottname des Schwiegervaters vom Triumvir M. Anton. 45, 47.

Banadaspus, König der Jazyger unter M. Aurel 71. 16.

Barbillus Sterndeuter unter Vespasian 66, 9. (Sueton Nero 36)

Bargioras, Anführer der Juden, wird bey der Belagerung Jerusalems unter Titus gefangen und hingerichtet. 66, 7.

Basilian, unter Macrin Statthalter in Aegypten, dann prätorischer Präfect, wird, weil er seinem Wohlthäter Macrin treu bleibt, von Elagabals obsiegender Parthey hingemordet. 78, 35.

Bassäus Rufus, prätorischer Präfect unter M. Aurel 71, 5.

Bassianus. s. Alexander Severus.

Cäcil. Bassus, ehemals unter Pompejus Armee, hatte sich nach der Zeit nach Tyrus gewandt, empört sich gegen den damaligen Statthalter Sextus Jul. Sextus, läßt sich wirklichen Statthalter nennen, wird auch von Alchaudonius in Arabien unterstützt 47, 26. 27 hält sich einige Zeit, wird aber von Cassius genöthigt abzutreten, und entlassen 47, 23.

Lu. Bassus, von Aristio im Piratenkriege zur See besiegt. 36, 2.

Pom. Bassus, Consular, auf Elagabals Befehl hingerichtet. 79, 5.

Bastarner, Scythische Nation 38, 10. bringen über die Donau in Mysien ein, M. Crassus besiegt sie 51, 23—25.

I. Historisches Register.

Batanä (Ekbatana) von Trajan eingenommen 68, 23.

Bataver. Korps fremder Reiterey, schon unter August eingeführt 55, 24. 69, 9.

Bathyll, Pantomim unter August 54, 17. (Zosimus 1, 6.)

Bato ein Dalmater, reizt seine Landsleute zum Aufruhr gegen die Römer auf. 55, 29. seine Freymüthigkeit gegen August, 55, 33. — unterwirft sich doch endlich 56, 16.

Bato, ein Pannonier, Fürst der Breuker, verbindet sich mit dem Dalmater Bato zu gemeinschaftlicher Empörung gegen die Römer 55, 29. wird aber von demselben niedergemacht. K. 34.

Bato, Gladiator unter Caracall, muß an Einem Tage mit dreyen fechten. 77, 6.

Battarius, (vermuthlich) Dacischer Prinz 71, 11.

Bauli, Landhaus. Brücke von da aus nach Puteoli hinüber von Caligula auf einige Tage angelegt. 59, 17.

Bebryker, nachher Narbonenser. Br. 6.

Belgen, von Cäsar bezwungen 39, 1—5. 40, 42. s. auch Celten.

Belus (Jupiter) sein Orakel zu Apamea 78, 8. 40.

Berenice, an ihres Vaters Ptolemäus Stelle von den Aegyptern zur Königin gemacht. 39, 13. vermählt sich mit Seleucus, und macht ihn zum Mitregenten, weil er ihr aber nicht nach Geschmack ist, läßt sie ihn umbringen, und nimmt den Archelaus zum Gemahl an 39, 57. der Vater läßt sie hinrichten 39, 58.

Be-

I. Historisches Register.

Berenice, Jüdische Prinzeßin, Agrippa des ältern Tochter, Liebschaft des Titus, kommt mit ihrem Bruder Agrippa nach Rom. Titus entläßt sie dennoch, weil er das Mißvergnügen der Römer über eine Vermählung mit ihr bemerkt. 69, 5.

Bessier, räuberische Nation in Thracien (Amm ut 27, 4) von M. Crassus betriegt. 47, 25. verehren den Bacchus 51, 25. — unter August von C. Mar ellus bezwungen 54, 20. Empörung unter Vologäsus. 54, 34.

Bibliothek, Alexandrinische, brennt ab. 42, 38. — Die Octavische in Rom, von August zu Ehren seiner Schwester so benannt. 49, 43. — brennt unter Titus ab. 66, 24. — die des Apollo Palatinus, auch von August angelegt. 53, 1. des Trajan 68, 16.

M. Bibulus, mit Cäsar Aedil 37, 8. dann College deßelben im Consulat, widersetzt sich der Lex Agraria deßelben aufs eifrigste, wird aber gemißhandelt, kommt seitdem nicht wieder in den Senat, protestiert aber von Haus aus wider alle Unternehmungen Cäsars 38, 4—6. — wird bey Niederlegung des Consulats in seiner Rede von Clodius unterbrochen 38, 12. Statthalter in Syrien nach Crassus Niederlage 40, 30. kommandiert die Flotte des Pompejus, und macht dem Cäsar die Ueberfahrt sehr schwer 41, 44. stirbt 41, 48.

Bithynien. König Nikomedes in seine Rechte wieder eingesetzt von Sylla Br. 170. 171. ff. — wird bey Theilung der Provinzen zwischen August und dem Volk eine senatorische Provinz 53, 12. — August macht dennoch einmal selbst

I. Historisches Register. 65

Borysthenes, Name des Leibpferdes Hadrians, bekommt eine Ehrensäule 69, 10.

Bosporus der Cimmerische. Polemo als König darüber von August eingesetzt 54, 24.

Brennus, bringt die in Delphi geraubten Tempelschätze nach Toulouse. Er. 97.

Breuker, Pannonische Völkerschaft 55, 29. s. oder Baks, den Pannonier.

Brigantium. St. in Galicien (jetzt Coruña in Spanien) 37, 53.

Britannicus, eigentlich Claud. Tiber Germanicus, Sohn des Kaisers Claudius von Messalinen, wird gebohren 60, 12. — erhält den Beynamen Britannicus 60, 22. — die Stiefmutter Agrippina läßt ihm eine rödelhafte Erziehung geben, und kränkt ihn noch bey Claudius Leben, so sehr sie kann 60, 32. — dieser er fährt es endlich, und sucht sein Schicksal zu verbessern 60, 34. — er wird von Agrippinen und Nero, doch erst nach Claudius Tode vergiftet 61, 7.

Britannien. Physische Beschreibung, Lebensart der Einwohner, Regierungsform, Waffen u. s. w. 76, 12. — die ältesten Griechen und Römer haben es gar nicht gekannt, und nachhe die einen es für festes Land, die andern für Insel gehalten. (s. Pompon. Mela 3, 6 Tacit. Agricola 10.) Agricola hat es zuerst sicher als Insel befunden, auch Sept. Sever 39, 53 66, 20. das Land hat viel Wald und Gesträuche 40, 2. — schöne Pferdezucht 39, 52. —

Die Caf. 5. B.   E   Edoni

I. Historisches Register.

Cäsars erster Feldzug dahin von Gallien aus 39, 51—53. zweyter 40, 1—4. — auch August hatte einigemal diese Absicht 49, 38. 53, 22. 25. — abentheuerlicher Zug des Caligula 59, 25. — Krieg unter Claudius von Plautius geführt 60, 19 — empört sich unter Nero, in welchem Kriege achtzigtausend Römer und Bundsgenossen umkommen, und die Insel selbst fast für Rom verloren geht 62, 1. werden doch noch von Paulin in einer Schlacht besiegt 62, 12. — Krieg unter Titus von Jul. Agricola geführt, 66, 20. — empören sich unter Commodus, und gehen über die zur Grenzscheidung zwischen ihnen und den Römern aufgeführte Mauer 72, 8. — Feldzug des Sept. Severus dahin, um die von den Römern bisher noch nicht besessenen Theile auch zu erobern 76, 13. seine Antwort einer Brittin 76, 16.

Britten, waren in zwey Nationen getheilt, die Caledonier und Mäaten 76, 12. ihre Lebensart, Waffen u. s. w. ebend. verfahren sehr grausam gegen ihre Kriegsgefangenen 62, 7.

Brücke Trajans über die Donau. Beschreibung derselben. Hadrian läßt die obere Belegung derselben wieder abnehmen, weil sie zu Streifereyen der Feinde Gelegenheit giebt. Schon zu Dios Zeiten waren nur noch Pfeiler ohne Schwibbogen zu sehen. 68, 13.

Brutus, vertreibt die Tarquinier aus Rom. Br. 24. seine Bildsäule unter den sieben Königen Roms. 43, 45.

Dec.

I. Historisches Register.

Dec. Brutus, auch Junius und Albin genannt. 44, 13. — Unterfeldherr Cäsars im Gallischen Kriege 39, 40. — Mitverschworner gegen seinen Wohlthäter 44, 13. — Anton sucht ihn aus seiner Statthalterschaft Gallien zu verdrängen, er wird aber von Octavian unterstützt. 45, 14. 15. — in Modena belagert 46, 35. — man überträgt ihm nach der Schlacht bey Modena Octavians Armee. 46, 40. — doch muß er sie in der Folge an denselben zurückgeben. 46, 47. — er will zu seinem Bruder nach Macedonien hingehen, fällt aber unterwegs einem seiner Feinde in die Hände, und entleibt sich selbst. 46, 53.

M. Brutus. Dio läugnet, daß er ein Abkömmling des Brutus gewesen, der die Könige aus Rom vertrieb. 44, 13. — war des Uticensischen Cato Schwestersohn und Eidam. 44, 14. — ward in der Pharsalischen Schlacht gefangen und begnadigt. 41, 63. — Prätor, und als solcher Cäsars Mörder 44, 12. — auch seine Gemahlin Porcia weiß darum, ebendas. — Vertrag mit M. Anton 44, 34. — nachdem das Volk über Cäsars Ermordung erbittert zu werden anfängt, verläßt er nebst Cassius Rom, dann, da Octavian seine Rolle zu spielen anfängt, Italien, und wird vorzüglich in Athen mit großen Ehrenbezeigungen empfangen 47, 20. — anstatt der ihm zugetheilten Provinz Creta bemächtigt er sich Macedoniens und Griechenlandes. K. 51. wird auch vom Senat, der gegen Octavian mißtrauisch zu werden anfängt, in dem Besitz derselben bestätigt 46, 40. 47, 22. —

22. erbietet sich gegen Octavian zum Frieden, und mit ihm gemeinschaftliche Sache gegen Anton zu machen, bis Octavian den Mord seines Vaters rächen zu wollen sich erklärt 47, 22. — von ihm geprägte Münzen 47, 25. — auf die Nachricht von der Verbindung der Triumvirn verbindet er sich nun auch näher mit Cassius 47, 32. — besiegt die Lycier, die sich nicht für ihn erklären wollen, und erobert ihre Städte Xanthus, Patara und Myrus 47, 34. — stößt nun wieder zu Cassius, und beyde gehen nach Macedonien, schlagen sich durch die bereits angekommenen Truppen Norbans und Saxa durch, und vereinigen sich in einem Lager bey Philippi 47, 37. Schlacht daselbst. Brutus schlägt des damals kranken Octavians Flügel, und erobert das Lager desselben 47, 45. — nach Cassius Selbstentleibung sammelt er noch einmal seine ganze Kraft, verliert aber die Schlacht, und bringt sich selbst ums Leben 47, 48. 49.

Bukolen, räuberische Bewohner Bufoliens, einer niedrigen Gegend Aegyptens 71, 4.

Bulla, verwägener Räuber 76, 10.

Bunduica, Königin in Britannien, empört sich unter Nero gegen die Römer 62, 2. ff. stirbt. K. 12. ʻ(Tacit. Ann. 14, 37.)

Burrhus, prätorischer Präfect und Miterzieher Neros 61, 3. versieht nebst Seneca nach Agrippinens Entfernung in der ersten Zeit die Regierungsgeschäfte 4. zieht sich nach Britannicus Ermordung zurück 7. — wird wegen seiner Freymüthigkeit ermordet 62, 13.

Bur-

I. Historisches Register.

Burrier, Völkerschaft in der Nähe von Dacien (Mannert Germanien S. 436.) 68, 8. — kommen noch einmal in Verbindung mit den Jaxygern vor 71, 18.

Byzanz. Klassische Stelle, von ihrer Lage und Festigkeit 74, 10. 14. — tönende Thürme daselbst. K. 14. — halten es mit Pescenn. Nigro, weßhalb sie von Sept. Sever belagert werden, aber sich drey Tage lang aufs tapferste vertheidigen 74, 12. 13. endlich von Sever erobert, der ihnen ihre Freyheit und Stadtrecht nimmt, ihre Mauern niederreißen läßt, und sie als Dorf den Perinthiern zutheilt. K. 14.

C.

Cabira. Stadt in Pontus 35, 10.

Cäcina Alienus. s. Alienus.

Cäcina Pätus. s. Pätus.

Cäcina Severus. Statthalter in Mysien unter August 55, 29.

Cäcina Tuscus, unter Nero Statthalter in Aegypten 63, 18.

Cänis, ehemals Hofdame bey Antonien, des Kaisers Claudius Mutter, sehr gescheite Frau, und Vespasians Gesellschafterin, die er vorzüglich zum Mäkeln brauchte, wo es für ihn selbst sich nicht wohl schickte 66, 14.

Cävias, soll auch ein Name Augusts gewesen seyn, (den doch andere Schriftsteller nicht kennen) 45, 1.

I. Historisches Register.

Q. Servil. Cäpio. Feldherr gegen Viriathus, sein großer Held, der aber auf gute Kriegszucht hält, weßhalb ihm die Soldaten nicht günstig sind. Br. 83.

Q. Servil. Cäpio. Consul (648.) Proconsul im Narbonensischen Gallien, eifersüchtig auf Mallius den Consul im Kriege gegen die Cimbern. Br. 98. 99. seine Streitigkeiten mit Drusus. Br. 109. 110.

Cäre, vorher Agylla, Stadt in Etrurien. Br. 142.

Cajus Jul. Cäsar. Leitet sein Geschlecht auf Venus zurück 43, 22. weßhalb er eine bewaffnete Venus im Siegel führt 43, 43. — sucht sich bey jedermann einzuschmeicheln 37, 37. — ist in seiner Jugend etwas nachlässig im Aeusserlichen 43, 43. — Sylla läßt sich nur auf die Fürbitte anderer bewegen, ihm das Leben zu lassen. ebendas. — läßt sich den Vorschlag des Manilius, dem Pompejus den Krieg gegen Mithridates und Tigranes zu übertragen, gefallen, weil er ihn nicht hindern zu können, und sich selbst auf einen ähnlichen Fall dadurch vorzuarbeiten glaubt 36, 26. — setzt sich als Aedil bey dem Volke durch prächtige Schauspiele in Gunst 37, 8. — verfolgt diejenigen, die ehemals unter Sylla die Geächteten aufgesucht, und umgebracht hatten 37, 10. — schlägt viele Ehrenbezeigungen für Pompejus vor, den er doch im Herzen haßt, und zu stürzen sucht 37, 22. — unterstützt die Klage gegen Vatinius wegen ehemaliger Ermordung des Saturninus 37, 27. — stimmt bey der Catilinarischen Ver-
schwö-

I. Historisches Register.

schwörung für gelinde Bestrafung 37, 36. — läßt durch Labienus, dem Gesetz des Sylla entgegen, in Vorschlag bringen, die Wahl der Priester dem Volke zu übertragen, und wird selbst in sehr jungen Jahren, und ohne noch Prätor gewesen zu seyn, zum Pontifex gewählt 37, 37. — schlägt als Prätor vor, des Catulus Namen vom Tempel des Jupiter Capitolinus abzunehmen, und dem Pompejus die Vollendung des Baues aufzutragen 37, 44. — nach verwalteter Prätur bekommt er das jenseitige Spanien (Lusitanien zur Provinz, bezwingt hier die Bewohner des Hermionischen Gebirges, und eilt dann nach Rom zurück, um Mitbewerber ums Consulat zu werden, das er auch, wiewohl er dem Triumphe deßhalb entsagen muß, glücklich erhält 37, 52—54. — schmiegt sich an Pompejus und Crassus, damals die mächtigsten, aber auf einander eifersüchtige Männer an, versöhnt sie nicht nur mit einander, sondern tritt auch mit ihnen in ein gemeinschaftliches Verbündniß 37, 55—58. als Consul (695.) bringt er neue Vertheilung der Ländereyen in Vorschlag, findet an Cato Widerstand, läßt ihn ins Gefängniß führen, aber auch sogleich wieder losgeben 38, 1—3. bey weiterem Betrieb dieser Sache sprechen zwar Pompejus und Crassus für die Annahme des Verschlages. K. 4. 5. desto mehr widersetzt sich Bibulus, sein Amtsgenoß im Consulat, Cäsar erhält aber doch endlich seinen Zweck 38, 6. 7. — setzt auch, um den Ritterstand für sich zu gewinnen, dies durch, daß ihnen der dritte Theil der Pachtgelder erlaſſen wird 38, 7. — um ſich noch ſicherer zu ſtellen, giebt er dem Pompejus ſeine Tochter zur Gemahlin, er ſelbſt vermählt ſich mit Piſos, des damaligen Conſuls (696.) Tochter, und man überträgt ihm die Provinz Gallien 38, 8. 9 — ehe er noch dahin abgeht, ſtiftet er den Clodius gegen Cicero an 38, 12. ſeine Falſchheit bey dieſer Gelegenheit 38, 15. 17.

In Gallien ſucht er nun jede Gelegenheit zu einem Kriege ſelbſt auf 38, 31. — ſeinen erſten Sieg erhält er über die Helvetier, die aus ihrem Lande ausgewandert waren, um neue Wohnplätze zu ſuchen, aber von ihm mit vieler Mühe zurückgewieſen werden. K. 32. 33. — Krieg mit Arioviſt, König der Celten, der endlich nach einem harten Kampfe für die Römer ſich glücklich endigt 38, 34—50. — Krieg mit den Celten (Belgiern) 39, 1. 2. — wider die Nervier 39, 3. — wider die Atuatiker. 39, 4. — er unterſtützt, obgleich abweſend, den Clodius, und ſchickt ihm Anklagpunkte gegen Cato zu. 39, 23. — Krieg gegen die Veneter 39, 40—43. — gegen die Moriner und Menapier K. 44. — ſein Unterfeldherr Sabinus ſchlägt die Uneller. K. 45. — eben ſo glücklich iſt ein anderer, P. Craſſus, in Aquitanien K. 46. — Feldzug gegen die Celtiſchen (Germaniſchen) Nationen der Tenchteren und Uſipeten. 47. 48. — geht (unter allen Römern zuerſt) über den Rhein; von den Ubiern gegen

I. Historisches Register.

gegen die Sykambrer zu Hülfe aufgefordert. 39, 48. — unternimmt einen Feldzug nach Britannien hinüber, von dem er doch eben weiter keinen Vortheil hat, als die Ehre. 39, 50—53. — zweyter Seezug nach Britannien, in dem er mit den Britten nicht leichte Arbeit findet, sie aber doch nöthigt, Frieden einzugehen, und sich zu einem jährlichen Tribute zu versehen. 40, 1—4. indessen hatten die Eburonen seine Feldherren Sabin und Cotta angegriffen und niedergemacht 40, 4—6. auch die Nervier den Q. Cicero eingeschlossen, den er doch entsetzt. K. 7. 8. — bald nachher macht ihm Ambriorix, der sich zum Anführer mehrerer Völkerschaften aufwirft, viel zu schaffen 40, 31. — Empörung der Arverner unter Vercingetorix, die den Biturigern ins Land fallen, und ihre Stadt Avaricum einnehmen, aus der sie von den Römern nach einer langen Belagerung wieder vertrieben werden 40, 33. 34. — nun rückt er selbst in ihr Land ein, und belagert ihre Stadt Gergovien, muß aber die Belagerung aufheben 40, 36. 37. — die Aeduer empören sich K. 37. 38. — auch Vercingetorix giebt ihm alle Hände voll zu thun, doch unterwirft sich jener freywillig 39—41. Krieg wider die Celten (Belgier) unter Anführung des Commius. K. 42. 43.

Cäsar geht nun nach Italien zurück, ohne doch geneigt zu seyn, seine Armee zu entlassen 40, 44. — Kabalen gegen ihn in Rom. Um ihnen entgegen zu arbeiten, versöhnt er sich mit

mit dem Volkstribun Curio, bezahlt desselben Schulden, und findet an ihm den thätigsten Beförderer seiner Absichten. 59—65. — Curio eilt aus Rom zu ihm, und er sendet ihn mit der Erklärung zurück, daß er bereit sey, Provinz und Armee abzutreten, sobald Pompejus das Gleiche thäte 41, 1. — sein Antrag wird verworfen, und ihm ein Tag angesetzt, an dem er die Armee entlassen soll. 41, 3. — er trägt der Armee die Unbilligkeit seiner Gegner vor, geht dann nach Italien herüber, und alles unterwirft sich ihm auf seinem Wege. K. 4. — geht nicht gerade vor Rom, sondern fordert den Pompejus zu rechtlicher Ausführung ihrer gegenseitigen Mißhelligkeiten auf, und erobert das sich ihm widersetzende Corfinium, wo er doch den Domitius und andere Senatoren entläßt K. 10. 11. zwar hätte er gewünscht, dem Pompejus noch in Italien eine Schlacht zu liefern, belagert ihn auch in Brundisium; weil diese Stadt aber zu fest ist, und Pompejus einmal bey Nacht schnell unter Seegel geht, K. 12. so läßt er in Brundisium eine Besatzung zurück, und begiebt sich nach Rom, wo er Senat und Volk über die gegenwärtige Lage zu beruhigen sucht, auch den Vorschlag thut, noch einmal eine Deputation an die Consuln und Pompejus zu schicken. K. 15. — bemächtigt sich der öffentlichen Schatzkammer 17. nimmt Sardinien und Sicilien ohne Schwierigkeit in Besitz K. 18. und 41. — geht dann nach Spanien, das dem Pompejus treu ergeben ist, und
über-

überläßt die Belagerung des widerspenstigen Marseille seinen Unterfeldherren 19. in Spanien findet er am Afranius und Petrejus geschickte und muthige Gegner, die ihn in große Verlegenheit setzen, aber doch von ihm besiegt werden 20—22. — Marseille kapitulirt mit ihm 25. — Empörung einiger Soldaten in Placenz, und Rede an sie 26—35. wird vom Prätor Lepidus, nachher Triumvir, zum Dictator ernannt. Er nimmt diese Würde an, macht einige Anordnungen, besonders wegen der verschuldeten Bürger, und legt sie dann wieder nieder. K. 36.—38. — nimmt nun auch die Weihgeschenke in den Tempeln und auf dem Capitol an sich 39. — schifft sich mitten im Winter mit einem Theile seiner Armee ein, und sendet dann, um auch die übrigen nachzuholen, die Schiffe zurück, die aber von Bibulus übel zugerichtet werden 41, 45. — indeß zwingt er doch schon einige Städte, sich ihm zu ergeben 45. will sich auf einem Boote nach Italien übersetzen lassen, muß aber wegen zu stürmischer See wieder umkehren, 46. — stellt sich, obgleich seine übrigen Truppen noch nicht aus Brundisium angekommen sind, dem Pompejus in einem Lager an dem Flusse Apsus entgegen 47. — Anton langt endlich an, Cäsar belagert den Pompejus in Dyrrhachium, ist aber hier unglücklich, und kommt fast ums Leben 50. — nach Aufhebung der Belagerung von Dyrrhachium geht er nach Thessalien, wo seine Feldherren auch Verlust erlitten hatten, und

sam-

sammelt nach und nach neue Kräfte. 51. — Pharsalische Schlacht 53—62. — Er läßt nur die vorher schon einmal begnadigten Senatoren und Ritter hinrichten, erlaubt aber jedem seiner Anhänger, einen derselben loszubitten 41, 62. gegen alle übrigen ist er sehr gelind und edelmüthig, läßt auch die unter Pompejus Geräthe gefundenen Briefe verbrennen, ohne sie zu lesen. 41, 63. — verfolgt den Pompejus, sobald er erfährt, wohin er seinen Weg genommen, geht nach Aegypten über, erfährt hier seines Gegners Tod, dem er nun selbst eine Thräne widmet, und seine Asche ehrt. 42, 6—8.

In Rom erkennt man ihm nach völliger Gewißheit von dem Erfolge der Pharsalischen Schlacht und Pompejus Tode ausserordentliche Ehrenbezeigungen, und bisher ganz ungewöhnliche Vorrechte zu 42, 17—20. die ihm auf ein ganzes Jahr zuerkannte Dictatur nimmt er sogleich an, und macht den M. Anton zu seinem Feldherrn der Reiterey K 21. — in Aegypten macht er das Volk durch drückende Gelderpressungen, durch Vergreifen an ihren Gottheiten, und durch Begünstigung der Kleopatra gegen sich schwierig K. 34. — er läßt sich in der That durch Kleopatrens Schönheit einnehmen, und ernennt sie zur Mitregentin ihres Bruders, giebt auch den zweyen jüngern Geschwistern, der Arsinoe und dem Ptolemäus die Insel Cypern, die doch damals schon den Römern zugehörte. K 35. — Pothin, Oberschatzmeister, veranlaßt den Oberfeldherrn Achillas mit der

Armee

I. **Hiſtoriſches Regiſter.**

Armee gegen Cäſar anzurücken, weßhalb dieſer eine Armee aus Syrien kommen läßt, worauf es zu mehr als Einem Gefechte kommt, die doch im Grunde nichts entſcheiden K. 38. — indeß hatte Ganymed, ein Hofbeamter (Verſchnittener) Arſinoen heimlich aus Cypern nach Aegypten herübergebracht, und ſie als Königin ausrufen laſſen; und weil Cäſar befürchtete, Pothin möchte den Ptolemäus etwa auch entführen, läßt er jenen umbringen, dieſen genauer beobachten, und durch denſelben den Aegyptiern Frieden antragen 40. — Ganymed läßt den Achyllas umbringen, übernimmt nun die Armee und Flotte ſelbſt, und thut den Römern vielen Schaden — Cäſar überfällt ihn dagegen, und nimmt die Inſel Pharos in Beſitz, wird aber wieder verdrängt, und entgeht durch Schwimmen kaum dem Tode. 40. — während der Zeit kommen die aus Syrien entbotenen Truppen zu Schiffe an, und ihren Anführern, dem Tib. Claud. Nero und Mithridates, dem Pergamener, gelingt es, ſich des Nils zu bemächtigen K. 41. 42. — die Aegyptier tragen auf Frieden an, und bitten um Entlaſſung des Ptolemäus; Cäſar entläßt ihn, aber nun fangen ſie die Feindſeligkeiten vom neuen an, Cäſar beſiegt ſie, Ptolemäus ſelbſt ertrinkt, und nun übergiebt Cäſar das Reich Kleopatren, doch ſo, daß ſie ſich mit dem jüngern Bruder, Ptolemäus, vermählen ſoll. K. 42 — 44.

Aus Aegypten geht Cäſar gegen Pharnaces, der bisher anſehnliche Eroberungen in Syrien ge-

gemacht, auch Cäsars General Cn. Domitius
Calvinus in einer Schlacht besiegt hatte, überwindet ihn, und vertheilt die Länder Asiens
vom neuen 42, 48. — geht dann über Bithynien
und Griechenland nach Italien zurück, und
treibt überall Gelder ein, oder nimmt, was er
nehmen kann, wäre es auch nur unter. dem
Titel eines Darlehns — alles, weil er seine
Soldaten zu belohnen, und die Kosten eines
Triumphes zu bestreiten habe. K. 49. 50. —
indessen macht er sich das gemeine Volk, wenn
es nur nicht auf seine Kosten geschieht, ver-
bindlich, und seine Anhänger befördert er zu
Aemtern, weßwegen er auch die Zahl der Priester, der Prätoren u. s. w. vermehrt. K. 51. —
seine Soldaten rebellieren, und verlangen ihre
Belohnung und Abschied, er läßt sich aber nicht
schrecken, und giebt ihnen den verlangten Abschied, aber die meisten bitten ihn, sie noch
ferner Theilnehmer seiner Siege seyn zu lassen.
52—55. geht noch im Winter nach Africa, wo
Cato und Scipio den Plan gemacht hatten,
den jüngern Pompejus nach Spanien übergehen zu lassen, wogegen sie mit einer Flotte
nach Italien segeln wollen; er landet, und
nimmt seine Winterquartiere in Ruspina.
56—58. im folgenden Jahre ist er Dictator
und Consul zugleich, beydes zum drittenmal
43, 1. (s. doch Reimars Note) — in Africa
sieht er sich in großer Verlegenheit, weil Petrejus
und Labien, noch mehr Scipio und Juba auf ihn
andringen. K. 2. — eine ganz unvermuthet
glück-

I. Historisches Register.

glückliche Diversion macht ihm ein gewisser P. Sittius, der in Numidien einfällt, und dadurch den Juba in sein Reich zurückzugehen nöthigt. K. 3. — Juba kommt zwar endlich zurück, weil aber indeß auch Cäsars Truppen aus Italien ankommen, so erhält er nach verschiedenen Gefechten doch endlich einen entscheidenden Sieg (bey Thapsus) K. 4—10. — er bedauret, dem Cato nicht haben verzeihen zu können 12. sein Anti-Cato 13. — nach Beendigung des Krieges in Africa schickt er den C. Didius nach Spanien gegen den jungen Pompejus, er selbst geht nach Rom, wo man ihm schon vor seiner Ankunft den Namen des Halbgottes, die Dictatur auf zehen Jahre nach einander, und mehrere bisher ganz ungewöhnliche Ehrenbezeigungen zuerkannt hatte. K. 14. — hält nun in vier verschiedenen Tagen vier Triumphaufzüge 19. — Spottlieder seiner Soldaten dabey 20. — dann giebt er dem Volke einen prächtigen Schmaus, und vielerley Arten von Spielen 21—24. — giebt gute Gesetze 25. — verbessert den Kalender 26. — doch ist man mit seiner Zurückberufung so vieler Verbannten, über die Aufnahme schlechter Menschen in den Senat, und über seine Anhänglichkeit an Kleopatren mißvergnügt 27. — geht nun nach Spanien gegen Cn. Pompejus, und erkämpft über ihn den letzten seiner Siege (bey Munda) 28—39. auch hierüber hält er wieder Triumph. K. 42. — neue Vorrechte und Ehrenbezeigungen werden ihm zuerkannt 43—45. — allerhand

hand neue Einrichtungen im Innern des Staats 46 — 50. man überträgt ihm die Führung des Krieges gegen die Parther, um Crassus Tod zu rächen 43, 51. übertriebene Ehrenbezeigungen 44, 4—8. macht sich aber dadurch sehr verhaßt, daß er den Senat, der ihm seine Verordnungen hierüber in corpore überbringt, in der Vorhalle des Venustempels sitzend empfängt. K. 8. — noch mehr dadurch, daß er den ihm mehr als einmal angebotenen Königstitel nur aus Verstellung abzulehnen scheint 9—11. auch die Erklärung der Quindecimvirn, daß in den Sibyllinischen Büchern stehe, die Parther könnten nur von einem Könige besiegt werden, mochte angestiftet seyn, beschleunigte aber nur die Ausführung seiner Ermordung. 44, 15. Vorbedeutungen derselben 17. 18. Ermordung selbst. 19. Leichenrede Antons. K. 36—49.

Seine Geschmeidigkeit und Höflichkeit gegen die gemeinen Bürger 37, 37. — er war von Natur sanft, und überschritt nur zuweilen seiner eigenen Sicherheit wegen die Grenzen einer billigen Strenge. 38, 11. Chiferschrift desselben. 40, 9. — nichts weniger als Feind des weiblichen Geschlechtes. 42, 34. 44, 7.

Cajus Cäsar. Agrippas Sohn. s. Agrippa.

Luc. Cäsar. Agrippas Sohn. s. Agrippa.

Luc. Cäsar. Consul (690.) Richter in der Sache des Rabirius nebst Jul. Cäsar. 37, 27. — M. Anton macht ihn zum Stadtpräfect 42, 30.

setzt

I. Historisches Register.

setzt ihn aber hernach mit auf die Liste der Verbannten 47, 6. doch läßt er ihm auf Juliens Vorbitte das Leben. 47, 8.

Luc. Cäsar, des vorigen Sohn, von Pompejus mit Aufträgen an Jul Cäsar gesandt. 41, 5. wird auf Jul. Cäsars Befehl niedergemacht. 43, 12.

Cäsarion, Sohn Jul. Cäsars von Kleopatra, wie sie wenigstens vorgab (vergl. Sueton 52.) erhält von den Triumvirn den Titel eines Königs von Aegypten 47, 31. und von Anton hernach den Namen Ptolemäus, und König der Könige 49, 41. — wird von Octavian nicht für Cäsars Sohn anerkannt. 50, 1. 3. flieht nach Kleopatrens Tode nach Aethiopien, wird aber eingeholt und niedergemacht. 51, 15.

L. Cäsetius Flavius, Volkstribun, Gegner Jul. Cäsars 44, 9. von Helvius Cinna deswegen aus dem Senat gestoßen. 49, 10.

L. Cäsenius Pätus, von Nero nach Cappadocien gesandt, um den Corbulo zu unterstützen, hält sich aber nicht zum besten 62, 21.

Cäsonia, Gemahlin Caligulas 59, 23. (soll ihm einen Liebestrank beygebracht haben, der sein Gehirn verschoben Sueton 50.) wird mit ihm, und ihrem Töchterlein Drusillen hingemordet 59, 39.

Cajobomar, König der Quaden, von Caracall ums Leben gebracht 77, 20.

Cajus Cäsar, Augusts Enkel. S. Agrippa.

Calabrien, vorher Messapien und Salentien. Br. S. 9.

Calácien, Landschaft Spaniens 37, 53.
Caledonier, größere Völkerschaft der Britten 76, 12, treten unter Sept. Sever von den Römern zu den Mäaten über 75, 7.
Q. Fustius Calenus, giebt als Prätor das Gesetz, daß die Tribus in den Comitien einzeln abstimmen sollen 38, 8. — ist Unterfeldherr Cäsars gegen Pompejus und erobert Athen, Megara und Patrá 42, 14. — heftige Rede desselben gegen Cicero 46, 1—28. Statthalter im transalpinischen Gallien 48, 10. — stirbt 48, 20.
C. Caligula Germanicus, Germanicus Sohn von Agrippinen 59, 1. als Kind dem Vater genommen, und im Lager erzogen 57, 5. von Tiber zum Priester gemacht 58, 8. erhält von demselben Erlaubniß, fünf Jahre früher als gewöhnlich, Staatsämter zu suchen 58, 23. vermählt sich (mit Claudilla, Silans Tochter) in Antium 58, 25. — beschleunigt Tibers Tod 58, 28. hält ihm aber auch die Leichenrede. ebendas. — wird Kaiser, und giebt anfangs Hoffnung, auch ein guter Kaiser zu werden, wird aber bald der ausschweifendste Verschwender, Wollüstling, Wütrich u. s. w. (Buch 59. vom Anfang bis zum Ende) — seine erste Gemahlin, eine Tochter des würdigen Consularen, M. Silanus (Junia Claudilla,) wird verstoßen 59, 8. — so auch Claudia Orestina, die er ihrem Bräutigam, Piso am Hochzeittage mitnimmt. ebendas. — dann vermählt er sich mit Lollia Paulina (Plinius Hist. nat. 9, 35.)
eigent-

I. Historisches Register. 83

eigentlich Gemahlin des Memmius Regulus, die er aber auch bald wieder verstößt. K. 12. — läßt eine Brücke von Bauli nach Puteoli hinüber bauen, und giebt bey dieser Gelegenheit verschwenderische Volksfeste 59, 17. — Feldzug nach Gallien, blos in der Absicht, um die Provinz auszuplündern 59, 21. — verstößt die Paulina, und vermählt sich mit Milonia Cäsonia 59, 23. — lächerlicher Feldzug nach Britannien 25. — wird von Cassius Chärea und Corn. Sabinus niedergestoßen 59, 29. — eherne Münzen desselben werden nach seinem Tode eingeschmolzen 60, 22.

C. Calpurnius Piso, giebt als Consul das Gesetz über Amtserschleichung (Ambitus) 36, 21. — das Volk zerbricht ihm die Fasces, und er entgeht kaum dem Tode 22.

Calpurnius Crassus, verschwört sich wider Nerva, wird aber verrathen 58, 3. Trajan verweiset die Sache an den Senat 68, 16.

Jul. Calvastro, zeihet sich unter Domitian der Päderastie selbst, und rettet sich dadurch das Leben 67, 11. (Sueton 10.)

Calvia Crispinella, vornehme Römerin, erniedrigt sich so sehr, daß sie sich als Garderobedame bey Sporus (Neros entmanntem Lustknaben) gebrauchen läßt 63, 12.

Calvinus, (Cn. Domitius) Unterfeldherr Cäsars gegen Pharnaces, verliert eine Schlacht 42, 46. — Cäsar läßt ihn nach Pharnaces Besiegung als Statthalter zurück. K. 49. — be-

F 2   siegtfiegt die Ceretaner in Spanien, hält deswegen Triumph, und verwendet einen Theil der Beute auf die alte Königsburg in Rom 48, 42.

Calvisius Sabinus, Senator und vorher Statthalter in Pannonien, unter Caligula hingerichtet 59, 18.

Fl. Calvisius, Statthalter in Aegypten unter Mark Aurel 71, 28.

Cambyses Fl. in Albanien, hat sehr kaltes Wasser 37, 3. (Plinius Hist. natur. 6, 13.)

Fur. Camillus, Dictator, edler Eroberer der Stadt Falisci. Br. 28. aus der Stadt verbannt. ebendas. — lehnt die Dictatur ab. Br. 29. sein Feldzug gegen die Tusculaner. Br. 32.

Fur. Camillus Scribonianus, Statthalter in Dalmatien, verschwört sich wider Kaiser Claudius 60, 15. — nimmt sich selbst das Leben. ebendas.

Camunicer, Alpenbewohner 54, 20.

Camulodunum, Stadt in Britannien, Residenz Cynobellins, von Kaiser Claudius eingenommen 60, 21.

Candidus, Feldherr des Sept. Severus gegen Pescennius Niger 74, 6. 75, 2.

P. Canidius Crassus, besiegt im Triumvirat die Asiatischen Iberier 49, 24.

Cantabrier, Spanische Völkerschaft, unter August von Statil. Taurus besiegt 51, 20. — von August selbst 53, 25. 54, 5. ingleichen von Agrippa 54, 10.

Tit.

I. Historisches Register.

Tit. **Canusius**, Feldherr Augusts gegen die Cantabrier und Asturier 53, 25.

Canutia Crescentia, Vestalin unter Caracall, stürzt sich, um nicht eingemauert zu werden, von einem Hause herab 77, 16.

Tib. **Canutius**, Volkstribun 48, 14.

Capito, s. Atejus.

Capito, unruhiger Kopf unter Galba 64, 2.

Capitol, vom Blitze getroffen (689.) 37, 9. — von den Vitellianern in Brand gesetzt 65, 17.

Cappadocien. Anton der Triumvir giebt es an Ariarathes Stelle dem Archelaus 49, 32. — nach Archelaus Tode wird es unter Tiber zur Römischen Provinz gemacht, und verordnet, daß immer ein Römischer Ritter Statthalter seyn solle. 57, 17. — Artaban, König der Parther, sucht sich des Landes zu bemächtigen. 58, 26. — imgleichen Pherasmanes, König in Iberien 69, 15.

Capreä, Insel, tauscht August von den Neapolitanern gegen andere Ländereyen ein 52, 43. — Aufenthalt Tibers daselbst. 57, 12.

Capua, erhält von Cäsar Colonierechte 38, 7. (Cicero Rede gegen Piso 11.) auch von August begünstiget. 49, 14.

Caracallus, (M. Aurel. Antonin.) Sept. Severs Sohn, auch Bassian von seinem Großvater (Reimar zu 77, 1.) Caracall von einer Kleidungsart die er trug 78, 3. und Tarantas (Name eines Gladiators) genannt. 78, 9. leitete sein Geschlecht von dreyen Nationen, den Galliern, Afri-

Africanern und Syrern her, besaß aber nur die Fehler derselben. 77, 6. — lebte schon zu des Vaters Zeiten sehr ausschweifend und mit seinem Bruder Geta in der bittersten Feindschaft. 76, 7. — zuckt einmal auf dem Marsche das Schwerdt gegen den Vater selbst, um ihm hämisch einen Hieb im Rücken beyzubringen K. 14. — erkennt zwar nach Antritt der Regierung den Geta als Mitregenten, läßt ihn aber nach einigen andern vergeblichen Versuchen in der Mutter Zimmer, unter dem Vorwande, eine Versöhnung treffen zu wollen, hinmorden 77, 1. 2. — läßt viele Menschen, vornehme und geringe, hinrichten. 3—6. große Vorliebe für Alexander den Großen, den er überall nachzuäffen sucht. 7—9. Bedrückung der Unterthanen, um seine Verschwendung auszuhalten 9. — giebt aus eben dem Grunde allen Bewohnern des Römischen Reiches das Römische Bürgerrecht ebendas. — hat keinen Sinn für das Schöne, und was er in jüngern Jahren hatte lernen müssen, hatte der Mann alles rein vergessen — wollte dennoch von allem mitsprechen — doch war sein mündlicher Vortrag nicht ganz schlecht 10. — als Feldherr taugte er nichts, ob er sich gleich in Kost und Beschwerlichkeiten dem gemeinen Soldaten gleich zu setzen wußte. 13. — Krieg gegen die Alamannen 13. — mit den Ceunern, einer Celtischen Nation 14. — Verrückung seines Verstandes 15. — Krieg in Parthien gegen Vologäsus K. 19. 21. — grausames Verfahren gegen die

Alex-

I. Historisches Register. 87

Alexandriner K. 22. 23. — Krieg gegen die Parther, in dem aber außer Plünderungen nichts vorfällt 78, 1. — die Parther machen nun selbst Anstalt, sich durch Krieg zu rächen K. 3. aber in diesem Feldzuge wird Caracall auf Veranstaltung Macrins und einiger anderer mißvergnügten Obersten der Leibwache durch einen Evocaten Jul. Martialius mit einem Dolche niedergestoßen K. 5. — nach seinem Tode findet man eine große Menge verschiedener Giftarten, mit denen er noch vieler Menschen Tod zu befördern willens gewesen seyn mochte. K. 6. hielt eine Menge Löwen, unter denen einer vorzüglich sein Gesellschafter zu Tisch und Bett war K. 7. Verabscheuung desselben nach dem Tode. 78, 17. 18.

Caralis, St. in Sardinien (Cagliari) 48, 31.

Carbo, (Cn. Papir.) ist in Vereinigung mit Cinna so gewaltthätig, daß viele Römer aus der Stadt gehen, und Syllas Partey verstärken. Br. 126.

C. Carbo, vom Volkstribun sogleich zum Consulat erhoben 36, 23. — verklagt den C. Cotta der Bedrückung in den Provinzen, wird aber von dessen Sohn des gleichen Verbrechens beschuldigt. ebendas.

C. Carrinas, besiegt die Moriner 51, 22.

Carrinas Secundus, Redner, von Caligula aus der Stadt verwiesen. 59, 20. (Juvenal Sat. 7, 203. Tac. 15. 45.

Carteja Stadt in Spanien (bey Dio durch Schreibfehler Crantia) 43, 34.

Casca, (P. Servil.) Mitverschworner gegen Cäsar 44, 52.

Casperins Aelianus. s. Aelianus.

Cassivellanus s. Catvellanus.

Avidius Cassius. s. Avidius.

Cassius Clemens. Freymüthigkeit desselben gegen Septim. Severus 74, 9.

C. Cassius Longinus. übernimmt nach Crassus Tode die Statthalterschaft von Syrien, und hält die Parther von weitern Eroberungen ab. 40. 25—29. verbindet sich nach der Pharsalischen Schlacht mit Cato, bald nachher geht er aber zu Cäsar über, und wird begnadiget. 42, 13. — ist nebst seinem Schwager der vornehmste Verschworne gegen Cäsar. 44, 14. — rettet sich aufs Capitol, läßt sich aber nach dem mit Anton gemachten Vergleiche wieder öffentlich sehen. 44, 34. — weil aber das Volk gegen Cäsars Mörder vom neuen aufgereizt wird, geht er mit Brutus erst nach Campanien, und dann, als Octavian seine Rolle zu spielen anfängt, aus Italien, und wird nebst Brutus besonders in Athen mit großen Ehren empfangen 47, 20. — anstatt in die ihm eigentlich zugetheilte Provinz Bithynien zu gehen, eilt er nach Syrien, wo er noch vom Feldzuge des Crassus her (als damaliger Quästor) viele Freunde hatte. 47, 21. — wird von Trebonius mit Geld unterstützt, wodurch er seine Partey verstärkt K. 26. —

26. — erobert Judäa. K. 28. — bietet dem Octavian Versöhnung an, und meldet dem Senat seine bisherigen Schritte, worauf ihm derselbe die Statthalterschaft Syriens bestätigt, und den Krieg gegen Dolabella aufträgt. K. 28. 29. — dieser, in Laodicea eingeschlossen, entleibt sich selbst, und nun geht Cassius vor Tarsus, das sich feindselig gegen ihn betragen hatte, erobert es, und beraubt die Bürger ihres Vermögens 47, 31. — auf die Nachricht von der Verbindung der Triumvirn vereinigt er sich nun inniger mit Brutus 47, 32. — besiegt die Rhodier, und erobert ihre Insel, läßt auch den Ariobarzanes, dem er nicht traut, gefangen nehmen, und hinrichten 47, 33. — stößt nun wieder zum Brutus, beyde gehen gemeinschaftlich nach Macedonien, schlagen sich durch die Armeen des C. Norbanus und Decidius Saxa durch, und beyde vereinigen sich in Einem Lager bey Philippi 47, 35. — Schlacht daselbst, in der Cassius auf Anton trift, und von ihm zurückgeschlagen wird. 47, 45. — in der Meynung, Brutus sey auch geschlagen, entleibt er sich selbst. K. 46.

L. Cassius, ergiebt sich nach der Pharsalischen Schlacht mit der Flotte an Cäsar. 42, 6.

C. (oder richtiger Luc.) Cassius, Statthalter in Asien unter Caligula. 59, 29.

Q. Cassius. Volkstribun 41, 1. — drückt Spanien als Statthalter, wird deswegen von den Spaniern verklagt, und ertrinkt im Ebro. 42, 15. 16.

Castor, erhält das bisher von Attalus und Dejotar besessene Gebiet von Galatien 48, 33. (Morif. in Cenotaph. Pisanis S. 209. meint nach Strabo, daß für Castor wohl Dejotar zu lesen seyn möchte.)

Cataractacus, kleiner König in Britannien, unter Claudius 60, 20. (Tacit. Annal. 12, 33. ff.)

Catilina; hatte schon zu Syllas Zeiten viele Geächtete aufgespürt, und dem Tode überliefert. 37, 10. verbindet sich mit Cn. Piso, die damaligen Consuln Cotta und Torquatus umzubringen 36, 27. — sein Komplot, die Staatsverfassung umzustürzen 37, 10. bewirbt sich nach drey Jahren durch alle mögliche Kunstgriffe vom neuen ums Consulat: weil man aber, besonders auf Ciceros Antrieb, die Gesetze über Amtserschleichung schärft, so macht er den Plan, den Cicero und andere bey den Wahlcomitien niederzumachen. Dies wird vereitelt, und nun dehnt er seinen Plan auf Hinmordung des ganzen Senats aus, hat auch ausserhalb Rom seinen Anhang in Etrurien 37, 29—32. weil er in Rom alle seine Absichten vereitelt sieht, geht er nach Fäsulä und bringt Truppen zusammen K. 33. — bleibt nach tapferer Gegenwehr im Treffen. K. 37. 39. 41.

C. **Cato.** Volkstribun, widersetzt sich der Wiedereinsetzung des Ptolemäus in Aegypten 39, 15. und den zu Pompejus Gunsten zu haltenden Comitien. 39, 27.

Cato. (C. Porcius) ist unglücklich gegen die Scordister Br. 93. (Livius Epitome 63.)

Cato (L. Porcius) im Marsischen Kriege kein großer Held, verliert durch Empörung seiner mißmüthigen Armee beynahe das Leben. Br. 114.

Cato (M. Porcius) Censorius, heftiger Feind der Scipionen. Br. 72.

Cato (M. Porcius) Uticensis; widersetzt sich den ehrgeizigen Absichten des Pompejus 37, 22. — sein Charakter ebendas. — giebt durch seine Rede den Ausschlag, Catilina und seine Anhänger mit dem Tode zu bestrafen 37, 36. — widersetzt sich dem Pompejus 37, 49. und Crassus und Cäsar. K. 57. — kämpft besonders wider Cäsars Lex agraria, wird deswegen vom Senat aus ins Gefängniß geführt, aber bald wieder entlassen. 38, 3. — bequemt sich doch endlich, in diesen Vorschlag einzuwilligen K. 7. — wird Prätor 38, 7. — um ihn aus der Stadt zu entfernen, überträgt ihm der Volkstribun die mit Unrecht acquirirte Insel Cypern. 38, 30. — tritt indeß doch selbst eine Zeitlang auf Clodius Seite, blos deswegen, weil Cicero beweiset, daß, weil Clodius unrechtmäßiger Weise Volkstribun geworden, alles, was er als solcher gethan, ungültig seyn müsse, wodurch auch Catos Statthalterschaft in Cypern, auf die er sich wenigstens im Bewußtseyn seiner Uneigennützigkeit viel zu gut that, ungültig gemacht wurde. 39, 22. — man will ihm, weil er den Triumph über Cypern

pern verbittet, ausser der Ordnung zum Prätor machen, aber auch dies schlägt er aus 39, 23.— Undankbarkeit des Clodius gegen ihn. ebend.— sucht nun die Prätur selbst, Pompejus und Crassus hindern es aber 39, 32. — dagegen widersetzt auch er sich den ehrgeizigen Absichten dieser Männer 39, 4. — bewirbt sich ums Consulat, erhält es aber auch nicht 40, 58.— Statthalter in Sicilien, daß er sich aber gegen den anrückenden Curio nicht zu behaupten getrauet, und zu dem Pompejus nach Asien geht. 41, 41, war von Pompejus in Dyrrhachium zurückgelassen worden, um den Cäsarianern die Ueberfahrt zu verwehren, und die Pontinischen Illyrier zu beobachten. Nach der Pharsalischen Schlacht geht er nach Corcyra, wo er die aus der Schlacht Entkommenen sammelt, und an Labien, Afranius und Octavius getreue Gefährten erhält 52, 10. sucht den Peloponnes zu erobern, erfährt aber Pompejus Tod, und geht nun zu Scipio nach Africa, 42, 13. läßt diesem das Oberkommando gern, und übernimmt nur die Stelle eines Kommandanten in Utica 42, 57. nachdem Scipio und Juba die Schlacht verloren, entleibt er sich selbst 43, 10, 11.

Catonius Justus, prätorischer Präfect, unter Claudius, wird von Messalinen heimlich aus der Welt geschafft; 60, 18.

Catten, deutsches Volk. 54, 33.

Catvellaner, Brittische Völkerschaft. 60, 20.

Cat-

Catvellanus (richtiger Cassivellanus) kleiner Fürst in Britannien, Heerführer der Nation gegen Cäsar. 40, 2.

Catugnatus, Anführer der Allobroger gegen die Römer 37, 47.

Q. Catulus, seine patriotische Rede bey Gelegenheit des Gabinischen Vorschlages, den Pompejus zum Oberfeldherrn gegen die Seeräuber zu machen 36, 14—19. wird von Cäsar wegen des Baues des Capitols verklagt. 37, 44. stirbt 37, 46.

Catus Decianus, Statthalter in Britannien unter Nero 62, 2.

Aur. Celsus nimmt den Kaiser Macrin gefangen 78, 39.

Juventius Celsus. s Juventius.

L. Publ. Celsus. Trajan läßt ihm seiner Verdienste wegen eine Bildsäule errichten 68, 16. Hadrian aber hinrichten. 69, 2.

Celten, die an beyden Ufern des Rheins wohnenden Völker 39, 49. (also Gallier und Germanen.) — Celten, die wir auch Germanen nennen, sagt Dio 53, 12. — Germanen, groß von Statur und wild und kriegerisch. 38, 37. — fallen, nämlich die Sygambrer, Usipeten und Tencteren unter August in Gallien ein, schlagen den Römischen Feldherrn Lollius, August geht selbst gegen sie an, sie erbieten sich aber zum Frieden, und geben Geißeln 54, 20. — die ältern Gallier hießen auch Celten 39, 49. —

Bel-

Belgier 39, 1. 2. 60, 20. — in Gesellschaft der Treviren 51, 20.

Cenner, Celtische Völkerschaft. Krieg Caracalls gegen dieselben. 77, 14.

Cenotaph des Drusus am Rheine. 55, 2.

Cephalenien schenkt Hadrian den Athenienfern. 69, 26.

Ceraunische Vorgebirge in Epirus (Akrocerau‐nia) 41, 44.

Cerealis (Q. Petil.) Senator, Anführer der Truppen Vespasians gegen Vitellius, ist der erste, der in Rom eindringt 65, 18. — führt Krieg in Deutschland unter Vespasian. 66, 3.

Cerellia, junge Gemahlin des Cicero, auf seine alten Tage genommen. 46, 18.

Ceretaner, Spanisches Volk, empört sich, wird aber von Domitius Calvinus bezwungen (unter dem Triumvirat) 48, 22.

Cesennius Lento, erlegt den jüngern Pompejus in Spanien 43, 40. (Cic. Philipp. 11, 6. 12, 8. 9.)

Cass. Chärea. Tribun der Leibwache von Caligula beschimpft, befreyt nebst Corn. Sabinus die Welt von diesem Ungeheuer. 59, 29.

Chariomer, König der Cherusker, Bundsgenoß der Römer, unter Domitian von den Catten aus seinem Reiche vertrieben. 67, 5.

Chaucier, Volk in Deutschland, kommen unter August vor. 54, 32. 33. — von Corbulo unter Claudius bezwungen. 60, 30.

Chaunäus, kleiner König in Syrien 49, 19. (bey Frontin. Strategem. 1, 1. 6. heißt er Pharneus.)

I. Historisches Register.

Cherusker, deutsches Volk, kommt unter August vor. 54, 32. 33.

Chrestus, prätorischer Präfect unter Elagabal, auf Ulpians Anstiften umgebracht. 80, 2.

Christen, kommen unter dem Namen der Juden vor 37, 17. — unter Domitian 67, 14. — unter Nerva 68, 1. — als Atheisten 67, 14. von Nerva vielleicht mild behandelt 68, 1. und daf. Reimar. — auch von Antonin Pius 70, 3. — Brief M. Aurels zu Gunsten derselben bey Gelegenheit des durch sie erhaltenen Sieges über die Quaden. 71, 9.

M. Tull. Cicero begünstigt den Vorschlag des Manilius, blos, weil er ihn nicht hindern zu können glaubt 36, 26. — Achselträger — Ueberläufer K. 26. 27. wird Consul, und trägt als solcher einen Harnisch aus Furcht vor Catilina. 37, 29. — dämpft die Catilinarische Unruhe glücklich 37, 31—36. — soll nebst Lucull den Cäsar und Pompejus haben umbringen lassen wollen. 38, 4. (was doch wohl eine kleine Verläumdung Dios ist. s. Sueton Cäsar 20.) indeß hatte er sich doch bey Cäsar besonders durch die Vertheidigung C. Antons, den Cäsar anklagte, verdächtig gemacht 38, 10. — Cäsar stiftet den Clodius gegen ihn an 38, 12. — er macht sich überhaupt viele Feinde durch seine hohe Einbildung von sich selbst, und durch seine Spöttereyen 38, 12. — Cäsar und Pompejus täuschen ihn auf die feinste Art

bey

bey der gegen ihn von Clödius anhängig gemachten Klage 38, 15. — er entschließt sich
endlich, die Stadt zu verlassen, worauf sein
Vermögen eingezogen, sein Haus dem Erdbo-
den gleich gemacht, und die Baustelle der Göttin Freyheit gewidmet wird 38, 17. — geht
nach Sicilien, und will von da nach Macedonien übersetzen 38, 17. 18. — für seine Zurückberufung arbeiten vorzüglich Pompejus, Milo,
und der damalige Consul Lentulus Spinther
39, 6—9. zur Dankbarkeit bringt er in Vorschlag, den Pompejus zum Präfectus Annonä
zu machen, und damit die Gewalt eines Pro-
consuls auf fünf Jahre zu verbinden 39, 9. —
schrieb damals eine geheime Geschichte, die erst
nach seinem Tode bekannt gemacht werden
sollte 39, 10. — bekommt sein Vermögen, und
andern Verlust ersetzt 39, 11. — nimmt die
Tafeln, die seiner Verbannung wegen von Clodius aufgestellt waren, hinweg, und bringt sie
in sein Haus 39, 21. — vertheidigt den Milo,
wobey ihn doch seine Beredtsamkeit verläßt 40,
54. nicht mehr Glück hat er bey der Anklage
des Plancus 40, 55. begiebt sich zu Pompejus
ins Lager 41, 18. — geht nach der Pharsalischen Schlacht nach Rom zurück 42, 10. —
tritt nach Cäsars Ermordung als Redner auf,
und empfiehlt Amnestie 44, 23—33. will nach
Griechenland reisen, kehrt aber auf die Nachricht, daß es sich zum Frieden anlasse, nach
Rom zurück, und nimmt Partey für Octavian
45, 15. — heftige Rede gegen Anton 45,
18—47.

I. Historisches Register.

18—47. Gegenrede Calens 46, 1—28. man bringt ihn in Vorschlag als Gesandten an Anton, er merkt aber die Falle, und verbittet es 46, 32. — wird hingemordet, und von Anton und Fulvien noch nach dem Tode gemißhandelt und sein Mörder Popilius Länas reichlich belohnt 47, 11. mit seiner Wittwe vermählt sich Vibius Rufus 57, 15.

Q. Cicero. Unterfeldherr Cäsars im Gallischen Kriege 40, 7. — ist von den Galliern eingeschlossen, wird aber von Cäsar entsetzt. K. 8—10. steht mit auf der Liste der Verbannten, sein Sohn verbirgt ihn, und wird deswegen auf die Folter gebracht, aber nun stellt sich der Vater seinen Mördern selbst dar 47, 10.

M. Cicero der Sohn. Der Vater will ihn nach Athen begleiten, geht aber zurück 45, 15. ist dem Trunk ergeben 46, 18. Consul suffectus 51, 19.

Cilicien, wird bey Vertheilung der Provinzen eine kaiserliche 53, 12. der an der Seeküste gelegene Theil wird dem Antiochus von Cammagene gegeben 59, 8. einen Theil desselben giebt Claudius dem Polemo 60, 8.

Ciliciä Portä 48, 41. 74, 7.

Jun. Cilo. Statthalter Bithyniens unter Claudius 60, 33.

Cilo, Erzieher Caracalls und Stadtpräfect unter Sept. Sever. — vereitelte Absicht Caracalls, ihn umbringen zu lassen. 77, 4.

Cimbrer, von ihrer vorigen Tapferkeit zu Weichlichkeit abgestumpft. Br. 103.

Dio Caſſ. 5. B.   G   Cl.

Cineas, Redner im Gefolge des Königs Pyrrhus Br. 38.

Corn. Cinna. Mitverschworner gegen Cäsar 44, 50.

Cinna, (Cn. Cornel.) macht einen Plan auf Augusts Leben, der ihn doch auf Liviens Fürbitte begnadigt, und sogar zum Consul macht 55, 14.

Cinna (L. Cornel.) veranlaßt, daß dem Sylla der Krieg gegen Mithridates aufgetragen wird, nur um ihn aus Rom zu entfernen Br. 117.— sein gewaltsames Verfahren in Rom verstärkt aber Syllas Partey. Br. 126

Cinna (Helvius) Volkstribun, vom Pöbel aus Mißverstand niedergemacht, weil man ihn für einen andern (Cornel. Cinna) hält 44, 5.

Cios, Stadt in Bithynien 74, 6.

Cira, Höhle in Thracien, wohin die Titanen nach ihrer Niederlage geflohen seyn sollen 51, 26.

Cirrhäische Felder, ein Pertinenzstück des Tempels zu Delphi 63, 14.

Cirta, Stadt in Africa, von Marius erobert. Br. 168

Erucius Clarus. s. Erucius.

Junia Claudia Orestina, Sejans Tochter (bey andern Orestilla) eine der Gemahlinnen Caligulas 59, 8.

Claudiopolis, neuerer Name der Stadt Bithynium in Bithynien 69, 11.

Appius Claudius Pulcher. s. Appius.

I. Historisches Register.

Claudius (Clinias oder Glicia) bricht den Frieden gegen die Ligurier (richtiger Corsen) und wird deswegen exiliert. Br. 45.

Tib. Claudius Nero, führt dem Cäsar die Armee aus Syrien nach Aegypten zu 42, 40.

Claudius Tiberius Nero, Vater des Kaisers Tiberius, erster Gemahl Liviens, flieht unter dem Triumvirate mit Gemahlin und Sohn vor August 48, 15.

Claudius, Kaiser. (völliger Name Tiber. Claudius Nero Germanicus) Sohn des Drusus, Liviens Enkel. 6, 2. — Vatersbruder des Caligula, von Tiber ganz zurückgesetzt, wird zuerst Consul unter und mit Caligula 59, 6. auch Caligula verbietet, ihn durch irgend eine Ehre auszuzeichnen 59, 23. — hatte sich bey Caligulas Ermordung in einen Winkel versteckt, wird aber unter Todesangst von den Soldaten hervorgezogen, und in seinem funfzigsten Jahre von denselben zum Kaiser gemacht, obgleich der Senat damals die republikanische Regierungsform gern wieder hergestellt hätte 60, 1. 2. — seine Kränklichkeit und sclavische Erziehung hatten ihn vielleicht verdorben, er läßt sich ganz von Weibern und Hofdienern beherrschen, und ist sehr schüchtern. K. 2. — handelt dennoch, wenn er sich selbst überlassen ist, oft sehr vernünftig, und besonders verdiente es Lob, daß er allen, die mit ihm Ansprüche auf den Thron gemacht, oder für Demokratie geneigt gewesen waren, Amnestie zusagte, und — Wort hielt,

hielt, auch keine Klage über Majestätsverbrechen annahm, K. 3. 4. ist herablassend und nicht geldgierig 6. — legt den Hafen zu Ostia an. 11. — will auch den Fucinischen See in die Tiber leiten, was ihm doch nicht gelingt. ebendas. — findet freilich auch Vergnügen an blutigen Schauspielen (vergl. Sueton 21. 34.) und geht dann zu Hinrichtung unschuldiger Männer über, größtentheils doch auf Messalinens und der Freygelassenen Verleitung, die seine natürliche Furchtsamkeit mißbrauchen. K. 14. — wird besonders grausam nach entdeckter Verschwörung des Annius Vinicianus und Furius Camillus Scribonianus 15. — Feldzug nach Britannien, den er, weil er schon gut vorgearbeitet findet, beendigt 21. — hält darüber Triumph und giebt Spiele 23. — vermählt sich nach Messalinens Hinrichtung mit Agrippinen, seines Bruders Tochter, und Neros Mutter. 31. — läßt sich von ihr bereden, den Nero zum Eidam und Sohn anzunehmen 32. — will sich, weil er die Ränke derselben, und die harte Behandlung seines leiblichen Sohnes Britannicus erfährt, von ihr scheiden, sie kommt ihm aber zuvor, und läßt ihn durch einen Pilz vergiften. K. 34 35. Spottschrift Senecas auf ihn (Apokolokyntosis) K. 35.

Claudius Livianus, prätorischer Präfect unter Trajan. 68, 9.

Claudius. Räuber in Judäa und Syrien unter Sept. Severus, ist so verwägen, zu dem
Kaiser

I. Historisches Register.

Kaiser selbst zu kommen, und sich für einen Römischen Officier auszugeben. 75, 2.

Cleander, s. Kleander.

Clemens, ehemals Sclav des Agrippa Postumus, giebt sich für diesen aus, bekommt großen Anhang in Gallien und Italien, und ist im Anzuge gegen Rom selbst, wird aber durch Tibers List gefangen, gefoltert und hingerichtet. 57, 16.

Clemens, Statthalter in Dacien unter M. Aurel. 71, 12.

Cleopatra, die ältere und jüngere. s. Kleopatra.

Clodia Läta, Vestalin, unter Caracall lebendig eingemauert. 77, 16.

P. Clodius. Schwager Luculls, ein unruhiger Kopf, verhetzt Luculls Armee selbst zum Aufruhr 35, 14. — von den Seeräubern gefangen, doch aus Furcht vor Pompejus entlassen, stiftet in Antiochien neue Unruhen, wobey er fast das Leben verliert. 35, 17. — entheiligt aus Vertraulichkeit mit Cäsars Gemahlin die Sacra Bonä Deä, wird deswegen angeklagt, aber losgesprochen. 37, 45. 46. — bringt in Vorschlag, daß auch Patricier Volkstribunen werden können, und weil dies nicht durchgeht, läßt er sich von einem Plebejer adoptiren. 37, 51. — wird nun Volkstribun, und bey seiner Klage gegen Cicero von Cäsar unterstützt 38, 12. entläßt, durch Geld bestochen, den jüngern Tigranes, und wird grob gegen Pompejus, weswegen dieser Ciceros Rückkunft selbst befördert. 38, 30. — Gewaltthätigkeiten, um diese

Rück-

Rückkehr zu hintertreiben 39, 6. 7. wird Aedil, um wenigstens als solcher einer Anklage zu entgehen 39, 18. — bestürmt Ciceros neuerbautes Haus mehr als einmal, wird aber immer von Milo zurückgetrieben 39, 21. — Cicero wirft ihm vor, daß er wider die Gesetze Volkstribun geworden, alles also, was er als solcher gethan, ungültig seyn müsse. 39, 21. — weil dies auch Catos Verrichtungen in Cypern ungültig gemacht haben müßte, findet er an diesem einen Vertheidiger. 39, 22. — tritt nun wieder auf Pompejus Seite, und hilft dessen unrechtmäßige Bewerbung ums Consulat unterstützen, wird aber beynahe deßhalb im Senat ermordet. 39, 29. — wird von Milo auf der Landstraße umgebracht. 40, 48. seine Gesetze. 38, 13.

Clodius, ein jüngerer, Unterfeldherr unter Brutus 47, 24.

Sextus Clodius, Lehrer M. Antons in der Beredtsamkeit. 45, 30.

Clunia, Stadt in Spanien. 39, 54.

Clupea, Stadt in Africa (auch Aspis) 41, 41. 48, 52.

Clusier, von den Galliern bedrückt, nehmen ihre Zuflucht zu den Römern Br. 141.

C. Cluvius, unter August designirter Consul, erhält, weil er es hernach nicht wirklich wird, wenigstens den Titel eines Consularen. 52, 42.

Cluvius Rufus. s. Rufus.

Cölesyrien wird bey der Theilung der Provinzen zwischen August und dem Senat eine kaiserliche. 53, 12.

M.

I. Historisches Register.

M. Cölius Rufus (bey Dio unrichtig Cäcil) stiftet in Rom Unruhen, während daß Cäsar gegen Pompejus zu Felde steht, und sucht einige neue Einrichtungen Cäsars wieder umzustoßen; verbindet sich mit Milo, der damals ein kleines Heer in Campanien zusammengebracht hatte, beyde finden aber ihren Tod. 42, 22—25.

Comana, zwey Städte dieses Namens in Cappadocien, wollen beyde der Taurischen Diana Bildsäule, und Iphigeniens Opfermesser besitzen 35, 11.

Comagene, Landschaft Syriens am Euphrat und Taurusgebirge. 35, 2. König darin Antiochus ebendas. der lange regiert haben muß, weil er noch 49, 2°. vorkommt. — ein Mithridat erhält es unter August 54, 9. Caligula giebt es dem jüngern Antiochus wieder. 59, 8. s. Antiochus.

Commius, Feldherr der Atrebater, macht Cäsarn viel zu schaffen, bequemt sich aber zu einem Vergleiche. 40, 42. 43.

L. Commodus der ältere, von Hadrian adoptirt, stirbt noch vor diesem. 69, 20.

L. Commodus, dessen Sohn. s. Verus.

Commodus Kaiser (L. richtiger M. Aurelius) Sohn des Antonius Philosophus; der Vater läßt ihn bey der Empörung des Avidius Cassius zur Armee kommen, um ihn, obgleich erst vierzehn Jahr alt, für vollbürtig und Nachfolger zu erklären. 71, 22. — er ist aber in seiner Jugend Schwachkopf ebendas. — der Vater vermählt ihn mit Crispinen 71, 33. — worauf er mit demselben gegen die Scythen zu Felde geht. ebendaſ. — ſoll ſich hinter die Aerzte geſteckt haben, um des Vaters Tod zu beſchleunigen. ebendaſ. — bey des Vaters Tode iſt er neunzehn Jahr alt, beſitzt im Grunde kein böſes Herz, läßt ſich aber von ſeinen Geſellſchaftern erſt zur Schwelgerey, dann zu Grauſamkeiten verführen. 72, 1. — Krieg führen iſt ſeine Sache nicht, er macht alſo mit Quaden und Markomannen und Burriern Frieden 72, 1 3. läßt ſeine Schweſter Lucillen, ſeine Gemahlin Criſpina, und viele würdige Männer hinrichten K. 4. 5. nimmt ſich keines Regierungsgeſchäftes an, und geht nur ſeinen Lüſten nach; vorzüglich iſt Wettfahren ſeine wichtigſte Angelegenheit 10. 16—20. Narrheiten in prunkenden Titeln, die er ſich giebt 15. — läßt vom Koloß den Kopf abnehmen, und den ſeinigen darauf ſetzen, und will mit aller Gewalt für einen Herkules gelten 22. — der prätoriſche Präfect Lätus und der Kammerherr Eklektus befreyen endlich das Römiſche Reich von dieſem Ungeheuer, laſſen ihm Gift beybringen, und weil dieſes nicht wirkt, ihn im Bade erſtikken. 22. — ſein Gedächtniß wird nach ſeinem Tode von Senat und Volk verwünſcht, und ſeine Bildniſſe gemißhandelt. 73, 2.

Corbulo (Cn. Domitius) nimmt ſich der öffentlichen Landſtraßen unter Tiber und Caligula an, iſt aber dabey zuweilen ungerecht. 59, 15. — glücklicher Feldzug in Deutſchland gegen die Chaucer 60, 30. — ein ächter Römer alten

Schla-

I. Historisches Register.

Schlages — seine glücklichen Thaten gegen Vologäsus und Teridates in Parthien und Armenien machen bey allen Patrioten den Wunsch nur noch lebhafter, ihn als Kaiser an Neros Stelle zu sehen, er bezeigt aber keine Neigung, auf diesen Wink einzugehen 62, 19—23. wird dennoch auf Neros Befehl hingerichtet. 63, 17.

Corcyra, Sammelplatz der Schiffe Octavians vor der Schlacht bey Actium. Hafen daselbst. hat süßes Wasser. 50, 12.

Corduba, von Cäsar im Spanischen Kriege gegen Pompejus den jüngern belagert 43, 32. eingenommen K. 39.

Cornelia, Pompejus des Großen Gemahlin, erhält nach des Gemahls Tode die Erlaubniß, nach Rom zurückzukommen. 42, 5.

Curnelia Paula (auf Münzen Julia Cornelia Paula) Gemahlin Elagabals, von der er sich doch bald wieder scheidet. 79, 9.

C. Cornelius. Volkstribun. Sein Gesetz über Besetzung der Aemter, daß der Senat keinem ein Amt verleihen solle, der nicht rechtmäßig darum anhielte, oder daß der Senat sich irgend ein dem Volke hierin zuständiges Recht anmaßen solle — und, daß der Senat zwar Gesetze vorschlagen dürfe, die aber vom Volke genehmigt werden müßten, 36, 21. 22. ein anderes über das Album Prätorum 36, 23.

D. Cornuficius, Statthalter in Africa unter dem Triumvirate 48, 17. 21.

L. Cornuficius, Feldherr Octavians, in großer Verlegenheit in Sicilien, von Agrippa gerettet. 49, 6. 7.

Corn. Cossus, bezwingt unter August die Gätulier, und verdient sich den Namen Gätulicus 55, 28.

Corócotta. f. Korokotta.

Cos Insel. f. Kos.

Cestuboken, Sarmatische Nation 71, 12.

Cotiner, Sarmatische Völkerschaft. 71, 12. (bey Tacitus German. 43. Gothiner)

L. Cotta, Unterfeldherr Cäsars im Gallischen Kriege, von Ambiorix umgebracht. 40, 5. 6.

M. Cotta, über Bedrückung der Provinzen angeklagt. 36, 23.

Cottius, (M. Julius.) Besitzer der nach ihm benannten Alpen, bekommt unter Claudius den Königstitel. 60, 24. (Tac. Annal. 12, 15.)

Cotys. f. Kotys.

Crantia f. Carteja.

Crassus M. Licinius, kommt in Verdacht an Catilinas Verschwörung Theil genommen zu haben, was doch Dio selbst nicht glaubt. 37, 38. — Nebenbuhler des Pompejus, mit dem ihn doch Cäsar versöhnt, worauf alle drey ein gemeinschaftliches Bündnis machen 37, 55—58. läßt den Cicero durch seinen Sohn gegen Clodius unterstützen, 38, 17. — begünstigt auch desselben Zurückberufung 39, 10. verbindet sich mit Pompejus gegen Cäsar 39, 26. sein unglücklicher

I. Historisches Register.

licher Krieg gegen die Parther 40, 12. in dem er auch das Leben verliert. 40, 27.

Crassus (P. Licinius) des vorigen Sohn, Unterfeldherr Cäsars 39, 31. besiegt die Aquitanier 39, 46. wird nebst seinem Vater von den Parthern niedergemacht. 40, 21.

Crassus (M. Licinius) obgleich vorher des Sextus Pompejus und M. Antons Anhänger, doch mit August Consul (○○) — Proconsul in Macedonien und Griechenland; sein Feldzug gegen die Dacier und Bastarner. 51, 23.

Cremona. Schlacht daselbst zwischen Otho und Vitellius, in der vierzigtausend Menschen von beyden Seiten bleiben 64, 10. wird unter Vitell wieder erobert. Großer Geldverkehr daselbst. 65, 15.

Cremutius Cordus; hatte eine Geschichte Augusts geschrieben, wird unter Tiber hingerichtet, und seine Schriften zu verbrennen geboten, die sich dennoch erhalten 57, 24. (s. Vossius de Histor. lat. B. 1. K. 22.)

Creta, Krieg des Metellus daselbst. Vr. 107. — wird bey der Theilung der Provinzen zwischen August und dem Senat eine senatorische. 53, 12. (s. besonders Fabriz Note zu 57, 14.)

Crispina, Kaisers Commodus Gemahlinn 71, 33. über Verdacht ehelicher Untreue hingerichtet. 72, 4.

Crispinella s. Calvia.

Jul.

Jul. Crispus, prätorischer Tribun unter Sept. Sever, auf Befehl desselben hingerichtet. 75, 10.

Ctesiphon. s. Ktesiphon.

Culenische Spiele, vielleicht Alexandrinische, wie Valesius vermuthet 77, 24.

C. Curio. Pompejus verhilft ihm zum Volkstribunat, weil er Cäsars Feind ist. 40, 59. — Cäsar trägt ihm Versöhnung an, bezahlt seine Schulden, und spiegelt ihm schmeichelhafte Aussichten vor K. 60. und nun arbeitet er muthig für Cäsar K. 61. 62. — bringt besonders in Vorschlag, daß alle Feldherrn ihre Armeen entlassen sollen, überzeugt, daß Pompejus dies nicht thun werde, folglich Cäsar es auch nicht nöthig habe. K. 62. — eilt endlich zu Cäsar 65. — kommt bald mit Briefen an den Senat zurück 41, 1. sieht sich aber genöthigt, Rom wieder zu verlassen, und erzählt der Armee, wie ungerecht man gegen ihren Feldherrn Cäsar verfahre. 41, 4. — nimmt Sicilien für Cäsar in Besitz 41, 41. geht hernach nach Africa, wo er in einer Schlacht gegen Juba seinen Tod findet. 41, 41. 42.

Curio sein Sohn, wird nach der Schlacht bey Actium auf Octavians Befehl hingerichtet 51, 2.

Cybele, ihre Bildsäule geht von selbst von Rom aus nach dem Meere hin, und kommt zurück 43, 43.

I. Historisches Register.

Cydonia, Hauptstadt in Creta. 36, 2. — von August für Freystadt erklärt 52, 2.

Cynobellin, König in Britannien. 60, 20.

Cyprus wird bey der Theilung der Provinzen zwischen August und dem Senat eine kaiserliche Provinz 53, 12. — aber noch unter August an den Senat abgetreten. 53, 12. 54, 4.

Cyrenaisches Libyen, senatorische Provinz 53, 12.

Cyrnus Fluß in Medien 36, 36. (bey andern Cyrus)

Cyrnus Insel. (Corsica.) 67, 12.

Cyrrhestisches Syrien 49, 20.

Cythere, Insel, schenkt August den Lacedämoniern 54, 7.

Cyzicus, ihre Bürger werden von August, weil sie einige Römische Bürger gegeisselt und umgebracht, für Sclaven erklärt 54, 7. — erhalten aber ihre Freyheit von ihm wieder 54, 23. — verlieren sie vom neuen unter Tiber 57, 24. — leidet viel durch ein Erdbeben unter Antonin Pius (richtiger unter Antonin dem Philosophen) schöner Tempel daselbst 70, 4. — Schlacht daselbst im Bürgerkriege zwischen Sept. Sever und Pescennius Niger 74, 6.

D.

Dacier, Grenzen derselben 51, 22. — einige Griechen nennen sie Geten, aber sie selbst nennen sich Dacier, so auch die Römer 67, 6. Krieg des M. Crassus gegen sie unter August 51,

51, 23. — gehen unter Auguſt über die beeiſte Donau, und, führen Beute aus Pannonien weg 54, 36. — fallen zu eben dieſen Zeiten in Myſien ein 55, 30. — Krieg gegen ſie unter Domitian 67, 6. beſonders unter Trajan, worauf ihr Land zur Römiſchen Provinz gemacht wird 68, 14.

Dadaſa, kleine Feſtung, wahrſcheinlich an der Grenze zwiſchen Pontus und Cappadocien 35, 12.

Dakringier. ſ. Dankrigier.

Dalmater. Krieg Auguſts gegen ſie 49, 38. (Vell. Paterc. 2, 90) imgleichen zu Auguſts Zeiten unter Anführung eines gewiſſen Baton 55, 29. wehren ſich lange. K. 30. Friede mit ihnen. K. 33. bey der Theilung der Provinzen zwiſchen Auguſt und dem Senat wird ihr Land eine ſenatoriſche Provinz, aber noch unter Auguſt kaiſerlich 53, 12. 54, 34.

L. Damaſippus, Gegner Syllas, der ihm den Kopf abhauen und auf einer Lanze um die Stadt Präneſte tragen läßt. Br. 135.

Damoſtratia, Buhlerin des Kaiſers Commodus 72, 12.

Dankrigier. (auch Dakringier) Sarmatiſche Völkerſchaft 71, 12. fallen in Dacien ein 78, 27.

Daphne, Vorſtadt Antiochiens in Syrien 51, 7.

Dapyr, König der Geten unter Auguſt 51, 26.

Dardaner, Thraciſches Volk 38, 10. 51, 23. 27.

I. Historisches Register. III

Datus, wahrscheinlich Oberster der Leibwache unter Macrin, und auf Befehl desselben hingerichtet 78, 15.

Decebalus, König der Dacier, geschickter Feldherr, fängt bereits unter Domitian Krieg gegen die Römer an 6-, 6 — Domitian trägt ihm selbst einen Vergleich an, weil er gerade damals gegen die Martomannen unglücklich gewesen war, giebt ihm sogar beträchtliche Geldsummen und geschickte Arbeiter 67, 7. — läßt einmal Bäume köpfen und als Soldaten bekleiden und bewaffnen, durch welches Stratagem er die Römer glücklich täuscht 67, 10 — Krieg mit Trajan, der ihn bald nöthigt, selbst Frieden anzubieten 68, 6. 8. — Trajan setzt indeß, weil er ihm nicht traut, seine Eroberungen fort, bis er persönlich erscheint, und um Frieden bittet. K. 9. — weil er aber den Frieden bald selbst wieder bricht, Waffen anlauft, Ueberläufer annimmt, wird er von Trajan von neuem bekriegt. Er bietet alle Völker umher zur Hülfe auf, kann mit Macht nirgends etwas ausrichten, sendet also einige Ueberläufer als Meuchelmörder gegen Trajan, lockt dann Trajans Feldherrn, Longin, zu einer Unterredung zu sich, behält ihn aber als Gefangenen, und glaubt durch Zurückbehaltung desselben, bessere Friedensbedingungen zu erhalten, Longin nimmt aber Gift, um den Trajan dieser Verlegenheit zu überheben. K. 11. 12. — Trajan geht mit seiner Armee über die neuerbaute Brücke, erobert Land und Hauptstadt, und Dece-

bal

bal fällt in sein eigenes Schwert. K. 14. (man sehe darüber die neuerlich erschienen Preisschriften: Mannert res Traiani Imperatoris ad Danubium gestæ Norib. 1793. und Engel de expeditionibus Traiani ad Danubium. Vindob. 1794.)

Decianus Catus, giebt unter Nero als Einnehmer der kaiserlichen Gefälle (Procurator) in Britannien durch unbillige Forderungen zu einer gefährlichen Empörung Gelegenheit. 62, 2.

Decidius Saxa, Unterfeldherr der Triumvirn gegen Brutus und Cassius 47, 35.

Decius Jubellinus handelt treulos gegen die Rheginer Br. 40. (Polibius 1, 6.)

Dejotar, König von Galatien, Anhänger des Pompejus, ist mit bey der Pharsalischen Schlacht, erhält aber von Cäsar nicht nur Verzeihung 41, 60. sondern auch anstatt des von seinem Reiche abgetretenen Stückes einen Theil von Armenien 41, 63. tritt dem M. Brutus bey 47, 24. geht aber auch bald wieder von ihm ab. 47, 48.

Deldo, König der Bastarnen unter August 51, 24.

Dellius s. Gellius.

Delphi; großes silbernes Faß daselbst. Br. 123. Nero läßt den Tempel daselbst abbrechen, und in die Erdkluft todte Leichname werfen. 63, 14.

Demetrius Pharius, erlaubt sich als Vormund des Pinneus, des Illyrischen Königs Agrons Sohnes, vielen Uebermuth, wird nach Rom entboten, erscheint aber nicht, weßwegen man
gegen

gegen ihn zu Felde zieht Br. 146. — Gemahl
der Königin Teuta Br. 151. (Polybius 3, 16.
Livius 22, 23. Appian Illyr. 8 ff.)

Demetrius, Freygelassener des Pompejus. Er
soll es eigentlich gewesen seyn, der das nach
Pompejus benannte Theater von dem Gelde,
das er sich im Mithridatischen Kriege gemacht,
erbauen lassen. 39, 38.

Demetrius, Freygelassener Cäsars, von M. Anton als Statthalter in Cypern angestellt. 48, 40.

Demetrius, cynischer Philosoph, unter Vespasian auf eine Insel verbannt. 66, 13. schleicht
sich wieder in Rom ein, und verdient sich eine
Tracht Schläge. 66, 15. (Bruker B. 2 S. 505.)

Demochares, Admiral des Sext. Pompejus 49,
2. wird gefangen und entleibt sich selbst. 49, 10.

Demokedes berühmter Arzt 38, 18. (Herodot
Br. §. 132.)

Dentheleten, eine mit den Römern verbündete
Thracische Völkerschaft. — ihr König Sitas,
unter August. 51, 23. verheeren unter August
Macedonien 54, 20.

Deutsche s. Germanen und Celten, und Aleman-
nen.

Diadumenian, Sohn des Kaisers Macrin, zum
Cäsar erklärt 78, 17. 19. wird gefangen 78, 40.

Diäns, Vorsteher des Achäischen Bundes Br. 165.
(Pausanias 7, 12. Livius Epit. 52.)

Diana, Taurische, ihre Bildsäule wollen noch
die Bürger von Comana besitzen 35, 11.

Diateſſaron, muſicaliſches Kunſtwort (reine Quarte) 37, 18.

C. Didius, Unterfeldherr Cäſars gegen den jüngern Pompejus in Spanien 43, 14. verliert das Leben 43, 40.

Q. Didius, Statthalter in Syrien nach der Schlacht bey Actium (von Auguſts Partey) 51, 7.

Didius Julianus. Kaiſer. ſ. Julian.

Diegis, Daciſcher Magnat, von Decebal an Domitian geſandt 67, 7.

Dio Caſſius, erzählt von ſich, daß er Statthalter in Africa, dann in Dalmatien und Pannonien geweſen 49, 36. — erwähnt ſeines Vaters Apronians, als Statthalters in Cilicien (unter M. Aurel) 69, 1. — erhält im Traume Befehl, ſeine Geſchichte zu ſchreiben; hat zehn Jahre mit Sammeln, und zwölf Jahre mit Ausarbeiten zugebracht 72, 23. — Pertinax macht ihn zum Prätor 73, 12. — von Macrin zum Befehlshaber in Smyrna und Pergamus ernannt 79, 7. — hat auch ein Buch über Träume und Wunderzeichen geſchrieben 72, 23.

Dio Chryſoſtomus, wahrſcheinlich unſeres Dio Großvater mütterlicher Seite. Valeſ. zu Br. 20.

Diodor, berühmter Harfeniſt unter Nero 63, 8. 20.

Dionyſius aus Miletus, Redner unter Hadrian 69, 3.

Dodona. Tempel daselbst. s. Jupiter.

P. Corn. Dolabella, wirft sich, selbst verschuldet, zum Vertheidiger der Verschuldeten auf 42, 29. 32. — Cäsar verzeiht ihm dennoch bey seiner Rückkehr, und macht ihn sogar zum Consul 42, 33. — maßt sich nach Cäsars Ermordung das Consulat vor der Zeit an 44, 22. — als Consul zum Statthalter in Syrien bestimmt, hält er sich lange unterwegs auf, und läßt in Smyrna tückischer Weise den Trebonius ermorden, worauf der Senat gegen ihn den Krieg erklärt, ehe man noch wußte, daß Cassius sich in den Besitz Syriens gesetzt habe. Dann überträgt man dem Cassius den Krieg gegen ihn 47, 29. — Dolabella rückt während des Feldzuges des Cassius in Syrien, in Judäa, Cilicien und Syrien ein, wird aber in Laodicea, eingeschlossen, und bringt sich selbst ums Leben 44, 30.

Domitia, Tante des Nero, von ihm vergiftet, weil sie ihm zu lange lebt. 61, 17.

Domitia, Domitians Gemahlin, ist selbst mit unter den gegen ihn Verschworenen. 67, 15.

Domitian, Kaiser; rettet sich gegen die Vitellianer nebst seinem Onkel Sabin aufs Capitol, und entkommt bey Erstürmung desselben. 65, 17. — spielt vor Vespasians Ankunft nebst Mucian den bedeutenden Mann 66, 2. — fürchtet sich deßhalb vor dem Vater, geht also auf die Villa Albana. (67, 1.) und läßt die Liebesangelegenheit mit Domitien, Corbulos Tochter, seine einzige Sorge seyn 66, 3. —

oder spießt Fliegen. 66, 9. — wird nun durch den Vater von dem hohen Tone herabgestimmt 10. — kommt in den Verdacht, seines Bruders, Titus, Tod befördert zu haben. K. 25. — wenigstens verfolgt er die Anhänger des Vaters und des Bruders aufs grausamste 67, 2. — scheidet sich von Domitien, und unterhält einen vertraulichen Umgang mit Julien, seiner Nichte, den er auch noch nach seiner Aussöhnung mit Domitien fortsetzt. K 3. läßt viele würdige Männer, und auch einige Vestalinnen hinrichten. ebendas. — nimmt (ohne Beyspiel) das Consulat auf zehn Jahre, und das Censoramt auf Lebenszeit an K. 4. — bekommt Krieg mit Decebalus, König von Dacien, hält sich aber in der Entfernung in einer Stadt Mysiens auf, wo er seinen Lüsten nachgeht. K. 6. — kündigt dann den Quaden und Markomannen Krieg an, weil sie ihm keine Hülfsvölker gegen die Dacier zugesandt hatten; aber von den Markomannen besiegt, läßt er nun Decebalen selbst Frieden anbieten, beschenkt ihn sogar reichlich und überläßt ihm viele geschickte Handarbeiter und Künstler K. 7. hält dennoch prächtigen Triumph und giebt allerhand Spiele K. 8. — auch ein Gastmahl, bey dem Zimmer, Tischgeräthe und Alles — schwarz ist, setzt dadurch seine Gäste in Todesangst, beschenkt sie aber hernach Kap. 9. — Anton, Statthalter in Deutschland, empört sich, wird aber bald besiegt, und bleibt im Treffen, doch denkt Domitian einmal so edel, daß er alle Briefschaften

des

I. Historisches Register.

des Mannes verbrennen läßt K. 11. — nach unzähligen Hinrichtungen verschwören sich einige Hofleute gegen ihn, unter denen selbst seine Gemahlin Domitia ist, K. 15. wird niedergemacht. K. 17. sein verstellter tückischer Charakter 67, 1. seine Bildsäulen und Triumphbogen werden niedergerissen. 68, 1.

Cn. Domitius, edle Handlung desselben. Br. 100. (Cicero Rede für Dejotar 31.) sein Gesetz über Priesterämter von Sylla abgeschafft, von Cäsar wieder eingeführt. 37, 37.

L. Domitius Aenobarbus, ernannter Nachfolger Cäsars in Gallien, wehrt sich gegen denselben in Corfinium, wird aber großmüthig entlassen, und geht zu Pompejus 41, 11. — unterstützt die Massilienser wider Cäsar. 41, 21.

Cn. Domitius Aenobarbus, einer von den Mitverschwornen gegen Cäsar, hält den Jonischen Meerbusen besetzt. 48, 7. flieht zu Anton 48, 16. Octavian verzeiht ihm 48, 29. geht wieder zu Anton 50, 2. — und aus Aerger über Kleopatra wieder zu Octavian — stirbt 50, 13.

Cn. Domitius Aenobarbus, Neros Vater 58, 20. — von Macro verfolgt. 58, 27. — gesteht es selbst, daß von ihm und Agrippinen kein besserer Sohn als Nero abstammen könne. 61, 2.

Cn. Domitius Calvinus. Unterfeldherr Cäsars gegen Pharnaces, verliert eine Schlacht 42, 46. Cäsar läßt ihn nach Pharnaces Besiegung als Statthalter zurück. K. 49.

Domitius Afer, rettet sich unter Caligula auf eine feine Art von dem ihm zugedachten Tode 59, 19. Anekdote von ihm 60, 33. (Quintilians Lehrer, der ihn oft zu seinem Ruhme anführt.)

Domitius Ulpianus. s. Ulpianus.

Doryphorus, Geschwindschreiber des Nero, verschwenderisches Geschenk an ihn 61, 5.

Drusilla, Caligulas Schwester, Gemahlin des M. Lepidus, auch auch Liebschaft des Bruders, stirbt und wird von Caligula für Göttin erklärt 59, 11.

Drusilla, Caligulas Tochter von Cäsonien, wird nebst den Eltern zugleich umgebracht 59, 28. 29.

Drusus (M. Livius) Volkstribun, hitziger Streitkopf, besonders gegen Q. Servilius Cäpio. Nr. 109. 110.

Drusus, Livius Sohn, Vater des Germanicus und Claudius, erhält von August Erlaubniß, fünf Jahre früher als gewöhnlich um Staatsämter anzuhalten 54, 10. — wird gegen die Rhätier gesandt, und besiegt sie nebst Tiber glücklich 54, 22. glücklicher Feldzug gegen die Sygambren und Usipeten, die Fürsten unterwerfen sich, doch gerathen seine Schiffe auf der Elbe fast aufs Trockne, und einmal sieht er sich ganz eingeschlossen 54, 32. 33. dringt in seinen Siegen bis an die Elbe vor, wird aber vor Schrecken über ein weibliches Gespenst krank, stirbt, noch ehe er an den Rhein zurückkommt,
und

I. Historisches Register. 119

und wird in Rom prächtig begraben 55, 1. 2.

Drusus, Tibers Sohn. Erhält Erlaubniß, den Senatssitzungen, noch ehe er eigentlich Senator ist, beyzuwohnen, und nach verwalteter Quästur seine Stimme vor den Exprätoren zu geben 56, 17. wird Quästor. K. 25. — hält dem August eine Leichenrede 56, 34. — wird nach Pannonien gesandt, einen Aufruhr der Soldaten zu stillen 57, 4. — ist eben so liederlich als grausam 57, 13. Consul K. 14. Beweise seiner ungestümen Hitze und Völlerey 14. stirbt an Gifte, den ihm Sejan durch die eigene Gemahlin Livilla beybringen läßt. K. 20. 22. — Tiber hält ihm die Leichenrede. ebendas.

Drusus, des Germanicus Sohn; wird von Sejan und seiner eigenen Gemahlin (Aemilia Lepida) angegeben 58, 3. (Tac. 6, 40.) auf Tibers Befehl umgebracht. K. 22. (Sueton 54.)

Drusus (ein falscher) giebt sich für den vorherstehenden aus, tritt unter Tiber in Griechenland und Jonien auf, und bedroht Syrien, wird aber bald ergriffen. 58, 25. (Tacitus 5, 10.)

Duras, König der Dacier, Vorgänger des Decebalus, tritt diesem den Thron freywillig ab. 67, 6.

Duris, Geschichtschreiber, angeführt Vr. 14.

Dynamis, eine Tochter Pharnaces, Mithridats Enkelin, erst Asanders, dann Scribonius, endlich Polemons Gemahlin. 54, 24.

Dyrrhachium, auch Epidamnus. Grund beyder Benennungen. 41, 49. Landung des Pompejus daselbst. 41, 14.

Dysidiaten, Dalmatische Völkerschaft. 55, 29. (Vellej. Paterc. 2, 115.)

E.

Eburonen, Gallische Nation (sonst auch Tungri, zwischen dem Rhein und der Maas) überfallen Cäsars Unterfeldherrn Sabin und Cotta. 40, 5. 6.

Ebusus, eine der Balearischen Inseln. 43, 29.

Egnatius Rufus, Aedil, seine Unbescheidenheit gegen August. 53, 24.

Egnatius Celer, aus Berytus, Philosoph, tritt als falscher Zeuge bey Gelegenheit der Pisonischen Verschwörung gegen den unschuldigen Soran auf 62, 26.

Eklektus Kammerherr des Commodus 72, 19. befreyt nebst Aemil. Lätus die Welt von diesem Unmenschen 72, 22. bleibt dagegen dem Kaiser Pertinax treu, und wird mit ihm niedergemacht 73, 10.

Elagabal; orientalischer Name der Sonne. 78, 31. (Selben von den Syrischen Göttern 2, 1.) Elagabal nimmt diesen Gott unter die Römischen auf, macht sich selbst zum Priester desselben, und vermählt ihn mit Uranien Astarte) 79, 11 12. — wird nach Elagabals Tode des Landes verwiesen. 79, 21.

Ela=

I. Historisches Register.

Elagabal, Kaiser; sein eigentlicher Name Avitus. Seine Großmutter Julia Mäsa, Schwester Juliens, der Gemahlin des Kaisers Sept. Severus — seine Mutter Julia Soämis 78, 30. — ein gewisser Eutychian befördert ihn zum Throne 78, 31. — man giebt ihm die Beynamen M. Aurel. Antonin (aber auch) Pseudantonin Elagabal, des Assyrers, Sardanapals, Tiberius 79, 1. — verspricht beym Antritt der Regierung, wie gewöhnlich, dem Senat und Volk alles Gute, hält auch wenigstens darin Wort, daß er es keinen entgelten läßt, der bey Macrins Zeiten sich Spöttereyen über ihn erlaubt hatte K. 3. doch läßt er viele Vornehme hinrichten 4—7. und selbst den Gannys, dem er doch vorzüglich den Thron mit zu verdanken hatte K. 6. — nimmt Ehrennamen und Ehrenämter eigenmächtig an, ohne, wie sonst gewöhnlich, die Ernennung vom Senat zu erwarten K. 8. — führt den Sonnengott Elagabal als neue Gottheit in Rom ein, macht sich zu desselben Priester, läßt sich als solcher beschneiden, giebt ihm an Uranien eine Gemahlin 11. 12. — Wettfahren ist seine Leidenschaft, und er begünstigt die grüne Bande. K. 14. — am meisten macht er sich durch seine Schändlichkeit als Päderast verhaßt. 13—16. nimmt den Bassian (Alexander Severus) an Sohnes Statt an. K. 17. — läßt sich aber, weil Bassian mehr Liebe bey allen besitzt, die Adoption gereuen, macht mehr als Einen Versuch, denselben ums Leben zu bringen, wird aber von den Soldaten selbst niedergemacht K. 21. seine Gemahlinnen: die Wittwe des von ihm hingerichteten Bassus (Annia Faustina) 79, 5. — dann Cornelia Paula — dann Aquilia Severa. K. 9. und das. Reimars Note.

Elbe, entspringt auf dem Vandalischen Gebirge 55, 1.

Elegeia, Stadt in Armenien, von Trajan erobert 68, 18. kommt auch vor 71, 2.

Elephanten, sehr kluge Thiere, sollen sich von denen, die sie in andere Länder verführen, schwören lassen, daß man ihnen kein Leid zufügen wolle. — sollen sich auf ihre Landessprache, und die Erscheinung des Neumondes verstehen 39, 38. — werden als Kämpfer aufgestellt — ein Beyspiel des Sieges eines Elephanten über ein Rhinoceros. 55, 27. — tragen Fackeln 43, 22. — werden (von Cornificius gebraucht, um auf ihnen vom Schmause nach Hause zu reiten 49, 7. — können auch auf dem Seile tanzen 61, 17. (Sueton. Nero 11.) im Kriege braucht sie einmal Caracall, nur um Bacchus und Alexandern nachzuäffen 77, 7.

Elephantine, Stadt in Aegypten 54, 5.

Eleuthera, Stadt in Creta 36, 1.

Eliso, Fluß (auch Aliso) Dio ist der einzige, der ihn erwähnt 54, 33. und man hält ihn mit der Alme, einem kleinen Flusse in Westphalen für einerley. (Mannert Germanien S. 525.)

Elymer, altes Volk in Sicilien. Br. 3.

I. Historisches Register.

Ennia Thrasylla, Gemahlin des prätorischen Präfects Macro 58, 28. buhlt mit Caligula. ebendas. wird aber nachher von ihm umgebracht 59, 10.

Entellus, Staatssekretär Domitians, und Mitverschworner gegen denselben 67, 15.

Epaphroditus, Freygelassener Augusts, an Kleopatren abgesandt, um sie von dem Entschluß der Selbstentleibung abzubringen 51, 11.

Epaphroditus, Freygelassener des Nero, macht diesen vollends nieder 63, 29. wird unter Domitian hingerichtet 67, 14.

Ephesus, dem Cäsar auf Augusts Vorschlag ein Tempel daselbst errichtet 51, 20. — Spiele daselbst zu Ehren der Götter, nach ihrem Stifter die Barbillischen genannt 66, 9. und Valesius Note.

Epicharis, eine Dame, vor andern sehr thätig bey der Pisonischen Verschwörung gegen Nero, soll auf die Folter gebracht werden, erdrosselt sich aber selbst 62, 26. (Tacitus 16, 33.)

Epidamnus. s. Dyrrhachium.

Epidaurus, Stadt. Sylla beraubt sie ihrer Tempelzierden. Br. 122.

Epirus, wird nebst Griechenland Römische Provinz, und zwar senatorische 53, 12.

Erdbeben, lebhafte Beschreibung desselben 68, 24. großes in Asien unter Tiber 57, 17. (Plinius Hist. nat. 2, 84. Tacitus Annal. 2, 47.) unter Trajan in Antiochien 68, 24.

Erd

Erdklüfte giftige, bey Babylon und zu Hierapolis 68, 27.

Eretrien, nimmt August den Athenienfern, die bisher die Einkünfte davon gezogen hatten 54, 7.

Eribolus, Hafen, Nikomedien gegenüber 78, 39.

Erucius Clarus, Feldherr unter Trajan 68, 30.

Erucius Clarus, Consular. Tücke des Septim. Severus gegen ihn 74, 9.

Eryx, alter König der Elymer in Sicilien. Br. 3.

Essig, zur Erweichung harter Felsen gebraucht 36, 1.

Evander aus Creta, Bundsgenoß des Königs Perseus, hatte den König Eumenes tückisch umgebracht, wird aber, weil die Römer auf seine Auslieferung dringen, von Perseus heimlich aus der Welt geschafft. Br. 74. (Livius 44, 41.)

Eulen, bedeuten Unglück 50, 8.

Evodus, Erzieher Caracalls 76, 3. auf dessen Befehl hingerichtet 76, 6. 77, 1.

Euphrat, Fluß, will Trajan in den Tigris ableiten, muß aber davon abstehen, weil jener wegen seiner höhern Lage Wasserfälle machen, und also die Schiffahrt hindern würde 68, 28. — er verläuft sich in Sümpfen, und macht dadurch die Communication mit dem Tigris von selbst, welche noch mehr durch Canäle, die schon Herodotus kennt, erleichtert wird. ebendaselbst.

I. Historisches Register. 125

Euphrates, Philosoph unter Hadrian, stirbt eines freywilligen Todes 69, 8.

Euprepes, berühmter Wettfahrer, auf Caracalls Befehl hingerichtet 77, 1.

Eutychian, ehmals Lustigmacher, benutzt das Mißvergnügen der Soldaten gegen Macrin zu Empörung, und bringt den Elagabal auf den Thron 78, 31 — führt auch den Spottnamen Komazon. K. 39. hernach prätorischer Präfect mit Consularenrang und Insignien, Consul selbst mehr als einmal, und Stadtpräfect 79, 4.

Exedares, König in Armenien unter Trajan 68, 17.

F.

Fabier, dreyhundert und sechs dieser Familie bleiben auf einmal in der Schlacht. Br. 6. (s. doch Perizon. Animadv. Hist. S. 192. ff. Leipz. Ausgabe.)

Fabius Cäso, geht vom belagerten Capitol mitten durch die Feinde und wieder zurück. Br. 29.

Q. Fabius Maximus (Gurges) verliert eine Schlacht gegen die Samniter, ist doch nachher glücklicher in Gesellschaft seines Vaters, der ihm als Unterfeldherr zugegeben wird. Br. 36.

Q. Fabius Senator (Aedil) an die Apolloniaten ausgeliefert, weil er einige ihrer Gesandten gemißhandelt hatte. Br. 43. (Valer. Max. 6, 6.)

Q. Fabius Maximus (Cunctator) Hannibal verschont seine Landgüter Br. 43. er verkauft sie um Römische Gefangene loskaufen zu können. Br. 48, 55. (Livius 22, 23.) nimmt es nicht übel, daß man seinem Magister Equitum gleiche Gewalt mit ihm ertheilt. ebendas.

C. Fabius. Unterfeldherr Cäsars in Spanien gegen Afranius und Petrejus, ist aber nicht glücklich. 41, 20.

Q. Fabius Maximus, auch Feldherr Cäsars in Spanien gegen den jüngern Pompejus 43, 31. hält Triumph, obgleich seine Thaten nicht groß gewesen waren 43, 42. stirbt am letzten Tage seines Consulats. 43, 46.

Fabius Agrippinus, Statthalter in Syrien, auf Elagabals Befehl hingerichtet. 79, 3.

C. Fabricius ist unbestechbar. Beweis seines Patriotismus. Br. 37. Gesandter an Pyrrhus wegen Auswechselung der Gefangenen. Br. 146.

Falcidisches Gesetz. klassische Stelle. 48, 33.

Falco, Consul, wird zum Gegenkaiser gegen Pertinax aufgestellt, es wird aber verrathen, doch läßt ihn der Kaiser am Leben. 73, 8.

Fannius Cäpio, Oberhaupt einer Verschwörung gegen August. 54, 3.

M. Favonius, Senator. Nachäffer des Cato 38, 7. (Sueton August 13.) widersetzt sich nebst demselben den ehrgeizigen Absichten des Pompejus und Crassus 39, 34. 35. — ist auf Brutus und Cassius Seite, und wird nach der Schlacht bey Philippi niedergemacht. 47, 49.

• Favorin, Redner aus Gallien, unter Hadrian. 69, 3.

Fau-

I. Historisches Register. 127

Faustina, Mark Aurels Gemahlin, erhält den Namen Mater Castrorum. 71, 10. — verleitet den Avidius Cassius zur Empörung gegen ihren Gemahl. 71, 22. — stirbt, vielleicht eines freywilligen Todes, um sich nicht der Theilnehmung an Avidius Cassius Empörung überwiesen zu sehen. 71, 29. ihr zuerkannte Ehrenbezeigungen. K. 31.

Annia Faustina, Gemahlin Elagabals 79, 5. (ob sie gleich Dio nicht namentlich nennt.)

Faustus, Syllas Sohn, wendet sich nach der Pharsalischen Schlacht zu Cato. 42, 13. — wird gefangen, und auf Cäsars Befehl hingerichtet. 43, 12.

C. Fimbria empört sich gegen seinen Oberfeldherrn Flaccus vor Byzanz. Br. 127—129. (läßt ihn nach andern Geschichtschreibern sogar ums Leben bringen.) seine übrigen Grausamkeiten. Br. 130. 131.

Val. Flaccus, kommandiert im Mithridatischen Kriege, ein geldgieriger Mann, hatte an seinem Unterfeldherrn Fimbria einen gefährlichen Gegner. Br. 127—129.

Flaccus, Präfectus Annonä unter Macrin. 78, 22.

Flaminin, Besieger des Macedonischen Königs Philippus. Br. 157.

Flavia Domitilla, Gemahlin des Flavius Clemens. s. kurz nachher.

Flavian, prätorischer Präfect unter Elagabal 80, 2.

Flavius Clemens, wirklicher Consul und Verwandter Domitians, des vorgeblichen Atheismus

mus (Christenthums) beschuldigt und hingerichtet 67, 14. (Sueton 5.)

Flavius Sulpicianus, Schwiegervater des Pertinar und Stadtpräfect 73, 7. sucht nach Ermordung des Pertinar das Kaiserthum für sich, wird aber von Didius Julianus überboten 73, 11. auf Septim. Severs Befehl hingerichtet 75, 9.

Flavius Titianus. Einnehmer der kaiserlichen Gefälle (Procurator) in Alexandrien unter Caracall 77, 21.

Flavius Matronianus, kommt als militarischer Befehlshaber unter Caracall vor 78, 4.

Flavius Heracleo, Feldherr unter Alexander Severus, von seinen eigenen Soldaten umgebracht 80, 4.

Fratrien (Innungen) Br. 1.

Friesen, ergeben sich unter August an Drusus 54, 32.

Corn. Fronto; gelegenheitlich erwähnt 69, 18. (Verfasser des Buches de Differentia Vocabulorum) Lehrer M. Aurels in der Beredtsamkeit 71, 35.

Fucinischer See. Claudius will ihn in die Tiber ableiten, doch vergebens 60, 11. der Kanal stürzt ein 60, 33.

Fufisches Gesetz, die Stimmen in den Comitien einzeln zu geben. 38, 8.

C. Fuficius Phango; von Octavian dem Triumvir als Statthalter in Libyen angestellt. 48, 22. 23.

H. Fu-

I. Historisches Register. 129

Q. Fusius Calenus. s. Calenus.

Fusius Geminus, Unterfeldherr Augusts gegen die Pannonier 49, 38.

Fulcinius Trio, ehemals Sejans Anhänger, wird hingerichtet, sagt aber in seinem Testamente dem Tiber und Macro die derbsten Wahrheiten. 58, 25. (Tacitus 6, 38.)

Fulvia, erst des unruhigen Volkstribuns Clodius, dann M. Antons Gemahlin 46, 56. — ist gegen die Verbannten sehr blutgierig, höhnt vorzüglich Ciceros Kopf noch nach dem Tode 47, 8. — ihre herrschsüchtigen Absichten während des Triumvirats 48, 4. 10. — ihr gebieterischer Ton auch gegen Octavian, weßhalb er ihr ihre Tochter, seine Gemahlin, wieder zurückschickt K. 5. — nach vielen Ränken geht sie endlich zu ihrem Gemahl ab. K 6—15. spricht denselben in Griechenland 48, 27. stirbt, wahrscheinlich aus Aerger, ihren Gemahl nicht von Kleopatren abbringen zu können, in Sicyon. 48, 28.

P Furius (Philus) nimmt den Pompejus und Metell als Unterfeldherrn mit nach Spanien, ob sie gleich seine Feinde sind Br. 85. (Valer. Max. 3, 7.)

P. Furius, unruhiger Kopf, wird als Volkstribun in voller Volksversammlung niedergemacht. Br. 105.

C. Furnius Feldherr Augusts gegen die Cantabrier und Asturier 54, 5.

Dio Cass. 5. B.   J   Fus-

I. Historisches Register.

Suttius von M. Aurel den Jazygern zum König gegeben, aber von ihnen bald wieder vertrieben. 71, 13.

Fuscus, Feldherr unter Domitian. 68, 9.

G.

A. Gabinius, von Pompejus gebraucht, um seine ehrgeizigen Absichten zu unterstützen, schlägt ihn zum Oberfeldherrn gegen die Seeräuber vor 36, 6. — hält, weil Pompejus diese Ehre zum Schein verbittet, selbst eine Rede 10—12. — ist nachher Statthalter in Syrien, welche Provinz er sehr drückt 39, 55. 56. — will von Syrien aus gegen die Parther ziehen, bekommt aber von Pompejus Auftrag, den Ptolemäus wieder in Aegypten einzusetzen, welches Geschäft er auch glücklich beendigt, ohne doch seinen Beutel dabey zu vergessen 39, 56—59. — wird deshalb, besonders durch Ciceros Betriebsamkeit in Anspruch, von Pompejus und Crassus hingegen, die auch ihren Theil von der Beute bekommen hatten, in Schutz genommen, so daß er zwar jetzt durch Bestechung dem erbitterten Volke entkommt, aber doch, besonders wegen der Erpressungen in Syrien, bey welcher Anklage ihn Cicero selbst vertheidigte, mit der Verbannung bestraft wird. 39, 60—63. vertheidigt die Stadt Salona gegen Octavian, und stirbt 42, 11.

P. Gabinius, besiegt die Chaucier, und erhält den einzigen Legionadler, der von Varus Zeiten
ten

ten her noch in der Deutschen Händen war, wieder 60, 8.

Gadrs (Cadix) Stadt in Spanien, (Colonie von Tyrus) verehrt den Herkules 37, 52. 43, 39. 77, 20. Cäsar giebt ihr Römisches Bürgerrecht 41, 24.

Gätulier, empören sich unter August gegen ihren König Juba, und verheeren die angrenzenden Römischen Provinzen, werden aber von Corn. Cossus besiegt 55, 28.

Gajobomar, König der Quaden unter Caracall 77, 20.

Galäsus, Freygelassener. Freymüthigkeit desselben gegen Kaiser Claudius 60, 16.

Galatien, Tetrarchie von Galatien erhält Mithridates 42, 48. — nachher Amyntas 49, 32. — wird zur Römischen Provinz gemacht. 53, 26.

Servius Galba. Unterfeldherr Cäsars, besiegt die Allobroger 37, 48. die Veragrer 39, 5. Prätor. 39, 65.

Galba, Serv. Sulpicius. Kaiser. Tiberius sagt ihm sein künftiges Glück voraus 57, 19. — besiegt die Catten unter Claudius 60, 8. — wird von Vindex, dem Statthalter Galliens, an Neros Statt als Kaiser in Vorschlag gebracht, und von den Soldaten als solcher ausgerufen. 63, 23. — seine Regierung ist, ein wenig Geiz ausgenommen, billig, nur läßt er seinen Freygelassenen zu viel Gewalt. 64, 2. — ist bey seinem höhern Alter muthig genug, ungerechte Forderungen der Soldaten, besonders der Leibwache, nicht zu bewilligen K. 3. — auch die Legionen in Deutschland sind mit seiner Sparsamkeit gegen sie nicht zufrieden, und rufen den Vitellius zum Kaiser aus K. 4. auf diese Nachricht adoptiert er den L. Piso, einen jungen verdienstvollen Mann, worüber sich Otho beleidigt findet, und die Leibwache dahin beredet, ihn selbst zum Kaiser auszurufen K. 5. Galba schickt zwar einige Tribunen ab, die Leibwache auf andere Gedanken zu bringen, aber sie zieht gegen ihn an, und er wird auf der Straße niedergemacht. K. 6. — sein Siegel war ein aus dem Vordertheil eines Schiffes hervorstehender Hund. 51, 3.

Galeria (Fundana) des Vitellius Gemahlin, wie er, prachtliebend und verschwenderisch. 65, 4.

Gallien. Cäsars Krieg daselbst. 38, 31—50. 39, 1—5. und 44—54. 40, 4, 11. und 31—43. — Gallia Togata und Comata, Grund dieser Benennungen 46, 55. Gallia Togata zu Italien geschlagen, warum? 48, 12. dem Cisalpinischen giebt Cäsar Römisches Bürgerrecht. 41, 36. wird bey der Theilung der Provinzen zwischen August und dem Senat, und zwar das Narbonensische, Lugdunische, Aquitanische und Celtische (Ober- und Untergermanien) kaiserliche Provinz 53, 12. — das Narbonensische doch noch unter August vertauscht. ebend. und 54, 4.

Gallier, ihr Nationalcharakter. 39, 45. 77, 6. Ursache ihres Feldzuges gegen die Römer unter Brennus. Br. 141. (Livius 5, 35.)

Gallio,

I. Historisches Register.

Gallio, (L. Junius.) Senecas Bruder. Witziger Einfall über Kaisers Claudius Tod 60, 35. — läßt sich mißbrauchen, den als Harfenschläger auftretenden Nero öffentlich anzukündigen 61, 20.

Ael. Gallus, Statthalter in Aegypten unter August. Unglücklicher Feldzug in das glückliche Arabien 53, 29.

Asinius Gallus. s. Asinius.

Corn. Gallus, erobert den Hafen Parätonium in Aegypten nach der Schlacht bey Actium 51, 9. — thut dem Anton zu Land und See viel Schaden. ebendas. — erster Statthalter in Aegypten 51, 17. — seine Ausschweifungen daselbst, wird aus allen kaiserlichen Provinzen verwiesen, der Senat will eine förmliche Untersuchung gegen ihn anstellen, er bringt sich aber selbst ums Leben 53, 23.

Nonius Gallus, bezwingt die Treviren und Germanen 51, 20.

Gallus Tisienus, geht von Octavian zu Sext. Pompejus über 49, 8. ergiebt sich aber an jenen nach verlorner Schlacht 49, 10.

Ganna, Wahrsagerin der Celten nach Velledas Tode, kommt unter Domitian nach Rom, und wird mit vieler Ehre empfangen 67, 5.

Gannys, Erzieher und General Elagabals gegen Macrin 78, 38. — vertrat Mannsstelle bey Julia Soämis, war überhaupt zur Schwelgerey geneigt, hat aber keinen Menschen unglücklich gemacht — von Elagabal hingerichtet 79, 6.

Ganymedes, Verschnittener (Kammerherr) in Aegypten, macht Arsinoe zur Königin, läßt den Oberfeldherrn Achillas umbringen, und übernimmt das Kommando der Armee selbst 42, 39. 40.

Gastmahl, schwarzes, unter Domitian 67, 9.

Gauda, Africanischer Prinz, unzufrieden mit Metell, weil er ihm nicht Ehre genug zu geben scheint. Br. 96. (Sallust Jugurth. 65.)

Gaziura, Stadt in Pontus 35, 12. (schon zu Strabos Zeiten öde.)

Gellius (bey andern richtiger Dellius) Poplicola, handelt treulos gegen Brutus und Cassius, erhält auf Fürbitte seiner Mutter Begnadigung, geht dennoch hernach zu Octavian und Anton über 47, 24.

Gellius Maximus, bekommt unter Elagabal Lust, sich zum Kaiser aufzuwerfen, wird aber hingerichtet 79, 7.

C. Geminius Rufus, unter Tiber zu Selbstentleibung genöthigt 51, 4.

Genukla, Kastell an der Donau 51, 26.

Genusus, Fluß in Thessalien 41, 52.

Gergovia, Stadt der Arverner, von Cäsar vergeblich belagert 40, 36.

Germanen. (s. auch Celten) sind die mehr landeinwärts wohnenden Völker der Deutschen wie Dio sagt 71, 3. — groß von Statur, deßwegen Cäsars Soldaten fürchterlich 38, 35. — stritten fast nacket, auch mit bloßen Köpfen

I. Historisches Register. 135

38, 45. — ihre gefährlichsten Waffen waren Lanzen, und lange Schwerter 38, 49. — lassen sich von wahrsagenden Weibern in ihren Kriegen leiten 38, 48. — führen ihre Weiber und Kinder im Kriege auf Wagen nach sich 38, 50.

Germanien, von Cäsar bezwungen 38, 49. 50. — empört sich mehr als einmal unter August 51, 20. — Varus ist vorzüglich in diesem Lande unglücklich 56, 18. 21. — worauf Tiberius und Germanicus dahin gesandt werden 56, 25. — besonders ist Germanicus in einem zweyten Feldzuge sehr glücklich 57, 18. — empört sich unter Vespasian, wird aber von Cerealis beruhigt 66, 3. Domitians Feldzug 67, 4. Caracalls 77, 13.

Germanicus, Cäsar, Drusus Sohn, auf Augusts Befehl von Tiber adoptiert. 55, 13. — wird an Tibers Statt abgesandt, um den Krieg in Dalmatien mit mehr Thätigkeit als Tiber zu führen 55, 31—33. — setzt den Krieg gegen die Dalmater fort 56, 11. — kommt nach Rom zurück, erhält Triumphinsignien, Prätorenrang und das Recht, das Consulat früher als gewöhnlich zu suchen 56, 17. — geht nach Varus Niederlage nebst Tiber nach Deutschland, hält sich aber mehr vertheidigungsweise. K. 25. — wird Consul, und macht sich durch Popularität sehr beliebt K. 26. — geht wieder nach Deutschland, wo sich die Armee empört, und ihn anstatt Tibers zum Kaiser ausruft 57, 5. — er weigert sich, selbst mit Lebensgefahr, Tiber er-

erkennt dies selbst, schreibt ihm in den verbindlichsten Ausdrücken, ist doch aber auf seine Thaten in Deutschland, und auf die allgemeine Liebe bey Volk und Soldaten sehr eifersüchtig 57, 6. — sein fernerer glücklicher Feldzug in Germanien, bey dem er die Gebeine der unter Varus gebliebenen begräbt, auch die verlornen Fahnen wieder erbeutet (seine Thaten im Orient sind im Dio verloren gegangen.) stirbt in Antiochien durch Pisos und Plancinens Tücke, und die Spuren der Vergiftung sind an seinem Leichnam nicht zu verkennen 57, 18. große Lobsprüche desselben. ebendas.

Gessius Marcianus, aus Syrien, kaiserlicher Procurator, Gemahl der Julia Mamäa 78, 30. umgebracht K. 34.

P. Septimius Geta. Bruder des Kaisers Septim. Severus, entdeckt bey seinem Tode dem Bruder die Ränke Plautians, und Sever läßt ihm deßwegen eine Ehrensäule errichten. 76, 2.

P. Septim. Geta. Sohn Septim. Severs, lebt schon zu des Vaters Zeiten sehr ausschweifend, und mit dem Bruder Caracall in der bittersten Feindschaft. 76, 7. — dieser erkennt ihn zwar nach des Vaters Tode für Mitregenten, läßt ihn aber unter dem Vorgeben, eine Versöhnung zu verabreden, in dem Zimmer und den Armen der Mutter ermorden. 77, 1. 2. auch nach dem Tode sein Andenken entehren, seine Bildsäulen niederreissen, die Inschriften verstümmeln, und seine Münzen einschmelzen. 77, 12.

Ge-

Geten, wohnen über dem Hämusgebirge, und an der Donau. 67, 6.

Gift. vergiftete Nadeln kommen unter Domitian auf, und werden fast allgemein in Rom und den Römischen Provinzen 67, 11. — ingleichem unter Commodus 72, 14. — giftige Erdklüfte bey Babylon und Hierapolis. 68, 27.

Giraffe (Kameelpardel) Beschreibung dieses Thieres. 43, 23.

Gomphi, kleines Städtchen in Thessalien, von Cäsar, weil man ihn nicht aufnehmen wollte, hart behandelt. 41, 51.

Gordyäische Gebirge. 68, 26.

Gordyene, Landschaft zwischen Phraates und Tigranes streitig, wird von Pompejus dem letztern zugesprochen. 37, 5.

Tib. Gracchus, der Vater, Feind der Scipionen, doch billiger als Cato. Scipio Africanus giebt ihm seine Tochter zur Gemahlin. Br. 72.

Tib. Gracchus, der Sohn, (Scipio Africanus Enkel) hatte die schönsten Naturgaben durch Wissenschaft noch mehr ausgebildet, ließ sich aber durch Ehrbegierde hinreissen, sich zum Volksfreunde aufzuwerfen, schlug als Volkstribun Gesetze vor, die den höhern Ständen nicht angenehm seyn konnten — hatte besonders an M. Octavius den hartnäckigsten Gegner. Br. 86—88.

Caj. Gracchus, Bruder des vorigen, eben so unruhiger Kopf, ihm an Talenten nicht gleich, aber größerer Redner. Gieng zuerst auf der

Rednerbühne auf und ab, und hatte einen Flötenspieler hinter sich, der ihm, wenn er aus dem Tone fiel, denselben wieder angeben mußte. — Sein Tod. Br. 90.

Grácinus Laco, Befehlshaber der Schaarwache unter Tiber zu Sejans Zeiten 58, 9. 12. dann Statthalter in Gallien. 60, 23.

Gymnesische Inseln. Griechische Benennung der Balearen. Br, 18.

H.

Hadrian. Kaiser. Sein Vater Hadrian, mit dem Beynamen Afer, 69, 3. — vom Großvater her aus Italica in Spanien abstammend, und mit Trajan verwandt, der auch sein Vormund gewesen war. Trajan hatte ihn nicht adoptirt, wenigstens war diese Adoption nicht vollzogen, und das Schreiben an den Senat war blos von Plotinen, Trajans Gemahlin, und Hadrians großer Freundin unterschrieben 69, 1. hatte bey Trajans Tode eine beträchtliche Armee als Statthalter in Syrien unter seinen Befehlen. ebendas. — hatte sich in seiner Jugend eifrig auf Griechische und Lateinische Sprache gelegt, auch sonst auf allerhand schöne Künste, war aber äußerst neidig auf andre Gelehrte und Künstler 69, 3. 4 — auch eigensinnig, neugierig und veränderlich 4. — aber auch sehr sorgsam in Regierungsgeschäften, edelmüthig und freygebig, streng gegen die Armeen und gemeinen Bürger. K. 5. 6. — herablassend gegen

I. Historisches Register.

gegen den Senat und seine Freunde 7. — grosser Liebhaber der Jagd 10, — er bereiset die Provinzen, und läßt sich in den Eleusinischen Mysterien unterrichten. K. 11. — in Aegypten läßt er Pompejus des Großen verfallenes Grabmahl wieder herstellen, und zu Ehren seines Lieblings Antinous eine neue Stadt in Aegypten, Antinoia, bauen. K. 11. — in Judäa baut er an Jerusalems Stätte Aelia Capitolina, worüber die Juden eine fürchterliche Rebellion beginnen, die Römern und Juden unzählige Menschen kostet. K. 12 – 14. — Krieg gegen die Albaner. K. 15. — adoptiert den L. Commodus. K. 17. weil aber dieser noch vor ihm stirbt, so nimmt er den Antonin an Sohnes Statt an, doch auf die Bedingung, daß er den M. Aurel, Verus, und zugleich den jüngern Commodus adoptieren solle 21. — stirbt an der Wassersucht. K. 22. 23. — hat sein Leben selbst beschrieben 69, 11. — Brief desselben zu Gunsten der Christen 70, 3. — der Senat ist nicht geneigt, ihm göttliche Ehre zuzuerkennen, thut es doch endlich auf Antonius anhaltendes Bitten 70, 1.

Hadrianothera, (Hadrians Jagd) Stadt in Mysien, von Hadrian erbaut 69, 10.

Hannibal, sein Lob. Br. 47. Grausamkeit gegen die Nuceriner Br. 50, und gegen die Acerraner. Br. 54.

Hanno, spricht als Karthaginiensischer Gesandter sehr freymüthig in Rom. Br. 150.

Harz, bey Babylon 68, 27.

Helio=

Heliodor, geheimer Schreiber Hadrians und Redner 69, 3. Vater des Avidius Cassius, der sich gegen Mark Aurel empörte 71, 22. — wird Statthalter in Aegypten. ebendas.

Helius, Neros Freygelassener, hat während des Virtuosenzuges des Kaisers in Griechenland volle Gewalt über Rom und Italien, läßt Güter einziehen und hinrichten, wie es ihm einfällt 63, 12. wird unter Galba hingerichtet 64, 3.

Hellenodiken, Kampfrichter bey den Griechischen Spielen 63, 14.

Helvetier, wollen in Masse auswandern und sich an den Alpen niederlassen, werden aber von Cäsar behindert und geschlagen: ein Trupp vergleicht sich mit Cäsar, und geht nach Helvetien zurück, ein anderer wird in den Ländern, durch die er zieht, von den Bundsgenossen der Römer niedergemacht 38, 31—33.

Helvidius Priscus, seine Freymüthigkeit unter Vitell, die ihm dieser aber nicht übel nimmt 65, 7. — ist nicht nur unbillig gegen den löblich regierenden Vespasian, sondern auch stürmischer Vertheidiger der Demokratie und Factionenstifter, wodurch er sich endlich den Tod zuzieht 66, 12. (Sueton 15.)

Helvius Agrippa, Oberpriester unter Domitian, fällt plötzlich im Senat, über des Kaisers Grausamkeit erschüttert, todt nieder 67, 3.

Heniocher, König derselben Anchialus unter Trajan 68, 18.

I. Historisches Register.

Heras, cynischer Philosoph, kommt wider Vespasians allgemeines Verbannungsedict wieder nach Rom, verliert aber wegen seiner Unverschämtheit den Kopf 66, 15.

Herennius Senecio, Stoischer Philosoph, wird unter Domitian hingerichtet, weil er das Leben des Helvetius Priscus (s. oben) geschrieben hatte 67, 13. (Tacit. Agricola. K. 2.)

Herkulaneum, unter Titus durch ein Erdbeben verschüttet 66, 23.

Herkules, Tempel desselben in Tyrus, aus dem Cäsar alle Weihgeschenke wegnimmt. 42, 49. — Tempel desselben in Cadix. 43, 39.

Herminische Gebirge in Lusitanien (jetzt Arminno in Portugall) 37, 52.

Hermogenes Arzt unter Hadrian 69, 22.

Hermogenes, Lehrer der Beredtsamkeit unter Mark Aurel 71, 1.

Herodot, Antipaters Sohn, an Antigonus Stelle von Anton zum König von Judäa gemacht. 49, 22. — erhält von August die Tetrarchie eines gewissen Zenodor 54, 9.

Herodes Archelaus, des Großen Sohn. s. Archelaus.

Herodes, Bruder unter Agrippa, bekommt unter Kaiser Claudius einen kleinen Landesbezirk, und den Rang eines Prätors. 60, 8.

Herodes Atticus, s. Atticus.

Heroen, was man unter ihnen in alten Zeiten verstand. Br. 2. Note.

Hie-

Hierapolis, giftige Erdkluft daselbst, die doch Verschnittenen nichts schadet. 68, 17.

Hierapydna, Stadt in Creta. 36, 2.

Hierokles, Wettfahrer und Lustknabe Elagabals, von ihm zu großen Ehren erhob. 79, 15.

Hirtius (Aul.) Consul. (711.) 45, 17. bleibt im Treffen bey Modena. 46, 39.

Hispali, (Sevilla) von Cäsar erobert. 43, 29.

Homer, Kaiser Hadrian setzt ihn dem Dichter Antimachus nach. 69, 4.

Horatius Pulvillus läßt sich an Einweihung des palatinischen Jupitertempels durch die Nachricht von seines Sohnes Tode nicht hindern. Br. 25.

Hortensius, tapferer Feldherr zu Syllas Zeiten. Br. 125.

Hortensius, Ciceros Rival in der Beredtsamkeit, bekommt den Krieg gegen die Cretenser aufgetragen, zieht aber das Stadtleben vor. Br. 178.

Hortensius widersetzt sich einem von Pompejus und Crassus vorgeschlagenen Gesetze über den Luxus 39, 37. Statthalter in Macedonien. 47, 21.

Hosidius Geta, besiegt die Mauritanier 60, 9. verschafft sich durch Zaubermittel Wasser in der Wüste. ebendas. Sieg gegen die Britten 60, 20.

Hostilius, cynischer Philosoph unter Vespasian auf eine Insel verbannt. 66, 13.

Hunde, Beyspiel der Treue dieser Thiere 58, 1.

Hyr=

I. Historisches Register.

Hyrcanus, Fürst und Hoherpriester der Juden, von Pompejus zum König gemacht 37, 15. 16. von Pacorus abgesetzt. 48, 26.

J.

Jamblichus, König einer Arabischen Horde (von Emesa) von Anton gefoltert und getödtet 50, 13. sein Bruder Alexander. 51, 2.

Jamblichus der jüngere, bekommt von August seines Vaters Antheil an Arabien wieder 54, 9.

Janus, von Saturn mit der Kenntniß des Vergangenen und des Zukünftigen begabt. Br. 2. — sein Tempel von August dreymal geschlossen. 51, 20. 53, 26. 54, 36.

Japyden. Illyrische Nation, ihre Hauptstadt Metullum. Octavian besiegt sie, und belagert ihre Stadt 49, 35.

Japyger am Jonischen Meerbusen. Br. 8. 9.

Jazyger. Sarmatisches Volk (wandern in Oberungarn ein. Mannert Germanien S. 153.) Krieg gegen Mark Aurel. 71, 3. — fürchterliches Gefecht auf der gefrornen Donau 71, 7. — suchen Frieden, der ihnen wegen ihrer Treulosigkeit nicht zugestanden wird. 71, 13. — erhalten ihn doch endlich K. 16. — waren für die Römer so gefährlich gewesen, daß sie ihnen beym Frieden hunderttausend Gefangene zurückgeben konnten. ebendas. — endlicher Abschluß des Friedens. K. 18. 19.

Iberier in Asien. Grenznachbaren der Albaner und Armenier, an beyden Seiten des Flusses Kyrnus wohnhaft, werden von Pompejus besiegt. 37, 1—7. und unter dem Triumvirat von P. Canidius Crassus 49, 24.

Iberus, kaiserlicher Freygelassener unter Tiber, Statthalter in Aegypten 58, 19.

Ichniä, kleine Stadt in Mesopotamien. 40, 12.

Jerusalem von Pompejus eingenommen, und alle Schätze des Tempels geplündert, (wovon doch Josephus das Gegentheil versichert) 37, 16. -- unterirdische Gänge daselbst. (Michaelis im Göttinger Magazin Jahrg. 3. St. 6. S. 801.) wird unter Titus belagert und eingenommen. 66, 4—7. an ihre Städte baut Hadrian Aelia Capitolina 69, 12.

Ilerda, Stadt in Spanien (jetzt Lerida) 41, 20.

Ilium von Fimbria eingenommen und grausam behandelt. Br. 131.

Ilus älterer Name des Ascanius, hernach Julus. (Virgil Aen. 1. 267.) Br. 3.

Immä, kleines Städtchen (auch Imma, Imä, Emma) zwischen Antiochien und Chalcis Reimar zu 78, 37.

Incitatus, Pferd des Caligula 59, 14. 28.

Indianer, schicken Gesandte an August, um ein Bündniß mit ihm zu machen. 54, 9.

Induriomar, Heerführer der Gallier 40, 11. 31.

Josephus, der Geschichtschreiber, prophezeihet Vespasian die Kaiserwürde. 66, 1.

Jo-

I   Historisches Register.

Jotape, Tochter des Medischen Königes, mit Alexander, Antons und Kleopatrens Sohn vermählt 49, 44. — August giebt sie dem Vater nach Antons Besiegung zurück. 51, 16.

Iphigenia, ihr Opfermesser wollen die Einwohner der Stadt Comana in Cappadocien noch besitzen. 35, 11.

Isara, Fluß im Lande der Allobroger. 37, 47.

Isaurier, schon zu Augusts Zeiten Räuber, führen förmlichen Krieg wider die Römer, und werden erst spät gebändigt. 55, 28.

Isidor, Aegyptischer Priester, führt die von ihm unter Mark Aurel empörten Aegyptier an. 71, 4.

Issa, Insel in Illyricum. 60, 15. Issäer. Br. 151. vergl. Br. 46.

Issus, entscheidende Schlacht daselbst zwischen Sept. Sever und Pescennius Niger, worin letzterer, ob er sich gleich den zweiten Alexander nennt, nicht so glücklich ist, als ehemals der Macedonische gegen Darius 74, 8.

Isthmus bey Korinth durchzugraben wird Cäsarn aufgetragen 44, 5. auch Nero will ihn durchstechen lassen, doch mit eben so wenigem Erfolge. 63, 16.

Istrianer, Thracisches Volk 38, 10. — ihre daselbst vorkommende Stadt ist Genufla s. 51, 26. Istrien kommt auch vor 54, 20.

Italien, ehemals Argessa — Saturnien — Ausonien — Tyrrhenien — Italien — Lateinerland Br. 3.

Dio Cass. 5. B.   K   Italus,

Italus, in Tyrrhenischer Sprache junger Stier (Vitulus) Br. 3.

Ituräische Araber. Soämus König derselben, von Caligula eingesetzt. 59, 12.

Juba, Hiempsals Sohn, König von Numidien, hält es im Bürgerkriege mit Pompejus, und erlegt den Curio in einer Schlacht. 41, 42. — verbindet in Africa mit Cato, und entleibt sich nach verlorner Schlacht selbst. 43, 3—8.

Juba der jüngere, in Italien erzogen, und Augusts Begleiter in allen Feldzügen, bekommt von ihm die Kleopatra, der Königin Aegyptens Tochter zur Gemahlin. 51, 15. und zum Ersatz des väterlichen Reichs einige Districte Galatiens. 53, 26.

Juden; verehren nur Einen Gott, dessen Name doch unbekannt ist 37, 15. 17. an ihrem Sabbath (ebendas. und 49, 22.) wehren sie sich auch gegen ihre Feinde nicht 37, 17. Rachsucht und Tücke ihr Hauptcharakter 49, 22. — haben sich überall hinverbreitet, selbst bey den Römern, bey denen sie Toleranz genossen 37, 17. — hatten sich unter Kaiser Claudius in Rom sehr vermehrt; er erlaubt ihnen zwar zu bleiben, aber ohne Synagogen halten zu dürfen 60, 6. — doch mußten sie ein gewisses Geld geben 66, 7. (s. antiquar. Register. Judensteuer) Rebellion, und damit verbundene Grausamkeiten, die sie in Cyrene, in Aegypten, in Cyprus begehen. Nach Cypern durfte deßhalb in spätern Zeiten keiner kommen, wenn er nicht todt geschlagen seyn wollte 68, 32. — empören sich

sich unter Habrian, weil er an Jerusalems Stelle eine neue Stadt, Aelia Copitolina, erbauen läßt 69, 12—14.

Jugurtha, Friedensbedingungen, die ihm Metell macht. Br. 167. (Sallust 62.) wird von Bacchus an Marius ausgeliefert. Br. 169.

Julia, Cäsars Tochter, des Pompejus Gemahlin, stirbt über der Geburt einer Tochter, und wird prächtig begraben 39, 64, auch giebt Cäsar ihr zu Ehren Thier= und Gladiatorengefechte 43, 22.

Julia, Mutter des Triumvirs, rettet durch ihre Fürbitte bey dem Sohne ihres Bruders L. Cäsars Leben 47, 8. geht aus Furcht vor Octavian zu Sext. Pompejus 48, 15.

Julia, Augusts Tochter, anfangs verlobt mit M. Antons Sohne, Antyll. 48, 54. — dann mit Marcell (Geschwisterkind mit ihr) vermählt 53, 27. — und mit Agrippa 54, 6. von dem sie Mutter wird des Cajus Cäsar 54, 8. des Lucius Cäsar 54, 18. und des Agrippa Posumus 54, 29. — muß sich dann an Tiber vermählen 54, 31. — der aber keinen Geschmack an ihr findet 55, 9 — wird von August ihrer Liederlichkeit wegen in die Insel Pandateria verwiesen, und sehr knapp gehalten 55, 10. — August vermacht ihr etwas im Testamente, erlaubt aber ihre Rückkehr nach Rom nicht 56, 32. —. auch Tiber nicht, der sie vielmehr so streng behandeln läßt, daß sie vor Kummer und Mangel stirbt 57, 16.

148   I. Historisches Register.

Julia, Drusus Tochter, Tibers Niece, mit Sejan vermählt 58, 21. — von Messalinen ums Leben gebracht 60, 18.

Julia Livilla. s. Livilla.

Julia, Titus Tochter. Liebschaft ihres Onkels Domitian 67, 3.

Julia Domna, Septimius Severs Gemahlin, wird von Plautian ungebührlich behandelt, und der ehelichen Untreue bezüchtigt, weßhalb sie sich von dem Hofleben zurückzieht, und Philosophin wird 75, 15. — sieht ihren jüngern Sohn Geta von dem ältern Caracall in ihren Armen ermordet 77, 2. — Caracall richtet sich zwar nicht nach ihren guten Lehren, doch erlaubt er ihr einigermaßen Theilnahme an den Regierungsgeschäften, insbesondere die Annahme Griechischer und Lateinischer Bittschriften 77, 18. 78, 4. — nach des Sohnes Tode schreibt ihr Macrin einen sehr höflichen Brief, doch muß sie sich hernach, weil sie die Soldaten verhetzt, aus Antiochien wegbegeben, und stirbt eines freywilligen Hungertodes, nicht aus Betrübniß über den Sohn, sondern weil sie selbst nicht mehr herrschen kann 78, 22. — ihr Leichnam wird in Rom beygesetzt 78, 24.

Julia Mäsa, Schwester Juliens (Domna) der Gemahlin des Sept. Severus. Sie selbst ist vermählt mit Jul. Avitus, einem Consularen. Ihre Töchter sind Julia Soämis und Julia Mamäa. Enkel von jener Avitus (Elagabal) von dieser Bassian (Alexander Severus) 78,

L. Historisches Register. 149

78, 30. — ist mit dem Enkel Elagabal nicht zufrieden 79, 19.

Julia Soämis, Tochter der Julia Mäsa, vermählt mit Varius Marcellus, Mutter des Avitus, hernach Elagabal genannt 78, 30. — ist bey der das Schicksal ihres Sohnes entscheidenden Schlacht selbst gegenwärtig 78, 38. wird mit dem Sohne umgebracht 79, 30.

Julia Mamäa, zweyte Tochter der Julia Mäsa. — Gemahl Gessius Marcianus, kaiserlicher Procurator. — Sohn von ihm Bassian (nachher Alexander Severus) 78, 30. ist sehr habsüchtig und gegen den Sohn gebieterisch 80, 2.

(Julia) Cornelia Paula. Gemahlin Elagabals 79, 9. (Dio hat nur die zwey letztern Namen, sie heißt aber sonst, auch auf Münzen Julia.)

Julian, Feldherr Domitians gegen Decebal. 67, 10.

Julian, prätorischer Präfect unter Commodus, auf Befehl desselben hingerichtet. 72, 14.

Julian (Didius) Kaiser, von senatorischer Abkunft. (Eutrop 8, 9. 1. Spartian 1. 2.) aber von schlechtem moralischen Charakter, als unruhiger Kopf noch unter Commodus nach Mailand verwiesen, erscheint nach Pertinax Ermordung, bietet sich der Leibwache als neuen Kaiser an, und erhält seinen Endzweck, weil er am meisten bietet. 73, 11. — zieht dann, von der Leibwache begleitet, in die Stadt ein, rühmt dem Senat seine wichtigen Dienste vor 12. — bezieht den Pallast, und fängt seine

Regierung mit Würfeln und Schmausen an, das Volk rebellirt förmlich, und wünscht sich den Pescennius Niger als Retter. 13. — dieser rückt auch bald aus Pannonien gegen Rom an, Julian erbietet sich, ihn als Mitregenten anzuerkennen, aber auf Severs Versicherung gegen die Leibwache, daß er auf den Fall, wenn sie die Mörder des Pertinax auslieferten, ihr bisheriges Betragen weiter nicht ahnen wolle, verläßt sie den Didius, und er wird im Pallaste umgebracht. K. 17.

Julian Nestor, prätorischer Präfect unter Macrin 78, 15. wird von diesem abgesandt, um die von Eutychian zu Gunsten Elagabals unternommene Empörung zu dämpfen. 78, 32. — flieht, wird aber aufgefunden und niedergemacht. K. 34.

Ulp. Julianus, nebst Julian Nestor prätorischer Präfect unter Macrin. 78, 15.

Juliopolis, so hieß in spätern Zeiten die Stadt Tarsus zu Ehren Jul. Cäsars. 47, 26.

Julius, Senator, Angeber unter Caracall, wird nebst andern dergleichen Ehrenmännern von Macrin auf eine Insel verbannt. 78, 21.

Sext. Julius von Jul. Cäsar, seinem Anverwandten zu der Zeit, als er von Aegypten aus gegen Pharnaces zog, zum Statthalter in Syrien und den anliegenden Gegenden gemacht. Bassus, ein Römischer Ritter, empört sich gegen ihn, und er wird von seinen Soldaten niedergemacht. 47, 26.

Ju-

I. Historisches Register.

Julius Alexander, Feldherr unter Trajan. 68, 30.
Julius Asper, Statthalter in Asien unter Macrin. 78, 22.
Julius Calvaster. s. Calvaster.
Julius Sabinus. s. Sabinus.
Julius Sacerdos. s. Sacerdos.
Julius Severus. s. Severus.
Julius. M. Antons des Triumvirs Sohn von Fulvien. August läßt ihm nach des Vaters Tode einen Theil seines Vermögens. 51, 15. er giebt prächtige Spiele 54, 26. — Consul (744) 54, 36. — wird als einer von Juliens Anbetern hingerichtet. 55, 10.
M. Junius. Statthalter in Capadocien unter Trajan. 68, 19.
Junius Bläsus. s. Bläsus.
Junius Cilo. s. Cilo.
Junius Gallio, von Tiber aus der Stadt verwiesen. 58, 18.
Junius Gallio, Senecas Bruder. s. Gallio.
Junius Paulinus, wird unter Caracall über faden Witz kaiserlich belohnt. 77, 11.
Junius Rusticus. s. Rusticus.
Junius Silanus. s. Silanus.
Jupiter, sein Tempel zu Dodona von den Thraciern geplündert, als sie zu Mithridats Zeiten und auf sein Geheiß dieselbe Gegend verwüsteten. Br. 116.
Juventius Celsus rettet sich durch eine List unter Domitian das Leben. 67, 13.

K.

Kallist, Freygelassener und Vertrauter des Kaisers Caligula. 59, 19. kommt noch vor unter Claudius. 60, 3.

Kameelpardel (Giraffe) Beschreibung dieses Thieres. 43, 23.

Kandace, Königin von Aethiopien, fällt zu Augusts Zeiten in Aegypten ein. 54, 5.

Kardynische Gebirge (gewöhnlicher Gordyäische) 68, 26.

Karrä, Stadt in Mesopotamien, wohin sich Crassus nach einer verlornen Schlacht zurückzieht. 40, 25. — Karräer, Colonie der Macedonier. 37, 5.

Karthago (Alt=) von Cäsar einigermaßen wieder hergestellt. 43, 50. auch August führt eine Colonie dahin. 52, 43.

Karthago (Neu=) von Cn. Pompejus belagert. 43, 30. ingleichem von Sext. Pompejus. 45, 10.

Karthaginenser; harte Friedensbedingungen, die man ihnen am Ende des ersten Krieges macht. Br. 148. — Friedensunterhandlung und Endigung des zweyten Krieges. Br. 153—155.

Karthalo, karthaginens. Gesandter in Rom. Br. 152.

Katzen über den Weg laufend, bedeuten Unglück. 58, 5.

Kleander, Freygelassener des Commodus. Uebermuth desselben und Ermordung durch das Volk. 72, 12, 13.

Kleo=

I. Historisches Register.

Kleopatra. Königin von Aegypten. Ihre hohe Schönheit 42, 34. — Cäsar übergiebt ihr das Königreich, doch soll sie sich nach dem Tode des ältern Bruders Ptolemäus mit dem jüngern, gleiches Namens vermählen 42, 41. — kommt nach Rom und wohnt beym Cäsar, der sie auch für Bundsgenossin und Freundin des Römischen Volkes erklärt. 43, 27. — sie unterstützt den Dolabella, und erhält für ihren Sohn den Titel eines Königs von Aegypten 47, 31. — Anton zieht vor ihr im Triumph auf 49, 40. — giebt ihr den Namen einer Königin der Könige, und mehrere Provinzen. 49, 41. — ihr stolzes Betragen und Einbildung, Roms Königin zu werden. 50, 5. —, räth noch vor der Schlacht bey Actium dem Anton, mit ihr nach Aegypten zurückzugehen. 50, 15. — flieht in der Schlacht selbst zuerst. 50, 33. kommt als angebliche Siegerin nach Aegypten zurück, läßt viele Magnaten hinrichten, beraubt Tempel und Privatpersonen, vermehrt ihre Armee, und bewirbt sich um neue Bundsgenossen. 51, 5. — schickt dem August prächtige Geschenke zu, die er auch annimmt, und ihr alles Gute verspricht, wenn sie den Anton wolle umbringen lassen. K. 6. sie schickt noch zweymal Gesandte an ihn, und empfängt endlich auch am Freygelassenen Thyrsus einen Gegengesandten, der ihr Augusts Liebe gegen sie vorspiegeln muß. K. 8. — sie glaubt es, und liefert dem August den Hafen von Pelusium insgeheim in die Hände K. 9. — verleitet den Anton, der sich nach Spanien wenden will, nach Alexandrien zurückzukehren, wahrscheinlich in der Absicht, ihn hinrichten zu lassen. Sie läßt ihren Tod aussprengen, er fällt über diese Nachricht in sein eigenes Schwert, läßt sich, wie er hört, sie lebe noch, in ihr Kastell hinaufwinden, und stirbt in ihren Armen. K. 10. — sie-läßt dem August Antons Tod melden, und stellt sich, als ob sie sich und ihre Schätze verbrennen wolle, läßt sich aber durch einige Abgesandte Augusts berücken, aus ihrem Kastell in den gewöhnlichen Palast zurückzugehen. Hier wünscht sie den August selbst zu sprechen, und bietet bey seinem Besuche alle ihre Reize und Kunstgriffe auf; weil er ihr aber doch bey dem allen ziemlich kalt zu bleiben scheint, täuscht sie ihre Aufseher, und nimmt sich, entweder durch eine an den Arm gesetzte Natter, oder durch eine vergiftete Schmucknadel das Leben, und bleibt todt, obgleich August sogleich Giftsauger (Psyller) kommen läßt. K. 11—14. ihr Charakter K. 15. — wird mit Anton in Eine Gruft gelegt ebendas. und wenigstens im Bildnisse im Triumphe aufgeführt. 51, 21.

Kleopatra, der vorherstehenden Tochter, wird von August mit dem jüngern Juba vermählt. 51, 15.

Knaben; ihre Soldatenspiele bedeuten Krieg. 50, 8.

Köranus. Anhänger Plautians, wird nach dessen Falle verbannt, aber nach sieben Jahren zurückrückberufen, und ist der erste Aegyptier, der Consul in Rom wird. 76, 5.

Kolops, Fluß in Pannonien bey Siscia, vom Kaiser Tiber abgeleitet. 49, 37.

Korinth. hatte den Vorsitz in den Achäischen Bundsversammlungen. Br. 165. — von Cäsar aus ihren Ruinen erhoben, und mit Römischem Colonienrechte beschenkt. 43, 50. von Agrippa eingenommen. 50, 13.

Korokotta, berüchtigter Straßenräuber in Spanien. August setzt eine beträchtliche Belohnung auf seinen Kopf, und der Mann stellt sich selbst, um dieses Geld selbst zu verdienen, und erhält es. 56, 43.

Korokotta (auch Krokotta) Thier in Indien, vielleicht Hyäne. 76, 1.

Kos, Insel, hat einen Tempel des Aeskulap. 51, 8.

Kotys, König von Thracien 54, 20. dessen Sohn Rheskuporis. 54, 34.

Kotys von Caligula zum König von Klein-Armenien und einem Theile Arabiens gemacht. 59, 12.

Kreniden, Ort in Macedonien, wo mehrere Quellen sich vereinigen. 47, 35. (hernach Philippi, wo die Schlacht mit Brutus und Cassius vorfiel. Appian vom Bürgerkriege 4, 105.)

Ktesiphon Residenz der Könige von Persien 40, 14. von Trajan eingenommen 68, 28. ingleichem von Cassius, Feldherrn des Verus 71, 2. und von Sever. 75, 9.

L.

L.

Labeo. s Antistius.

T. Labienus. Ankläger des Rabirius über Saturnins Ermordung, der doch bereits vor sechs und dreyßig Jahren ermordet war. 37, 26. — besiegt als Unterfeldherr Cäsars in Gallien die Treverer. 40, 31. — tritt beym Anfange des Bürgerkrieges von Cäsar zu Pompejus über 41, 4. — macht dem Cäsar in Africa nicht wenig zu schaffen. 43, 2. — wendet sich nach Spanien zu dem jüngern Pompejus. 43, 30.

T. Labienus, des vorigen Sohn, vorher auf Brutus und Cassius Seite, verbindet sich mit den Parthern gegen die Römer 48, 24. — schlägt den Saxa. 25 — erobert Cilicien und viele Städte Asiens 26. — wird von Ventidius besiegt; verbirgt sich in Cilicien, wird aber in seinem Schlupfwinkel aufgefunden 39—41.

Lacedämonier, von August begünstigt, weil sie ehemals seiner Livia gute Aufnahme gewährt hatten 54, 7. Lykurgs Gesetze gelten bey ihnen noch zu Neros Zeiten 63, 14.

Lacetanier Spanische Völkerschaft. 45, 10. (Plinius 3, 3.)

Lälian Statthalter in Armenien unter Nero 61, 6.

Dec. Lälius, Statthalter in Libyen unter dem Triumvirat. 48, 21.

Aemil. Lätus, prätorischer Präfect unter Commodus. 72, 19. — macht einen Anschlag auf Com=

I. Historisches Register.

Commodus Leben. 72, 22. — trägt dem Pertinax die Kaiserwürde an. 73, 1. — verhetzt doch auch gegen diesen die Soldaten 73, 6. — bestimmt den Falco zum Kaiser 73, 8. — auf Didius Julians Befehl umgebracht. 73, 16.

Lätus, Feldherr des Sept. Sever. 75, 2. 3. 8. Lob desselben K. 9. auf des Kaisers Befehl aus Neid ums Leben gebracht. K. 10.

L. Lamia, Stadtpräfect unter Tiber 58, 19.

L. Lamia Aemilianus, muß seine Gemahlin Domitia, Corbulos Tochter an Domitian abtreten 66, 3.

Lampe, Stadt in Creta, von August für Freystadt erklärt 51, 2.

Lancia, Stadt in Spanien (Asturien) 53, 25.

Lappa, Stadt in Creta 36, 2.

Larginus Proculus, sagt in Deutschland Domitians Todestag voraus, und bestätigt dies dem Kaiser ins Angesicht 67, 16.

Lasthenes, ein Cretenser, von Metell gefangen genommen. 36, 2.

Lateran, Feldherr des Sept. Severus. 75, 2.

Latiarius, läßt sich von Sejan mißbrauchen, einen der würdigsten Männer (Sabin) auszulocken und unglücklich zu machen. 58, 1. (Tac. Ann. 4, 68. 6, 4.)

Laurentum, Stadt in Latium, auch Troja genannt. Vr. 3.

Leges. s. Gesetze und Leges im antiquar. Register.

Legionen. s. antiquar. Register.

Len-

Lentulus. (Cn. Cornel.) stimmt für Karthagos Zerstörung. Br. 156.

P. Lentulus, vorher schon einmal aus dem Senat gestoßen, nimmt als Prätor vorzüglichen Antheil an der Catilinarischen Verschwörung 37, 30. — ist aber nicht thätig genug 32. — will die Stadt in Brand setzen lassen K. 34. — wird auf Ciceros als damaligen Consuls Befehl mit Catos Zustimmung gefangen genommen und im Gefängniß umgebracht. K. 36.

P Lentulus Spinther, befördert Ciceros Zurückberufung aus dem Exil. 39, 6 hilft seinem Sohne auf Schleifwegen zum Augurat. 39, 17.

Lentulus Gätulicus, seit zehn Jahren Statthalter in Deutschland, auf Caligulas Befehl hingerichtet, weil er die Liebe der Armee besitzt. 59, 22.

Leo, Stadtpräfect unter Elagabal. 79, 14.

Lepidus. (M. Aemilius) Triumvir. Feldherr der Reiterey, und Consul mit Cäsar (708.) der ihm einen ganz unverdienten Triumph zuerkennt 43, 1. Statthalter im Narbonensischen Gallien, und dem diesseitigen Spanien 43, 51. — kommt nach Cäsars Ermordung mit seinen Soldaten in die Stadt, und spricht gegen Cäsars Mörder 44, 22. — sucht sich, weil er die Armee unter sich hat, zum Herrn Roms aufzuwerfen. 44, 34. — wird von M. Anton zum Pontifex Maximus gemacht. 44, 53. — ist in seinem Herzen Antons Freund, schickt ihm auch bey Modena Verstärkung zu. 46, 38. —

tritt

I. Historisches Register.

tritt nach langer Verstellung auf die Nachricht, daß Anton und Octavian sich vereinigt, beyden bey. K. 50. 51. — verbindet sich mit ihnen zu förmlichem Triumvirat. K. 55. 56. — wird Consul (712.) 47, 16. — sieht sich von den zweyen andern Triumvirn zurückgesetzt 48, 1. 2. 4. — doch giebt ihm, weil er seine Unzufriedenheit darüber bezeugt, Octavian die Statthalterschaft in Africa (Libyen) 48, 20. — kommt dem Octavian gegen Sext. Pompejus zu Hülfe, weil er sich aber blos als Unterfeldherr behandelt sieht, tritt er mit S. Pompejus in geheime Unterhandlung 49, 8. — nach Sextus Besiegung verlangt er Sicilien, und nimmt von Messana Besitz, Octavian geht ihm nach, die Soldaten verlassen ihn, er sieht sich genöthigt, sich an Octavian zu ergeben, wird aller seiner Gewalt, das Pontificat ausgenommen, entsetzt, und erhält Erlaubniß, in Italien, doch nicht ohne Wache, zu privatisieren 49, 11. 12. — muß auf Augusts Befehl nach Rom ziehen, wo er auf seine alten Tage sich mehr als Einen Hohn und Spott gefallen lassen muß 54, 17. stirbt 54, 27.

Lepidus, des Triumvirs Sohn, conspirirt gegen August 54, 15.

M. Lepidus. Feldherr unter Tiber und Germanicus gegen die Dalmater 56, 12. (Vell. Paterc. 2, 114. 115.)

M. Lepidus, Gemahl Drusillens, der Schwester Caligulas, und Nebenbuhler des Kaisers bey
Agrip-

Agrippinen und Livillen, wird hernach hingerichtet 59, 11. 22. (Sueton Caligula 36.)

Liburner, Jllyrische Nation 49, 34.

Licinius, Statthalter in Gallien unter August, drückt die Provinz sehr, August untersucht bey seiner Gegenwart die Beschwerden gegen ihn, läßt sich aber doch von ihm hintergehen 54, 21.

O. Licinius Nerva, nimmt sich der Sclaven gegen ihre Herren an, tritt aber bald zurück, weil er die üblen Folgen bemerkt. Fr. 101.

C. Licinius Stolo, der erste Magister Equitum aus dem gemeinen Volke. Fr. 33. (Liv. 6, 39.) -

Liger, Fluß in Gallien 39, 40.

Ligurier, Bewohner der Seeküste von Tyrrhenien bis an die Alpen und Gallien hin. Fr. 7. unbilliger Friedensbruch mit ihnen. Fr. 45. (wo doch richtiger Corsen zu lesen sind. Fabriz Note.) Ligures Comati, Bewohner der am Meere hin liegenden Alpen, von August bezwungen 54, 24.

Liparenser, werden, weil sie es mit Sextus Pompejus gehalten, von Octavian nach Campanien verpflanzt 48, 48.

Livia. Im Bürgerkriege froh, mit ihrem damaligen Gemahl Domitius Nero, und Sohne Tiberius dem August entrinnen zu können 48, 15. — wird nachher Gemahlin Augusts selbst 48, 44. — dieser läßt ihr und seiner Schwester Octavien Standbilder errichten, entbindet sie von curatorischer Pflege, und giebt ihr das Recht der Unverletzbarkeit, wie den Volkstribunen

I. Historisches Register. 161

nen 49, 38. — kommt bey Marcells Tode in üblen Verdacht, weil er ihren Söhnen Drusus und Tiber vorgezogen zu seyn schien 53, 33. — und bey Augusts Tode selbst, weil er den Agrippa Postumus wieder zu begünstigen schien 56, 30. — erhält auch die Namen Julia (als adoptirt in die Julische Familie) und Augusta 56, 46. — ihr Stolz und Anmaßung der Regierungsgeschäfte unter Tiber, der sie aber blos auf häusliche Geschäfte einschränkt 57, 12. — stirbt in ihrem sechs und achtzigsten Jahre, Tiber läßt ihr den gewöhnlichen Leichenpomp halten, sonst aber alle ihr zugedachte Ehre verbieten 58, 2. — erst Claudius, ihr Enkel, läßt sie für Göttin erklären 60, 5. im Ganzen war sie immer eine edle Frau, die in Rom viel Gutes stiftete 58, 2.

Livilla, Antoniens Tochter, Gemahlin des jüngern Drusus (Tibers Sohnes) hält es mit Sejan, auf dessen Anstiften sie ihren Gemahl vergiftet 57, 22. — aber sie wird, sobald es Tiber erfährt, hingerichtet 58, 11.

Livilla, die jüngere, Caligulas Schwester und Liebschaft, wird doch nachher nebst ihrer Schwester Agrippinen in die Insel Pontia verwiesen 59, 22. — heißt auch Julia (wie sich aus Münzen erweisen läßt) 60, 4.

Locusta, s. Lucusta.

Lokrenser. Schatz der Proserpina bey ihnen, von Pyrrhus geplündert. Br. 42. — imgleichen von der Armee des Scipio Africanus gemißhandelt. Br. 64. (Livius 29, 8. 9. 16. 17.)

Dio Cass. 5. B.   L   Lo-

Lollia Paulina, eine von den Gemahlinnen des Caligula 59, 12. — von Agrippinen unter Claudius hingemordet 60, 32.

Lollius, Consul ohne Collegen 54, 6. besiegt die Besser 54, 20. (s. doch Fabriz Note.) wird als Statthalter Galliens von den Deutschen besiegt. ebendas.

Longin, Unterfeldherr Trajans. Decebal lockt ihn zu einer freundschaftlichen Unterredung zu sich, um ihm Trajans Operationsplan abzufragen, und will ihn dann nicht anders, als auf Bedingungen, die der Kaiser nicht eingehen kann, loslassen; aber der Mann rettet durch freywillig genommenes Gift den Trajan aus der Verlegenheit, seinen General mit Resignation auf andere Vortheile zu lösen 68, 12.

Lucan, der Dichter. Nero legt ihm das Handwerk 62, 29. (läßt ihn, wie andere erzählen, als Theilnehmer der Pisonischen Verschwörung hinrichten.)

Lucianus Proclus, ein alter Senator unter Domitian, artige Erfindung desselben, sein Leben auf seinen Landgütern beschließen zu können 67, 11.

Lucilla, Mark Aurels Tochter mit L. Verus vermählt 71, 1. — dann mit Claudius Pompejanus. Reimar zu 71, 3. — weil sie ihn aber nicht leiden kann, so hält sie es mit einem andern gleiches Namens, den sie zu einem Anschlage auf Commodus Leben verleitet, aber nebst ihm selbst hingerichtet wird 72, 4.

I. Historisches Register.

Lucius Cäsar, s. Agrippa.
Lucretia, Collatins Gemahlin, ersticht sich selbst. Br. 24.
Q. Lucretius Ofella. s. Ofella.
L. Lucullus. Erbaut der Glückseligkeitsgöttin (Felicitas) einen Tempel von der Beute des Spanischen Krieges. Br. 81. — Besieger des Mithridates und Tigranes. Br. 178. — nimmt Tigranocerta ein, wird aber absichtlicher Zögerung beschuldigt 35, 2. — greift dann zwar an, verliert aber viel Volk 35, 5. — erobert Nisibis 6. 7. — während der Zeit nehmen aber auch Tigranes und Mithridates viele Städte Armeniens in Besitz 35, 8. 9. — die Armee wird endlich schwierig, und verläßt ihn; Haupturfachen sind seine Unfreundlichkeit und Strenge gegen die Soldaten. K. 14—16 widersetzt sich den ehrgeitzigen Absichten des Pompejus 37, 49. — stiftet einen Meuchelmörder gegen Cäsar und Pompejus an 38, 9.
L. Lucullus. Prätor urbanus, schlägt die Stätthalterschaft von Sardinien aus, der Consul Acilius läßt ihm seinen Curulsessel zerschlagen, er spricht also stehend Recht 36, 24.
Lucusta, Giftmischerin, wird zu Vergiftung des Kaisers Claudius gebraucht 60, 34. unter Galba hingerichtet 64, 3.
Lugdunum, (Lyon) Erbauung 46, 50. — Altar Augusts daselbst, bey dem noch zu Dios. Zeiten Feyerlichkeiten begangen wurden 54, 32.

Lupia, Fluß. (Lippe) 54, 33.

Lupus, Feldherr Sept. Severs in Britannien 75, 7.

M. Lurius, Statthalter in Sarbinien unter dem Triumvirate 48, 30.

Lusius Quietus. Feldherr unter Trajan aus Mauritanien gebürtig, und kleiner Fürst daselbst. Geht zu den Römern als Freywilliger über, und hält sich sehr tapfer im Dacischen Kriege 68, 8. — auch bey den Eroberungen Trajans im Orient, den er nach einer Empörung zum Theil von neuem in Ruf setzt 68, 30. — imgleichen gegen die rebellirenden Juden. K. 32. — wird Consul, und dann Statthalter in Paläſtina, aber von Hadrian bey Antritt der Regierung wahrscheinlich blos aus Eifersucht hingerichtet 69, 2.

Lutorius Priscus, ein Ritter, hatte auf Germanicus Tod ein vortrefliches Gedicht gemacht, und wird, weil er bey Drusus Krankheit ein ähnliches im Voraus fertig hat, vom Senat zum Tode verurtheilt 57, 20. (Tacit. Ann. 3, 49.)

Lykaonien, ein Theil davon zu Galatien geschlagen 49, 32. zur Römischen Provinz gemacht 53, 26.

Lycien und **Pamphylien** werden unter Kaiser Claudius zusammengeschlagen 60, 17.

Lycier, weigern sich, auf Brutus und Cassius Seite zu treten, werden aber vom erſten bezwungen 47, 34. — bringen bey einem Bürgerkriege

I. Historisches Register.

kriege unter sich selbst einige Römer um, werden also als Sclaven verkauft, und ihr Land zu Pamphylien geschlagen 60, 17.

Lygier, bewohnten den größten Theil des jetzigen Schlesiens, und einige Palatinate Pohlens. (Mannert Germanien S. 436.) 67, 5.

Lykamedes, König über einen Theil des cappadocischen Pontus. August nimmt ihm das Reich 51, 2.

Lyon, s. Lugdunum.

Lysanias, König des Ityräischen Arabiens, von Anton dazu ernannt, aber auch nachher auf dessen Befehl ermordet 49, 32.

M.

Macäer, Dalmatische Völkerschaft von Germanicus besiegt 55, 34.

Macedonien, fällt bey Theilung der Provinzen zwischen August, und dem Senat dem letztern zu. 53, 12. — war unter Tiber kaiserlich geworden, Claudius macht es aber wieder zur Volksprovinz. 60, 24. (Sueton Claud. 25.)

Macella, kleines Städtchen in Sicilien. Br. 104.

Machares. Mithridats Sohn, auf des Vaters Befehl umgebracht. 36, 33.

Machelonen. Anchialus König derselben und der Heniochen (beyde am Pontus Euxinus) 68, 19.

Macrin, Kaiser, aus Mauritanien — von ganz unbekannten Eltern gebohren 78, 11. 27. — Plautian findet Geschmack an ihm, vertraut

ihm

ihm die Besorgung seiner Privatgeschäfte und Kapitalien an, er bekommt hernach von Sept. Sever das Postwesen auf der Flaminischen Straße übertragen, Caracall giebt ihm einige Rechnungsämter, und macht ihn hernach zum prätorischen Präfect. 78, 11. — weil aber ein Wahrsager ihn als künftigen Nachfolger Caracalls genannt, und er sich deßhalb nicht sicher glaubt, verbindet er sich mit einigen Tribunen der Leibwache, und läßt den Caracall umbringen. 78, 4. 5. — durch Versprechungen gewinnt er die Soldaten, daß sie ihn als Kaiser anerkennen. 78, 11. — verspricht dem Senat alles Gute, erhebt aber oft die schlechtesten Leute zu den wichtigsten Aemtern, läßt auch mehr als Einen hinrichten, und fängt nach und nach an, sich der Schwelgerey zu ergeben. 13—15. anfangs war man im Taumel der Freude über Caracalls Ermordung mit ihm zufrieden, aber die Hinrichtung des Senators Aurelian, die Ernennung seines Sohnes Diadumenian als Cäsar, und die Annahme des Namens Antonin machen ihn bald verhaßt. K. 19. — er bekommt Krieg mit Artaban, König der Parther, der sich wegen der unter Caracall (K. 1.) geschehenen Plünderung seines Landes an den Römern zu rächen sucht, der Kaiser verliert eine Schlacht gegen ihn, und ist froh, Frieden machen zu können. K. 26. 27. — Vergleich mit Teridat, König von Armenien. 27.— am meisten schadet ihm die bereits unter seinen Vorgängern eingerissene schlechte Mannszucht,

und

I. Historisches Register.

und der Empörungsgeist der Soldaten. 28. — ein gewisser Eutychian macht sich diese Stimmung der Soldaten zu Nutze, und stellt den Knaben Elagabal als Gegenkaiser auf 31. — Julian, den Macrin gegen die Empörer schickt, muß fliehen, und seine Armee geht zu jenen über 32. — Macrin erscheint nun selbst, und verspricht den Soldaten ansehnliche Geschenke, aber der Rest der Armee in Syrien verläßt ihn auch 34. — in der endlich entscheidenden Schlacht flieht er selbst zur Unzeit. 38. — verkleidet sich, und will nach Rom hin, wird aber in Chalcedon ergriffen und niedergemacht. 78, 39. 40.

Macro (Nävius Sertorius) Nachfolger Sejans in der Würde eines prätorischen Präfects. 58, 9. 12. — hält sich schon bey Tibers Zeiten an Caligula, und führt ihn bey seiner Gemahlin selbst ein 58, 28. — wird auf Befehl desselben hingerichtet. 59, 10.

Mäaten, zweyte größere Völkerschaft der Britten nebst den Caledoniern, wohnten zunächst an der Mauer, die mitten durch die Insel gieng 76, 12. — fallen im Bürgerkriege zwischen Sept. Sever und Albin ab, und man muß den Frieden von ihnen erkaufen 75, 7.

Mäcenas, Römischer Ritter, durch dessen Hände in Rom und Italien, während August noch Kriege zu führen hatte, alles gieng 49, 16. — räth August, die Monarchie beyzubehalten 52, 14—40. — seine Gemahlin Terentia ist auch nach Augusts Geschmack 54, 19. — braucht warme Schwimmbäder, ist Erfinder gewisser Buchstaben und Zeichen zu Beförderung des Geschwindschreibens, sein Tod und Lob 55, 7.

Mäsa s. Julia.

Makennitis, Landschaft an Niedermauritanien grenzend, darin der Berg Atlas 75, 13.

Malchus, kleiner Nabatäischer König 48, 41. 49, 32.

Mallius, (sonst Manlius) Consul (649.) hatte im Kommando gegen die Cimbrer an Servilius Cäpio einen eifersüchtigen Collegen. Br. 98. 99.

C. Mallius, (bey andern Manlius) Catilinas Mitverschworner, guter Soldat 37, 30. (Cicero Catil. 2. 9.)

Mallius Lentinus, besiegt die Allobroger 37, 47. 48.

Mallus, Stadt in Cilicien, Orakel des Amphilochus daselbst 72, 7.

Mamäa. s. Julia.

Mamercus Aemil. Scaurus. s. Aemilius.

Mamerten, (Mamers, Mars.) tapfere Helden. Br. 11. (Polybius 1, 7. Diodor Sic. 21. Ekloge 13. und das. Wesseling.)

Manaitis. s. Anaitis.

Mancinus, verliert eine Schlacht gegen die Numantiner, und die Römer liefern ihn selbst an sie aus. Br. 164.

Manilius, Volkstribun, bringt in Vorschlag, den Freygelassenen gleiches Stimmrecht mit ihren Herren zu geben. (geht aber nicht durch, vergl.

I. Historisches Register.

vergl. Asconius zu Ciceros Milon. 8.) 36, 25. — und dann, dem Pompejus das Oberkommando zu übertragen. ebendas.

Manilius, Staatsfekretär des Gegenkaisers Abidius Cassius unter Mark Aurel 72, 7.

Manilius Präfectus Annonä unter Caracall 78, 21.

Manisarus, vermuthlich Prinz aus Parthischem Königsstamme unter Trajan 68, 22.

M. Manlius Capitolinus, zum Tode verurtheilt, und sein Haus niedergerissen. Br. 31.

P. Manlius, Dictator. Br. 33. 34. (Livius 16, 40. 42.)

T. Manlius Torquatus, streng gegen seinen Sohn, sonst ein treflicher Mann. Br. 34.

Mannus, König eines Theils von Arabien unter Trajan 68, 21. 22.

Marcellin, Consul (698.) widersetzt sich dem Pompejus und Crassus bey Bewerbung ums Consulat 39, 27.

M. Claud. Marcellus, zu den Zeiten des zweyten Punischen Krieges. Sein edler Charakter. Br. 51. — seine gegen die Nolaner gebrauchte Klugheit. Br. 52. (Livius 23, 15.)

M. Claud. Marcellus, ein guter Redner 40, 58. — Anhänger des Pompejus, sucht als Consul (703.) den Cäsar zu stürzen. K. 59. — ist besonders heftig gegen Curio, und weil er seinen Endzweck nicht erreicht, eilt er zu Pompejus vor die Stadt hinaus, und überträgt ihm eigenmächtig zwey Legionen. K. 64. 65.

M. Marcellus Aeserninus, von der Armee in Spanien gegen den eigentlichen Statthalter aufgefordert, hält sich listig bis zur Pharsalischen Schlacht neutral 42, 15. 16. weßhalb ihn Cäsar selbst schätzt. K. 16.

M. Marcellus, Augusts Schwestersohn, war anfangs mit Sext. Pompejus Tochter verlobt 48, 38. — August giebt ihm hernach seine Tochter Julien zur Gemahlin, und Prätorenrang 53, 28. — hat einen heimlichen Groll auf Agrippa, weil August bey seiner Krankheit diesem den Siegelring gegeben, wird aber bald nachher krank, und stirbt — weßhalb man Verdacht auf Livien hat. — Ehrenbezeigungen, die ihm August nach seinem Tode erweisen läßt 53, 31—33.

Cl. Marcellus, bezwingt unter August die Besser (Thracische Nation.) 54, 20.

Marcellus (Eprius) verschwört sich wider Vespasian, wird aber entdeckt, und schneidet sich selbst die Kehle ab 66, 16.

Marcellus (Varius) aus Syrien, kaiserlicher Procurator, dann Senator, Gemahl der Julia Soämis, Vater des Kaisers Elagabal 73, 30, 34.

Marcellus, (Ulpius) tapferer Feldherr unter Commodus 72, 8.

Marcia, begünstigt die Christen unter Commodus, gilt viel bey ihm, befördert aber seinen Tod mit 72, 4. 13. — wird unter Did. Julian hingerichtet 73, 16.

Marcianus. s. Gessius.

Q. Marcius Rex. Consul (686.) dann Statthalter in Cilicien, unterstützt den Lucull nicht,

seiner

I. Historisches Register.

seiner Pflicht gemäß 35, 17. — setzt seinen Schwager Clodius über die Flotte. ebendas.— muß dem Pompejus die Provinz vor der gewöhnlichen Zeit abtreten 36, 26. und dann auch die Armee abgeben 36, 31.

L. Marcius Philippus. Augusts Stiefvater 45, 1.

Marcius Agrippa. Statthalter in Pannonien und Dacien unter Macrin, vorher Sclav, und nach unserer Art Friseur 78, 13.

Marius, schlechter Charakter. Br. 94. 95. sein glücklicher Krieg gegen die Cimbrer. Br. 102. — weiß sich nun auch bey den Patriciern einzuschmeicheln. ebendas. — Grausamkeiten desselben bey der Rückkehr aus der Verbannung. Br. 119.

Marius, des vorigen Sohn, nicht weniger grausam als der Vater. Br. 120.

L. Marius. Feldherr im Kriege gegen die Allobroger (693.) 37, 48.

Marius Marimus, Stadtpräfect unter Macrin 78, 14. 16. 79, 2.

Marius Secundus. Senator, wird, weil er seinem Wohlthäter Macrin treu bleibt, von der obsiegenden Partey Elagabals hingemordet. 78, 35.

Markomannen, unglücklicher Krieg Domitians gegen sie 67, 7. — Krieg mit Mark Aurel. 71, 3. — Friede mit ihnen 71, 15. — sollen keine Verbindung mit den Quaden haben, sich acht und dreyßig Stadien von der Donau entfernt hal-

halten, und ihren Handelsverkehr nur an bestimmten Orten und Tagen treiben. 71, 11. 18. machen mit Commodus Friede. 72, 2.

Marseille, von Cäsar belagert. 41, 19. ergiebt sich nach langer Gegenwehr. K. 25.

Martialius (Jul.) Evocat, stößt den Caracall mit einem Dolche nieder 78, 5. 18.

Martius Verus. Feldherr unter Mark Aurel. Bruchst. hinter B. 71, 2. ingl. 71, 14 23.

Masinissa. sein Lob. Br. 60.

Masyus König der Semnonen (Sarmaten) unter Domitian. 67, 5.

Maternianus (Flav.) kommt als militärischer Befehlshaber unter Caracall vor 78, 4. auf Macrins Befehl hingerichtet. 78, 15.

Maulesekin, bringt Junge zur Welt. 64, 1. (war bey den Alten Sprichwort, um etwas Unmögliches auszudrücken — mehrere Beyspiele in Reimars Note.)

Mauren, werden unter Kaiser Claudius von Suetonius Paulinus und Hosidius Geta besiegt. 60, 9. durchstechen sich die Ohren. 78, 11

Mauritanien, unter Claudius in zwey Provinzen, Tingitana und Cäsariensis eingetheilt, deren jede einen Römischen Ritter zum Statthalter erhält. 60, 9.

L. Maximus, Feldherr Domitians gegen Anton, der sich als Statthalter in Deutschland empörte 67, 11. — hält sich auch tapfer in Dacien unter Trajan 68, 9. und in Parthien 68, 30. wo er auch stirbt. ebendas.

Ma.

I. Historisches Register. 173

Mazäer, Dalmatische Völkerschaft, von Germanicus bezwungen. 55, 32.

Mebarsares, König in Adiabene unter Trajan. 68, 22.

Medeus. August giebt ihm einen Theil des cappadocischen Pontus, den vorher Lykomed besessen hatte. 51, 2.

Meer, rothes, woher es seinen Namen habe. 68, 28.

Megara, von Calenus im zweyten Bürgerkriege erobert. 42, 14.

Melitene, Distrikt in Cappadocien. 71, 9.

Memmius Regulus, muß seine Gemahlin an Caligula abtreten. 59, 12.

Menapier, Gallisches Volk, Grenznachbarn der Moriner, von Cäsar bezwungen. 39, 44.

Menas, Freygelassener des Sextus Pompejus, hält sich tapfer in Etrurien und Sicilien. 48, 30. — kommt bey Pompejus in den Verdacht der Treulosigkeit, läßt die an ihn gesandten Deputirten umbringen, und ergiebt sich und Flotte an Octavian 48, 45. — dieser weigert sich ihn auszuliefern, macht ihn vielmehr zum Ritter. ebendas. — geht, weil er dem Sabin untergeordnet ist, wieder zu Pompejus über 48, 54 — und wieder zu Octavian 49, 1. — bleibt in einem Treffen gegen die Pannonier. 49, 37.

Menekrates an Menas Stelle von Sext. Pompejus zum Admiral gemacht, fällt in Campanien

nien ein, bleibt aber bald darauf in einem Seetreffen. 48, 46.

Menekrates (nach Reimars Verbesserung) berühmter Harfenschläger unter Nero. 63, 1.

Menenius, Feldherr. Br. 26. (Livius 2, 52.)

Mensch ohne Arme, aus Indien, aber sehr künstlich. 54, 9.

Merder, Thracische Völkerschaft. 51, 25.

Mesapygien (richtiger Messapien) alter Name von Calabrien. Br. 8. 9.

Mesene, eine vom Tigris gebildete Insel. König derselben Athambil unter Trajan. 68, 28.

Mesomedes, Harfenschläger (unter Hadrian oder M. Aurel) dem Caracall ein Cenotaph errichten läßt. 77, 13.

Mesopotamien. Griechische Colonien darin. 40, 13. von Crassus eingenommen und verwüstet. 40, 12. — geht aber wieder verloren. 13. — von Trajan erobert 68, 22. — von den Parthern. 75, 9. 78, 26.

M. Val. Messala Corvinus, steht mit auf der Liste der Verbannten, unter dem Triumvirate, bleibt dennoch am Leben 47, 11. geht zu Brutus und Cassius, und ist des letztern vertrauter Freund 47, 24. — dem ungeachtet macht ihn Octavian zum Augur 49, 16. und Consul 50, 10.

Messalina. Gemahlin des Kaisers Claudius, ist eifersüchtig auf Julien, Nichte des Kaisers, die er wohl leiden konnte, bringt es dahin, daß sie aus der Stadt verwiesen wird, und läßt sie hernach umbringen 60, o. — ist Schuld an
des

I. Historisches Register. 175

des würdigen Appius Silanus Tode, der in ihren Liebesantrag nicht eingehen will 60, 14. begeht, besonders nach Entdeckung einer Verschwörung wider den Kaiser die schreyendsten Ungerechtigkeiten. K. 15. — verkauft Bürgerrecht, Aemter, Statthaltereyen. K. 17. — ist nicht nur selbst das unzüchtigste Weib, sondern macht auch den Pallast zum öffentlichen Bordel. K. 18. 31. — läßt ihrem vorzüglich begünstigten Liebhaber eherne Bildsäulen errichten. K. 22. 27. — vermählt sich förmlich mit C. Silius, wird aber von Narciß verrathen, und hingerichtet. K. 31.

Messana, Stadt in Sicilien 48, 17.

Messapien, (nicht Messapygien) später Salentien und Calabrien. Br. 8. 9.

Metellus Pius. Veranlassung dieses Beynamens. Br. 108. tritt zu Sylla über. Br. 132.

Metellus Creticus. Besiegung der Cretenser. Br. 178. besonders 36, 1.

L. Metellus, stirbt als Consul (686.) 35, 4.

Q. Metellus Celer. Unterfeldherr des Pompejus im Mithridatischen Kriege 36, 37. rettet den Rabirius durch Abhebung der Fahne vom Janiculum 37, 27. - Prätor 37, 32. — kommandirt nebst M. Anton die Armee wider Catilina 37, 39. widersetzt sich dem Clodius bey Bewerbung um das Volkstribunat 37, 51. ingleichem der Lex agraria Cäsars 38, 7.

Q. Metellus Nepos (des vorherstehenden Bruder) sucht dem Cicero darüber, daß er Bürger

hin-

hinrichten laſſen, Händel zu machen. 37, 42. — trägt auf Pompejus Zurückberufung an, findet aber an Cato und Minucius heftigen Widerſtand, worauf er zu Pompejus ſelbſt hingeht. 37, 41. — erſt Ciceros Feind 39, 6. befördert doch hernach vorzüglich deſſen Rückkehr. 39, 8.

Metellus Numidicus. Kabalen des Marius gegen ihn. Br. 95. — nöthigt den Jugurtha, harte Bedingungen einzugehen. Br. 167. — ſein Sohn verwendet ſich für ihn. Br. 132.

Methona, Grenzſtadt zwiſchen Macedonien und Theſſalonien von Agrippa eingenommen. 50, 11.

Metius Pompoſianus. Man trug ſich mit der Sage, daß er einmal Kaiſer werden würde: Veſpaſian läßt ihn deßhalb immer leben, Domitian aber hinrichten. 67, 12. (Suet. 10. u. 20.)

Metrophanes wird von Pompejus an Mithridates geſandt, um ihm, wo möglich, zum Frieden zu rathen. 36, 28.

Metropolis, Stadt in Theſſalien, von Cäſar eingenommen. 41, 51.

Metulum, Hauptſtadt der Japyden. 49, 35.

Midajum, Stadt in Phrygien. 49, 18.

Milo, Volkstribun, betreibt vorzüglich die Zurückberufung Ciceros aus dem Exil 39, 6. — bringt den Clodius auf der Heerſtraße um 40, 40. (wobey doch Dio etwas parteyiſch für Clodius iſt.) fährt dennoch fort, ſich ums Conſulat zu bewerben. K. 49. — wird aus der Stadt verwieſen. K. 53. 54. — iſt der einzige, den Cäſar nicht aus der Verbannung zurückkommen läßt

I. Historisches Register.

läßt: 41, 36. — fängt während der Zeit, da Cäsar gegen Pompejus zu Felde steht, Unruhen in Campanien an, bey denen er aber auch das Leben verliert. 42, 22—25.

Minucius Rufus, als Magister Equitum seinem Dictator (Fabius Cunctator) gleich gesetzt. Br. 48.

Minucius, Feldherr, unglücklich gegen die Aequier. Br. 140.

Mithra, Nationalgottheit der Perser. 63, 5.

Mithridates, läßt in einer Nacht alle Römer in Asien hinmorden. Br. 115. — läßt es an seiner Seite an nichts ermangeln, mit den Römern in gutem Verhältnisse zu stehen. Br. 170. 171 — Friede mit ihm unter Sylla Br. 173—176. — der ihn auch mit Ariobarzanes und Nikomedes aus einander setzt. Br. 173. — doch er verbindet sich vom neuen mit Tigranes und Arsaces wider die Römer 35, 1. — hat mehr als Ein Gefecht mit den Römern: mit Fabius K. 9. mit Triarius K. 10. wird in dem einen durch einen Stein K. 9. in dem andern durch einen Römer meuchlerisch verwundet K. 13. erobert viele Gegenden. K. 9. neues glückliches Gefecht gegen Triarius K. 12. — Feldzug des Pompejus gegen ihn, in dem seine Armee rebelliert. 36, 28. — sucht ein Treffen zu vermeiden, muß sich aber endlich einlassen, wird besiegt und flieht K. 30—32. will zu seinem Schwiegersohne Tigranes flüchten, wird aber nicht aufgenommen, und geht nach Kolchis und dem

I. Historisches Register.

Bosporus. K. 33. — läßt seinen Sohn Machares umbringen. ebendas. — hat noch den kühnen Gedanken, durch Scythien zu gehen, und selbst in Italien einrücken zu wollen 37, 11. — aber auch seine treuesten Anhänger fallen von ihm ab, er wird tückisch, läßt jeden, dem er nicht traut, selbst mehrere seiner Kinder umbringen 37, 11. 12. — sein Sohn Pharnaces will ihn nun heimlich aus der Welt schaffen, es wird verrathen, der Vater zieht ihm entgegen, alles verläßt ihn, selbst der genommene Giftbecher thut seine Wirkung nicht, er stößt sich also das Schwert in die Brust, und die Wunde ist nicht tödtlich, bis er endlich von den Soldaten seines Sohnes völlig niedergemacht wird. 37, 13. 14.

Mithridates der Meder, Schwiegersohn des Tigranes, steht dem Pontischen gegen die Römer bey 35, 14. wird von Orodes aus Medien vertrieben. 39, 56.

Mithridates von Pergamus, nimmt für Cäsar im Alexandrinischen Kriege Pelusium ein 42, 41. bekommt dafür von Cäsar Galatien und den Bosporus. 42, 48.

Mithridates von Kommagene, von August zum König gemacht. 54, 9. vergl. 52, 43.

Mithridates von Iberien, unter Tiber in Fesseln nach Rom gebracht, von Claudius aber entlassen. 58, 26.

Mithridates, wahrscheinlich des vorigen Sohn, wird König in Armenien. ebendas.

Mne-

I. Historisches Register.

Mnester, Pantomim unter Kaiser Claudius, Liebschaft Messalinens. 60, 22. 28. hingerichtet 31. (Sueton 36.)

Mona, Insel. (Anglesey) 62, 7.

Monäses, Parthischer Magnat, geht zu Anton über 49, 23. der ihm den ganzen Parthischen Krieg überträgt. 24. — er geht aber bald nach Persien zurück. ebendas.

Monäses, König von Parthien unter Nero. 62, 20.

Monarchie, mit republikanischer Regierungsform verglichen. 52, 2—13.

Mondfinsterniß, Bedingungen, unter denen sie eintreten können. 60, 26.

Monobazus, König von Adiabene unter Nero. 62, 20.

Jul. Montanus, ein Senator, empfängt den Nero einmal bey seinen nächtlichen Streifereyen mit einer Tracht Schläge, büßt aber dafür mit dem Leben. 61, 9.

Moriner, Gallische Nation von Cäsar besiegt 39, 44. empören sich, werden aber von C. Carrinas bezwungen. 51, 21.

Mucian, betreibt vorzüglich die Ernennung Vespasians zum Kaiser, in guter Hoffnung, künftig Theilnehmer an der Regierung zu werden. 65, 8. — geht mit der Armee voraus, kommt aber, nachdem Cerealis und Antonius Primus die Stadt schon eingenommen, an, macht die nöthigsten Einrichtungen, und läßt den jungen Domitian im Namen des Vaters eine Rede an an das Volk halten. K. 9. 22. spielt vor Vespasians Ankunft den wichtigen Mann. 66, 2.

L. Mummius Censor mit Scipio Africanus dem jüngern. Br. 81.

L. Munatius Plancus, wird von Brutus und Octavian gegen Anton aufgeboten. 46, 29. verläßt den Brutus 46, 53. — Consul (712.) 47, 16. — Anton überträgt ihm Asien 48, 24. — geht von Antons Partei ab. 50, 3. — Untercensor unter August 54, 1.

T. Munatius Plancus, Volkstribun, hetzt das Volk nach Clodius Ermordung auf. 40, 49. — wird deßwegen, ungeachtet ihn Pompejus in Schutz nimmt, von Cicero gerichtlich angeklagt. 40, 55.

Munda, Stadt in Spanien, von Cäsar erobert. 43, 39.

Muränen. s. antiquar. Register.

Licin. Murena, unbescheiden gegen August und Theilnehmer der Verschwörung gegen ihn. 54, 1.

Musa, (Antonius) s. Antonius.

Museum Alexandrinum, von Caracall niedergerissen. 77, 23.

Musonius, Philosoph, unter Nero bey Gelegenheit der Pisonischen Verschwörung aus der Stadt verwiesen. 62, 27. — unter Vespasian ist er der einzige, dem der Kaiser in der Stadt zu bleiben erlaubt. 66, 13. (Fabriz Bibl. Gräca Band 2. S. 406.)

Mylä, Stadt in Sicilien. 48, 17.

Mylassa, Stadt in Asien (Carien) 48, 26.

I. Historisches Register. 181

Myndas, Stadt in Carien. 47, 33.
Myrus, Stadt in Lycien, ergiebt sich an Brutus. 47, 34.
Mysien. Lage des Landes 51, 22. — spätere 51, 27. — wird von M. Crassus unter August unterjocht. 51, 25.

N.

Naphtha, Erdharz. Fr. 178. Br. 75. K. 11.
Narbonenser, älterer Name Bebryker Fr. 6.
Narbonensische Gallien, fiel bey der Theilung der Provinzen zwischen August und dem Senat dem erstern zu, ward aber noch bey Lebzeiten desselben vertauscht. 53, 12. 54, 4.
Narciß, Freygelassener des Kaisers Claudius, verleitet denselben zu Grausamkeiten 60, 14. — war geheimer Schreiber des Kaisers. 60, 31. — Unverschämtheit desselben. K. 33. — wird nach Claudius Vergiftung auch hingerichtet, und hinterläßt zwanzig Millionen. K. 34.
Narciß, Neros Freygelassener, unter Galba hingerichtet. 64, 3.
Narciß, handfester Athlet, muß den Kaiser Commodus im Bade ersticken. 72, 22. — auf Sept. Severs Befehl wilden Thieren vorgeworfen. 73, 16.
Naristen, gehen zu den Römern über, und erhalten Ländereyen 71, 21. (Mannert Germanien S. 466. setzt sie in die Gegend des Fichtelberges, und einen Theil der nördlichen Oberpfalz.)

Nashorn, bey Augusts Triumph über Aegypten zuerst in Rom gesehen. 51, 22.

Neapolis, Stadt in Macedonien an der See, der Insel Thasus gegenüber 47, 35.

Nero. Sohn des Domitius Aenobarbus von Agrippinen — von Kaiser Claudius adoptirt und zum Eidam angenommen. 60, 32. — unterdrückt des Claudius Testament. 61, 1. — läßt sich anfangs, um seinen Vergnügungen ungestörter nachzugehen, von Agrippinen, dann von Burrus und Seneca gängeln. K. 3. 4. — fühlt sich dann selbst, wird Verschwender, und um seinen Aufwand bestreiten zu können — Tyrann. K. 5. — findet besonders Vergnügen am Wettfahren K. 6. — läßt den Britannicus durch Gift hinrichten K. 7. schweift bey Nachtzeit umher, und kommt einmal mit einem blauen Auge nach Hause. K. 9. — ist in Verdacht, mit der eignen Mutter Buhlschaft zu treiben K. 11. — will sie, durch ein künstliches Schiff in der See ersäufen lassen, weil sie sich aber durch Schwimmen rettet, läßt er sie durch einen seiner Freygelassenen niederstoßen, und frevelt noch gegen ihren Leichnam K 12—14. giebt zwar vor, sie habe ihm nach dem Leben getrachtet, und sich selbst entleibt, der Senat schmeichelt ihm auch wegen glücklich überstandener Lebensgefahr, und er selbst ordnet ein eigenes Dankfest darüber an. K. 17. 18. — doch fehlt es auch nicht an Spottschriften K. 16. — läßt Domitian, seines Vaters Schwester, weil sie ihm zu lange lebt, vergiften. K. 17. — begeht

die

I. Historisches Register.

die erste Abnahme seines Bartes mit einem prächtigen Festin (Juvenalien) bey dem er selbst als Sänger und Virtuos auf der Leyer auftritt. K. 19. 20. — scheidet sich aus Gefälligkeit für Sabina (Poppäa) von der rechtmäßigen Gemahlin Octavia, und läßt sie dann, so sehr sich auch Burrus widersetzt, hinrichten, und kurz nachher den freymüthigen Burrus selbst. 62, 13. — erscheint als Wettfahrer, und giebt auf einem ausgegrabenen Bassin ein Volksfest, wobey das weibliche Geschlecht jedermann preis gegeben ist. K. 15. — Brand in Rom, von ihm selbst veranstaltet — lebhafte Beschreibung desselben. K. 16. 17. — betritt bey dieser traurigen Scene das oberste Stockwerk seines Pallastes (vermuthlich in Antium) und besingt den Brand von Troja, nimmt auch daher den Vorwand, von einzelnen Personen und ganzen Provinzen ungeheure Summen zu erpressen. K. 18. — Verschwörung wider ihn; Haupt derselben C. Calpurn. Piso, (den doch Dio nicht nennt, oder vielmehr Xiphilin zu nennen vergessen hat) Mitverschworne Seneca, Rufus, Feldherr der Leibwache, und viele mehr — unzählige Hinrichtungen schuldiger und unschuldiger — K. 24—27. — tödtet seine eigene Gemahlin Poppäa Sabina durch einen Fußtritt auf den schwangern Leib, weil sie ihm wegen seiner Nachtschwärmereyen Vorstellung thut. K. 27. — wünscht sie dann mit schmerzlicher Sehnsucht zurück, nimmt eine andere Weibsperson, die ihr ähnlich sehen soll, zu sich, läßt den Sporus, einen Freygelassenen, aus eben dem Grunde entmannen, und vermählt sich mit ihm förmlich, ob er gleich eine dergleichen männliche Gemahlin bereits am Pythagoras hatte K. 28. (vergl. B. 63, 13.) will eine Römische Geschichte in Versen schreiben, nur ist er über die Zahl der Bücher, die er ihr geben will, mit sich selbst nicht einig K. 29. — giebt dem Teridat, als neuem König von Armenien, das Diadem mit vieler Pracht. 63, 1—5. zeigt dem Teridat auch seine Geschicklichkeit als Harfenschläger und Wettfahrer, was doch dieser König selbst niederträchtig findet K. 6. — reiset, um so wichtige Talente weltkündiger zu machen, mit einem großen Gefolge nach Griechenland, und macht sich in den Augen eines jeden Vernünftigen lächerlich K. 9. 10. — auf diese Possen folgt doch bald eine Tragödie, weil er, um seinen Aufwand zu bestreiten, in Griechenland viele Menschen hinrichten und ihr Vermögen einziehen läßt K. 11. — sucht bey dieser Gelegenheit eine Nebenabsicht auszuführen, nämlich den Isthmus bey Korinth durchstechen zu lassen, was doch nicht gelingt K. 16. — kehrt endlich auf die von Helius, seinem Freygelassenen, den er mit freyer Gewalt über Rom und Italien zurückgelassen hatte, persönlich überbrachte Nachricht von einer gefährlichen Verschwörung wider sein Leben nach Rom zurück, und hält einen prächtigen Triumphaufzug. K. 19. 20. — erscheint auch in Rom wieder als Harfenist und Wettfahrer. K. 21. —

Em-

I. Historisches Register. 185

Empörung des Vindex, Statthalters in Gallien, gegen ihn. Dieser schlägt den Galba als künftigen Regenten vor, und die Armee ruft ihn als Kaiser aus. — Rufus zieht gegen Vindex an, verständigt sich aber mit demselben — auch Rubrius Gallus, den Nero nun gegen die Empörer sendet, geht zu diesem über K. 22—26. — Nero flieht endlich auf ein Landhaus seines Freygelassenen Phaon, steht, ehe er dahin kommt, große Angst und Hunger und Durst aus K. 28. — wird endlich aufgesucht, fällt in sein eigenes Schwerdt, und sein Freygelassener Epaphroditus macht ihn vollends nieder. K. 29. — mit ihm stirbt das Geschlecht des Aeneas und Augusts aus. ebendas.

Neronia Stadt. s. Artaxata.

Nerva, s. Licinius.

Nerva. Tiber würdigt ihn seiner Vertraulichkeit, er stirbt aber aus Aerger über des Kaisers Betragen eines freywilligen Hungertodes. 51, 22.

Nerva, Kaiser. Die Sterndeuter hatten ihm die Kaiserwürde vorausgesagt, weil aber einer den Domitian versicherte, der Mann würde über einige Tage nicht mehr leben, so kam er glücklich davon 67, 15. wird als Kaiser erkannt. 68, 1. — ist aber an Geist und Körper vor Alter sehr abgestumpft. ebendas. verbietet alle Anklagen über Majestätsverbrechen und Jüdische Religion (Christenthum) ebendas. — verkauft, weil er die Schatzkammer leer findet, unnützes Prachtgeräthe des Palastes, und setzt sein eigenes Vermögen zu. 68, 2. — kann un-

geachtet seiner löblichen Regierung doch einigen
Verschwörungen nicht entgehen, und adoptiert
zu mehrerer Sicherheit den Trajan, damals
Statthalter in Deutschland. K. 3. stirbt kurz
darauf. K. 4.

Nervier von Cäsar bezwungen 39, 3. empören
sich). 40, 7.

Nicäa, Hauptstadt Bithyniens. See (Ascanius)
nahe dabey 74, 6. in welchem vortreffliche
Meeräschen sind. 75, 15. — Tempel der Dea
Roma, zu Cäsars Ehren auf Augusts Vorschlag errichtet 51, 20. Schlacht daselbst zwischen Sept. Sever und Pescennius Niger. 74, 6.

C. Pescenn. Niger. unter Commodus Feldherr
gegen die Sarmaten. 72, 8. — dann unter
ebendemselben und Pertinax Statthalter in
Syrien 73, 13. — kein großer Kopf. 74, 6. —
das Volk in Rom äußert im Unwillen über
Didius Julian den Wunsch, ihn als Kaiser
zu sehen. 73, 13. — weil ihm aber Sever zu-
vorkommt, sucht er seine Ansprüche durch
Waffengewalt zu behaupten, und nimmt von
Byzanz Besitz K. 6. — nach einigen Gefechten
seiner Unterfeldherrn verliert er die Schlacht
bey Issus, wird auf der Flucht eingeholt und
hingemordet. K. 8.

Nigidius Figulus, sagt Augusts künftige Größe
voraus. 45, 1.

Nikephorion. Stadt in Osroene, Griechische
Colonie. 40, 13.

I. Historisches Register.

Nikomedes, König in Bithynien, fällt im Vertrauen auf das Bündniß mit den Römern dem Mithridates ins Land. Br. 170. 171.

Nikomedes ein jüngerer, von Cäsar zu schändlicher Liebe gemißbraucht. 43, 20.

Nikomedien, Tempel des August daselbst, von ihm selbst zu bauen erlaubt 51, 20.

Nikopolis, eine von Pompejus für seine verwundeten oder abgelebten Soldaten nach dem Siege über Mithridates angelegte Stadt in Klein-Armenien, wird zu Cappadocien geschlagen. 36, 33.

Nikopolis, neue Stadt, von August nach der Schlacht bey Actium, und in der Gegend von Actium erbaut. 51, 1.

Nikopolis, auch von August, doch in Aegypten angelegt. 51, 18.

Nil. Ursprung desselben. Dio setzt die Quellen auf das Atlantische Gebirge, an dessen Fuße es viele Sümpfe giebt, die durch den geschmolzenen Schnee überströmen, und dem Nil ihr Wasser zuführen 75, 13.

Nilpferd, (Hippopotamus) bey Augusts Triumph über Aegypten zuerst in Rom gesehen (vorher doch schon einmal unter Scaurus. Reimar.) 51, 22.

C. Ninnius Quadratus, Volkstribun, arbeitet für Cicero gegen Clodius 38, 14. 16. ist auch bey dessen Rückkehr thätig 38, 30. widersetzt sich nebst Cato den Absichten des Pompejus und Crassus 39, 35.

I. Historisches Register.

Ninus, Stadt in Assyrien 68, 26.

Nisibis, Stadt in Mesopotamien, sehr fest. Tigranes hatte sie den Parthern abgenommen 35, 6. 7. — von Trajan erobert 68, 23. von den Osroenern unter Sept. Sever 75, 1. — Grenzstadt des Römischen Reiches, die aber deßwegen viel zu unterhalten kostet 75, 3. noch zu Dios Zeiten den Römern gehörig 35, 7. (bis sie Kaiser Jovian abtreten mußte. Ammian 25, 7.)

Nonius Balbus, Volkstribun, unterstützt den Octavian im Senat gegen die Antonianer 50, 2.

Nonius Gallus, besiegt die Trevirer und Celten unter August 51, 20.

Norban, Unterfeldherr der Triumvirn gegen Brutus und Cassius 47, 35.

Norban, prätorischer Präfect unter Domitian 67, 15.

Noriker, dringen unter Kaiser August in Istrien ein 54, 20.

Noviodunum, Stadt in Gallien. Hier hatte Cäsar seine Kriegskasse und Magazine, welche von den Aeduern geplündert und in Brand gesetzt werden 40, 38.

Nuceriner. Hannibals treuloses und grausames Verfahren gegen sie. Br. 50. (anders erzählt es Livius 23, 15.)

Numa, soll an eben dem Tage gebohren seyn, da Rom erbaut ward. Br. 18.

Numerian, Grammatiker (nach unserer Art Schulhalter) giebt sich für einen Römischen

I. Historisches Register.

Senator aus, bringt im Bürgerkriege zwischen Septim. Sever und Albin ein kleines Korps zusammen, mit dem er dem erstern wichtige Dienste leistet. Nach geendigtem Kriege entdeckt er sich, verbittet aber alle Belohnungen bis auf einen kleinen Gehalt, bey dem er nachher seine Tage ruhig auf dem Lande verlebt 75, 5.

Numerius Atticus, will Augusts Geist gen Himmel aufschweben gesehen haben 56, 46.

Numicius, Fluß im Latium. Br. 3.

Nursia, Stadt im Sabinerlande, im Bürgerkriege von Octavian erobert, und ihrer Güter beraubt 48, 18.

Nymphäum, Ort bey Appollonien, sonderbares Oratel daselbst 41, 45. (van Dalen de Orac. S. 287.)

Nymphidius, Freygelassener des Galba, will sich gleichen Frevel, wie die Freygelassenen vorher unter Nero, erlauben 64, 2.

O.

Octavia, Augusts Schwester 47, 7. erst Marcells, dann M. Antons Gemahlin. 48, 31. — stiftet zwischen dem Brutus und Gemahl Versöhnung 48, 54. — Anton läßt sie in Italien zurück, unter dem Vorwande, sie nicht den Gefahren des Krieges auszusetzen. ebendas. — reist in den Orient, bringt dem Gemahl Soldaten und andere Geschenke mit, bekommt aber

Be-

Befehl von ihm, umzukehren. 49, 33. — Anton scheidet sich förmlich von ihr. 50, 3. — ihre Töchter erhalten nach Besiegung des Vaters von August einen Theil des väterlichen Vermögens 51, 15. August hält ihr die Leichenrede selbst. 54, 32.

Octavia, des Claudius Tochter, mit Julius Silau 60, 31. dann mit Nero vermählt. 60, 32. — sieht sich den Mätressen nachgesetzt, und wird endlich von Nero aus Gefälligkeit gegen Poppäa Sabina ums Leben gebracht. 62, 13.

Octavian s. August.

Octavius heftigster Gegner des Tiber. Gracchus Br. 87.

M. Octavius. Feldherr des Pompejus im Bürgerkriege, vertreibt den Dolabella aus Dalmatien, und bekommt den C. Antonius gefangen. 41, 40. verbindet sich nach der Pharsalischen Schlacht mit Cato, nimmt Soloná ein, und geht dann nach Corcyra 42, 11.

Cn. Octavius zu Syllas Zeiten (Consul mit Cinna) ein sanfter Mann (auch guter Redner) besaß nur als Politiker zu viel Phlegma. Br. 117. 118.

L. Octavius Unterfeldherr des Pompejus 36, 1.

C. Octavius Augusts Vater. 45, 1.

M. Octavius, Legat des Dolabella in Syrien, entleibt sich nach diesem selbst. 47, 30. (Cicero Philipp 2, 2. und Appian vom Bürgerkriege 4, 62. nennen ihn Marsus.)

Odry-

I. Historisches Register.

Odryser, Thracische Völkerschaft, verehren den Bacchus 51, 25.

Oenotrien, Landschaft im alten Lateinerlande, wo nachher Rom erbaut ward. Br. 5.

Ofella (Q. Lucret.) Consul (673) von Sylla auf öffentlichem Markte umgebracht. 37, 10. (Livius Epit. 89.)

Olympia Stadt. Sylla beraubt ihre Tempel. Br. 122.

Opiker, alter Name der Campanier 38, 37.

M. Oppius, durch die Verbannung so herabgekommen, daß er aus Armuth die Aedilenstelle niederlegen will, bekommt aber Zuschuß vom Volke, und wird nach seinem Tode auf öffentliche Kosten prächtig begraben. 48, 53.

Oppius Statianus, Unterfeldherr Antons im Kriege gegen die Parther. 49, 25.

Corn. Orestilla, Gemahlin Caligulas 59, 3. bald aber abgesetzt und verbannt. 59, 8.

Orgetorix, Anstifter der Auswanderung der Helvetier 38, 31. (starb aber vor wirklicher Ausführung. Cäsar v. Gall. Kriege 1, 2—5.)

Oricum Stadt in Epirus 41, 45. von Cn. Pompejus belagert. 42, 10.

Ornodapantes. Persischer Satrap. 40, 30.

Orodes König der Parther zu Crassus Zeiten 39, 56. schickt Gesandte an Crassus, um die Ursache seines Einrückens zu erfahren — sendet seinen Surena (Wessier) gegen Crassus, er selbst geht nach Armenien, um den Artabazes abzuhalten, zu den Römern zu stoßen 40, 16. —

Orno-

Ornobapantes empört sich wider ihn 40, 30. — will sich mit Pompejus nicht einlassen. 41, 55. — Brutus und Cassius suchen auch Unterstützung bey ihm. 48, 24. — wird von Phrates umgebracht. 49, 23.

Oróses, König der Albaner, überfällt den Pompejus in den Winterquartieren, wird aber zurückgeschlagen. 36, 37. — erhält von Pompejus in seinem Lande einen Gegenbesuch, und wird besiegt. 37, 4.

Osaces. Anführer der Parther nach Crassus Besiegung, dringt in Syrien ein, wird aber in einem Hinterhalte niedergemacht. 40, 28.

Osroener Feldzug des Septim. Severus gegen sie. 75, 1. Caracall nimmt ihrem König Augarus das Land. 77, 12.

Osroes, König der Parther, erbietet sich gegen Trajan, der ohne gegründete Ursache gegen ihn anrückt, zum Frieden. 68, 16.

Ostia, Hafen daselbst von Kaiser Claudius angelegt. 60, 11.

Otho. (M. Salvius) Kaiser. Vorher Theilnehmer an Neros Ausschweifungen. Dieser giebt ihm die Sabina, die er ihrem Gemahl mit Gewalt nimmt, zur Gemahlin, und geniest sie mit ihm gemeinschaftlich. 61, 11. — findet sich darüber beleidigt, daß Galba den jüngern Piso adoptirt, und zum Cäsar ernennt, und weiß die Leibwache, vermuthlich durch Geschenke dahin zu vermögen, ihn zum Kaiser auszurufen. 64, 5. — sucht sich zwar durch mehr als

Einen

I. Historisches Register.

Einen Beweis billiger Regierungsgrundsätze bey Roms Bürgern beliebt zu machen, man hält es aber für Verstellung, weil er bereits an Vitell einen Gegenkaiser habe, und besonders findet man die Ausschweifungen, die er der Leibwache erlaubt, unerträglich. 64, 7—9. er erbietet sich mehr als einmal vergebens, den Vitell als Mitregenten anzuerkennen, es kommt zu einer entscheidenden Schlacht bey Cremona, in der er nicht selbst gegenwärtig ist, aber den unglücklichen Ausgang derselben bald erfährt K. 10. — er räth den Legionen in Rom, sich dem Sieger zu unterwerfen, und stößt sich selbst das Schwerdt in die Brust. K. 15.

P.

Pacorus, Orodes Sohn, König von Parthien, zu Crassus Zeiten, fällt in Syrien ein, wird aber von Cassius geschlagen. 40, 28. 29.

Pacorus König der Parther zu M. Antons des Triumvirs Zeiten 48, 24. — erobert ganz Syrien. K. 26. bleibt im Treffen gegen Ventidius 49, 20.

Pacuvius (Sextus) Volkstribun, macht dem August die Schmeicheley, sich für ihn devoviren zu wollen. (Soldurier) 53, 20. und daselbst Note.)

Päonien, am Rhodope verwechseln einige Geschichtschreiber mit Pannonien 49, 36.

P. Pätus (Antronius) der Amtserschleichung beschuldigt, wird als bereits designierter Consul wieder abgesetzt 36, 27.

Pätus (Cäcina) s. Cäcina.

Pätus (Thrasea) freymüthiger Senator unter Nero 61, 15. — wird bey Gelegenheit der Pisonischen Verschwörung, an der er doch keinen Theil hat, hingerichtet 61, 15.

Paläſtina, von den Parthern eingenommen 48, 26. — von Ventidius wieder erobert 48, 41. — Anton verſchenkt einiges davon an ſeine Kinder 49, 32. — Luſius Quietus, Statthalter unter Trajan 68, 32.

Palladium, mit der Bildſäule der Cybele verwechſelt. Br. 13. vergl. Br. 63.

Pallas, Freygelaſſener des Claudius, hatte die Chatulle unter ſich 60, 31. — ein menſchenfeindlicher Mann, ebendaſ. u. 62, 14. — von Agrippinen als Liebhaber gebraucht? 61, 3. wird hingerichtet 62, 14. hinterläßt über ſechzehn Millionen. ebendaſ.

Palma, Statthalter in Syrien, erobert einen Theil Arabiens 68, 14. Trajan läßt ihm eine Bildſäule ſetzen. K. 16. von Hadrian hingerichtet 69, 2.

Pammenes, Harfenſchläger 63, 8. (auch Philoſtratus hat einen dieſes Namens. Sophiſt 2, 1. §. 7.)

Pamphylien, ward bey der Theilung der Provinzen zwiſchen Auguſt und dem Senat ſenatoriſche Provinz 53, 12. — unter Kaiſer Claudius

I. Historisches Register.

dius mit Lycien zusammengeschlagen 60, 17. — unter Hadrian bekommt es der Senat anstatt Bithyniens 69, 14.

Panares, Kretenser, von Metell gefangen genommen 36, 2.

Pandateria, Insel, (jetzt Santa Maria) 55, 10.

Pandion, Leibkutscher Caracalls, dem Senat als wichtiger Mann empfohlen 77, 13.

Pangäische Gebirge in Macedonien 47, 35.

Panhellenium. (Griechischer Nationaltempel) dem Kaiser Hadrian zu Ehren errichtet 69, 16.

Pannonien, wird, wie Dio sagt, oft von Griechischen Schriftstellern mit Päonien verwechselt — liegt an der Donau — grenzt an Dalmatien, erstreckt sich vom Norischen Gebirge bis nach Mysien hin. So bestimmt Dio die Grenze 49, 36. Grund der Benennung, Nationalcharakter, Lebensart. ebendas. — wird von August, blos um seinen Soldaten etwas zu thun zu geben, bekriegt und unterjocht 49, 37. — empört sich, und ihre Einwohner dringen nebst den Norikern in Istrien ein 54, 20, 24. — fernere Empörung nach Agrippas Tode, wobey sie von Tiber besiegt werden 54, 31. 55, 2. von Baton angeführt, von Silvan besiegt 55, 29.

Pansa. (C. Vibius) Consul (711.) 45, 17. bleibt im Treffen bey Modena 46, 39.

Paphlagonien, hatte zu Augusts Zeiten einen König Philadelphus. 50, 13.

Paphos, Insel, erhält, weil sie von einem Erdbeben viel gelitten hatte, von August Unterstützung, und die Erlaubniß, den Namen Augusta zu führen. 54, 23.

Papia Lex; daß die Fremden nicht in Rom geduldet werden sollen. 37, 9. — **Papia Poppäa,** zu Beförderung der Heirathen. 56, 10.

Papinian, prätorischer Präfect unter Septim. Severus 76, 10. — von Caracall abgesetzt 77, 1. und hingerichtet. 77, 4.

Papirius (Dionysius) Präfectus Annonä unter Commodus, veranlaßt die Wuth des Pöbels gegen Kleander (s. Kleander) 72, 13. auf Commodus Befehl hingerichtet. K. 14.

Papius (nicht Papirius) Brutulus, Samniter in den frühern Kriegen Roms. Br. 143. (Livius 8, 39.)

Parätonium, Stadt und Hafen in Africa, von Corn. Gallus eingenommen, und gegen Anton behauptet. 51, 9.

Paris. Tänzer, (Acteur) unter Nero hingerichtet, weil sein Unterricht in der Tanzkunst bey dem Kaiser nicht angeschlagen. 63, 18.

Paris, Schauspieler, auf Domitians Befehl auf öffentlichem Markte niedergemacht, weil er ihn über vertraulichen Umgang mit Domitien im Verdacht hat. 67, 3.

Parthamasiris, Pacorus Sohn und Orodes Bruder. Der letztere wünscht, daß Trajan denselben zum König in Armenien mache. 68, 17. — Trajan geht aber nicht darauf ein, und er-

erobert das ganze Land. K. 18. — Parthamasiris will sich anfangs nicht bequemen, erscheint aber endlich persönlich, und stellt sich
ziemlich ungeberdig, erhält aber sein Reich nicht
wieder. K. 19. 20.

Parthamaspates, von Trajan den Parthern zum
König gegeben. 68, 30. — die Parther wollen
ihn aber nicht annehmen, weil sie sich in ihrem
Wahlrechte dadurch gekränkt glauben. K. 33.

Parthenion, Mutterkraut Br. 124.

Parthenius, Kammerdiener (Cubicular) Domitians, und Haupt der Verschwörung wider ihn
67, 15. 17.

Parther; schon in den ältesten Zeiten unter den
Persischen Königen eine eigene Nation, fangen
unter Arsaces eine wichtige Rolle zu spielen
an, bezwingen die um sie her wohnenden Völker, stellen einen Satrapen in Mesopotamien
an, und haben selbst von den Römern nie unterjocht werden können. 40, 14. — ihre Waffen,
und Art, Krieg zu führen. K. 15. — taugen
aber nicht zu Belagerungen 40, 29. — Kleidung
ihrer Könige: Unterkleid von Purpur mit durch-
laufenden weißen Streifen (Mesoleukon) Ober-
kleid (Kandys) ganz von Purpur — Tiare.
36, 35. — nennen sich Könige der Könige 37, 6.

Parthinische Illyrier 41, 49. 42, 10. empören
sich 48, 41.

Patara, Stadt in Lycien, ergiebt sich nach hart-
näckigem Widerstande an Brutus 47, 34.

Patrobius, Freygelassener des Nero, giebt dem Teridates zu Ehren in Puteoli ein Gladiatorengefecht. 63, 3. — unter Galba hingerichtet 64, 3.

Paulina, Senecas Gemahlin 61, 10. — der Herr Gemahl läßt auch ihr die Adern öffnen, sie findet es aber doch hernach besser, sich wieder verbinden zu lassen. 62, 25. (s. auch Seneca.)

Paulinus (Suetonius) unter Nero Feldherr in Britannien, erobert die Insel Mona (Anglesey) indeß empört sich ganz Britannien unter Anführung der Königin Bunduika, er eilt zurück, und gewinnt eine Schlacht gegen sie 62, 2—12.

Pausilypum, ein zwischen Neapel und Puteoli liegendes Landhaus (Villa), bekommt August von Vedius Pollio im Testamente vermacht 54, 23.

Paxi Inseln (Paxos und Antipaxos) im Jonischen Meere bey Corfu 50, 12.

Pedia Lex, die Mörder Cäsars für vogelfrey zu erklären 46, 48.

Q. Pedius, Unterfeldherr Octavians im Kriege gegen den jüngern Pompejus 43, 31. — Octavian erlaubt ihm Triumph zu halten 43, 42. — Consul mit demselben 46, 46. stirbt als solcher 47, 15.

Pedo, Römischer Consul, verliert unter Trajan beym großen Erdbeben in Antiochien das Leben 68, 25.

Pelorus, Fluß im Asiatischen Iberien 37, 2.

Pelu-

Pelusium, Stadt und Hafen in Aegypten von August, wahrscheinlich durch Kleopatrens Mitwürkung in Besitz genommen 51, 9.

Perennis, prätorischer Präfect unter Commodus, wird von den Soldaten, ohne daß es der Kaiser hindert, niedergemacht 72, 9.

Pergamus, Tempel Augusts daselbst, auf seine eigene Erlaubniß errichtet 51, 20. — Macrin entzieht ihr die von Caracall zugestandenen Vortheile 78, 20.

Perpenna, ehemals Censor, überlebt alle Senatoren, die es unter seinem Censoramte gewesen waren 41, 14.

Perseus, warum sein anfangs glücklicher Krieg gegen die Römer dennoch endlich übel ablief. Br. 73. — flüchtet nach Samothracien. Br. 74. — endlich gefangen genommen, aber von Paulus Aemilius edel behandelt. Br. 75. — Friedensunterhandlung mit ihm durch den Stolz der Rhodier abgebrochen. Br. 159.

Pertinax, (P. Helvius) Kaiser. War aus Alba Pompeja in Ligurien gebürtig, eines geringen Mannes Sohn, (der Vater soll einen Holzhandel getrieben haben) 73, 3. — seine tapfern Thaten gegen die Celten (Deutschen) unter M. Aurel 71, 3 Consul (suffectus) 71, 22. — hilft die Empörung in Britannien (72, 9.) mit dämpfen 73, 4. — seine löbliche Regierung. K. 5. — aber eben deßwegen sind weder Hofbediente noch Armee mit ihm zufrieden, weil jene sich nicht mehr bereichern können, dieser seine gute Mannszucht

zucht nicht behagen will. Lätus, der prätorische Präfect, macht selbst einen Anschlag auf sein Leben, und seine Absicht ist, den damaligen Consul Falco zum Kaiser zu machen. Weil dies aber nicht gelingte, so läst Lätus unter dem Vorgeben, daß es auf Pertinax Befehl geschehe, viele von der Leibwache niedermachen, worauf die übrigen erbittert in den Palast hineilen, und ihn hinmorden. K. 8 - 10. der Senat erkennt ihm die Ehre eines Gottes zu 73, 17. Septim. Sever hält ihm ein prächtiges Leichenbegängniß 74, 4. 5. sein Lob. K. 5.

Pertinax Name eines Lieblingspferdes des Commodus 73, 4.

Perusia, feste Stadt in Etrurien, von Octavian eingenommen und ihrer Güter beraubt 48, 13.

Pescennius Niger. s. Niger.

Pesinus, Stadt in Phrygien, woher sie ihren Namen hat. Br. 13.

M. Petrejus, gewinnt die entscheidende Schlacht gegen Catilina 37, 40. — widersetzt sich der Lex agraria Cäsars 38, 3. — Feldherr des Pompejus in Spanien 41, 20. — wendet sich nach der Pharsalischen Schlacht zu Cato 42, 13. — ist nebst Labien einmal glücklich gegen Cäsar 43, 2. — vergleicht sich, um dem Sieger nicht in die Hände zu fallen, mit Juba über einen Zweykampf, und beyde bleiben in demselben 43, 8.

C. Pe-

I. Historisches Register.

C. Petronius, Statthalter in Aegypten unter August. Sein Feldzug gegen die Aethiopische Königin Kandace 54, 5.

Petronius, Secundus, prätorischer Präfect und Mitverschworner gegen Domitian 67, 15.

Phaon, Freygelassener Neros, auf dessen Landgute sich dieser Kaiser endlich das Leben nimmt 63, 27.

Pharaemanes, König in Jberien (Mithridats Sohn) unter Tiber 58, 26.

Pharasmanes, ein jüngerer unter Hadrian, verwüstet Medien, und bedroht Armenien und Cappadocien 69, 15.

Pharnabazus, König der Jberier unter dem Triumvirat 49, 24.

Pharnaces, Mithridates des Großen Sohn, sucht, weil der Vater die übrigen Geschwister schon hatte hinrichten lassen, denselben heimlich umzubringen. Dies wird verrathen; weil aber alles am Ende den grausamen Vater verläßt, erreicht er endlich seinen Zweck, und schickt den balsamirten Leichnam an Pompejus, erhält aber außer dem Titel eines Freundes und Bundsgenossen der Römer blos die Herrschaft über den Cimmerischen Bosporus 37, 12—14.— Cäsar nimmt ihm sein Königreich, und theilt es zwischen Ariobarzanes, König in Cappadocien und Dejotar von Galatien 41, 63. — sucht während des Bürgerkrieges zwischen Cäsar und Pompejus den väterlichen Thron wieder zu besteigen 42, 9. 25. — war auch nicht ganz unglücklich in seinem Unternehmen gewesen 42, 45. — auch schlug er Cäsars Feldherrn Cn. Domitius Calvinus, und trieb seine Eroberungen weiter. K. 46. — indeß empört sich Asander, den er als Statthalter im Bosporus zurückgelassen hatte, gegen ihn, er eilt hin, diese Empörung zu unterdrücken, aber schnell kommt Cäsar mit seiner Armee nach Armenien, Pharnaces läßt ihm ohne Erfolg Frieden antragen, wird im ersten Gefecht geschlagen, flieht, und Asander läßt ihn, wie er vom Bosporus wieder Besitz nehmen will, umbringen. K. 47.

Pharnapates, Parthischer Feldherr des Pacorus unter dem Triumvirat. 48, 41.

Philadelphus, König von Paphlagonien, von Agrippa genöthigt, Octavians Parthey zu nehmen 50, 13.

Philipi Stadt in Macedonien. Schlacht daselbst 47, 35. Colonie von August daselbst angelegt. 51, 4. s. auch Kreniden.

Philippus, König von Macedonien zu Pyrrhus Zeiten. (richtiger Alexander, Cassanders Sohn) Br. 39.

Philippus, König von Macedonien, von den Römern als Hannibals Unterstützer bekriegt, und von Flaminin bezwungen, bittet um Frieden Br. 157. (Justin 30, 4.)

Philiscus. Philosoph; sein Gespräch mit Cicero, ihm in seinem Exil Muth einzusprechen. 38, 18—30.

Phi-

I. Historisches Register.

Philoktetes; läßt sich nach Trojas Zerstörung in Oenotrien (Italien) nieder. Br. 5.

Philopator, Tarkondimots Sohn in Cilicien, August nimmt ihm das Reich. 51, 2.

Philosophen, von Vespasian aus Rom vertrieben, weil sie gefährliche politischen Grundsätze äussern. 66, 13. auch von Domitian 67, 13.

Phönice, wird bey Theilung der Provinzen zwischen August und Senat kaiserliche Provinz 53, 12.

Phönix, Vogel, läßt sich einmal unter Tiber in Aegypten sehen. 58, 17. (Tacitus Annal. 6. 28.)

Phraates, Arsaces Sintricus Sohn, König der Parther, verbindet sich wider Mithridates mit Pompejus. 36, 28. — doch hernach mit dem jüngern Tigranes wider den ältern 36, 34. 37, 6. mit dem er sich doch endlich verträgt 37, 7. wird von seinen Söhnen umgebracht. 39, 56.

Phraates, Orodes Sohn, läßt nicht nur seinen Bruder, sondern auch den alten Vater umbringen 49, 23. schlägt Antons Feldherrn Oppius 49, 25. — stolzes und listiges Betragen gegen Anton 49, 27. Teridates empört sich wider ihn, wird aber von ihm besiegt. 51, 18. — sein Sohn Phraates wird als Geißel nach Rom mitgenommen. ebendas. — sendet dem August die unter Crassus verlornen Fahnen und Gefangenen zurück 54, 8. — spricht im hohen Tone gegen August, räumt dennoch Armenien. 55, 11.

Phraa-

Phraates, von Tiber zum König von Parthien auf Bitte der Parther selbst bestimmt, stirbt auf der Reise dahin. 58, 26.

Phylarchen, Amtsname kleiner Regenten in einigen Provinzen z. E. Anthemusien 68, 21. (Ammian 24, 2.)

Phyllis, ehemalige Amme und Erzieherin Domitians, begräbt ihn heimlich nach seiner Ermordung 67, 18.

Pinnes (auch Pinneus) Illyrischer Prinz, Agrons Sohn, unter Demetrius Vormundschaft. Br. 151. vergl Br. 46

Pinnes, ein Pannonischer Heerführer 55, 34. und daselbst Fabrizens Note. auch Vell. Paterc. 2, 114.)

Piso. (C. Calpurn.) widersetzt sich dem Antrage, dem Pompejus den Krieg gegen die Seeräuber aufzutragen, und kommt darüber in Lebensgefahr. 36, 7. — widersetzt sich als Statthalter in Gallien der Werbung für Pompejus, und setzt sich darüber vom neuen dem Hasse des Volkes aus. 36, 20. — giebt als Consul ein Gesetz über Amtserschleichung 36, 21. — das Volk zerbricht ihm die Fasces, und er entgeht kaum dem Tode. 36, 22.

Cn. Piso, verbindet sich mit Catilina, die damaligen Consuln, Cotta und Torquatus, umzubringen. 36, 27. — wird in Spanien von den Einwohnern umgebracht. ebendas. (vielleicht auf Pompejus Anstiften. Sallust. 19.)

L. Pi-

L. Piſo. Cäſar nimmt aus Politik deſſen Tochter zur Gemahlin 38, 9. — bezeigt ſich gegen Cicero bey Gelegenheit ſeiner Verbannung nicht freund- ſchaftlich 38, 16.

M. Piſo. Unterfeldherr des Pompejus, wird auf deſſelben Empfehlung Conſul (693.) 37, 44.

L. Piſo. beſiegt die Beſſier unter Auguſt 54, 34.

Cn. Piſo, läßt ſich von Tiber gebrauchen, den Ger- manicus im Orient zu mißhandeln und zu ver- giften, wird aber nachher vom Kaiſer dem Senat preis gegeben, und nimmt ſich ſelbſt das Leben. 57, 18.

L. Piſo, des vorigen Sohn, Statthalter in Af- rica unter Caligula. 59, 20.

L. Piſo. Stadtpräfect unter Tiber. 58, 19.

C. Piſo. Caligula, nimmt ihm ſeine Gemahlin Oreſtilla, und verbannt ihn für ſeinen guten Willen 59, 8.

L. Piſo, ein edler junger Mann, vor Galba auf die Nachricht von Vitellius Empörung adop- tiert 64, 5. — der erſte, bey dem nach Abgang der Cäſariſchen Familie der Name Cäſar Ehren- name iſt. ebendaſ. verliert nachher mit Galba zugleich das Leben K. 6.

Planaſia, Inſel bey Corſica 55, 32.

Plancina, Gemahlin des Piſo, hilft Germani- cus und Agrippinen mißhandeln, wird aber hernach auf Tibers Befehl hingerichtet. 58, 22.

Plancus, vom Triumvir M. Anton in Aſien als Statthalter angeſtellt. 48, 24. — geht zu Octa- vian über. 50, 3.

Pla-

Planeten; von ihnen sind die Wochentage benannt. Ordnung, in der sie die Alten zu stellen pflegten. 37, 18.

Plautian, prätorischer Präfect unter Sept. Sever, mißbraucht die Gunst, in die er beym Kaiser steht, zu Ermordung der verdienstvollsten Män... ... Befriedigung der ausschweifendsten Habsucht. ... handelt den Kaiser und die Kaiserin selbst ver... K. 15. — mehr als königliche Pracht bey Vermählung seiner Tochter an Caracall 76, 1. — der Kaiser erfährt endlich durch seinen sterbenden Bruder Geta Plautians Schandthaten, und sucht ihn einzuschränken. K. 2. besonders findet er am Schwiegersohn Caracall, den er nur immer hofmeistern will, einen Todfeind, der dann einige Centurionen anstiftet, welche vorgeben müssen, Plautian habe ihnen befohlen, sowohl den Sever als Caracall niederzumachen. Er wird also in Severs Zimmer niedergestoßen. K. 4.

Plautilla; dessen Tochter, Caracalls Gemahlin. 75, 14.

Aul. Plautius. Statthalter in Gallien unter Kaiser Claudius, unternimmt einen Feldzug nach Britannien. 60, 19—21.

Plotina, Trajans Gemahlin; ihr Lob. 68, 5. — in Ansehung der ehelichen Treue scheint sie doch nicht so ganz ehrenfest gewesen zu seyn. 69, 1. — Ehrenbezeigungen, die ihr Hadrian nach ihrem Tode beweist. 69, 10.

I. Historisches Register.

Polemon, König von Pontus, unterstützt den Triumvir Anton im Partherkriege, wird aber gefangen 49, 25. 33. Anton macht ihn zum König in Klein-Armenien 49, 44. — wird unter August zum Römischen Bundesgenossen angenommen 53, 25. bekommt auch den Cimmerischen Bosporus. 54, 24.

Polemon, der Sohn, erhält seines Vaters Reich Pontus unter Caligula. 59, 12 bekommt aber von Claudius hernach statt des Bosporus einen Theil von Cilicien. 6-, 8.

Pollenius Sebennus, Statthalter in Noricum unter Sept. Severus. 76, 9.

Pollio (Vetrasius) Statthalter in Aegypten unter Tiber. 58, 19.

Pollio (Rubrius) Präfectus Prätorio unter Claudius. 60, 23.

Pollio (Cälius Statthalter in Armenien unter Nero. 61, 6. (Tacit. Annal 12, 45.)

Pollio (Asinius) s Asinius.

Polybius. Freygelassener des Kaisers Claudius 60, 29. wird auf Messalinens Betrieb hingerichtet. K. 31.

Pompejanus, glücklicher Feldherr unter M. Aurel. 71, 3.

Pompejanus, der jüngere, unter Commodus hingerichtet 72, 4. (Reimar nimmt drey Pompejane an, s. meine Note daselbst.)

Pompeji. Stadt, unter Titus durch ein Erdbeben verschüttet. 66, 23.

Pompejopolis, an der Küste Ciliciens, vorher Soloe, bekam jenen Namen, weil Pompejus im Seeräuberkriege dieselbe mit gefangenen Seeräubern bevölkerte. 36, 2c.

Pompejus Rufus. kein großer Held. Br. 82.

Q. Pompejus. fängt ungerechten Krieg gegen die Numantiner an. Br. 164. (Florus 2, 18.)

Cn. Pompejus, Strabos Sohn, nachher der Große genannt. Gieng zu Syllas Zeiten als noch sehr junger Mann in das Picenerland, wo sein Vater Statthalter gewesen war, und sammlete auf eigne Hand ein kleines Korps, mit dem er sich hernach zu Sylla schlug. Br. 133. — mindert dem Metell die Ehre des Triumphes dadurch, daß er ihm die gefangenen Cretensischen Magnaten Panares und Lasthenes unter dem Vorwand entzieht, als ob sie sich an ihn, nicht an Metell ergeben hätten 36, 2. — Gabin schlägt als Volkstribun, vermuthlich auf sein Anstiften, vor, einen Feldherrn gegen die Seeräuber mit voller Gewalt auf drey Jahre zu erwählen 36, 6. — die Senatoren wollen das nicht bewilligen, werden aber fast deßhalb vom Volke umgebracht. K. 7. — Pompejus sucht in einer verstellten Rede diese Ehre von sich abzulehnen. K. 8. 9. — Gabin fordert ihn in einer andern auf, sich diesem Geschäfte zu unterziehen. 10—12. — und obgleich Catulus in einem eben so patriotischen als feinen Vortrage (K. 14—19.) es widerräth, so erhält doch Pompejus seinen Endzweck. K. 19. — indessen beendigt er diesen

Krieg

I. Historisches Register. 209

Krieg nicht minder schnell als glücklich. K. 20.— Vorschlag des Manilius, ihm das Oberkommando gegen Mithridates und Tigranes aufzutragen. 36, 25. — er übernimmt auch diesen Krieg, und gewinnt eine Schlacht bey Nachtzeit. 28—32. — Tigranes, der Vater, ist geneigt, sich in Güte mit ihm zu vertragen, Pompejus will auf Verhetzung des jüngern nicht darauf eingehen, empfängt aber dann den Vater, wie er in demüthiger Stellung sich ihm ergiebt, sehr edelmüthig, läßt ihm seine Erbländer, und nimmt ihn hernach zum Freund und Bundsgenossen der Römer an. 36, 35. 36. — Tigranes, den Sohn, läßt er, seiner Widerspenstigkeit wegen erst gefangen nehmen, dann gefesselt nach Rom bringen. K 36. — Oröses, König der Albaner, greift ihn in den Winterquartieren an, wird aber überall zurückgeschlagen 36, 37.

Im folgenden Jahre (689.) unternimmt er den Feldzug gegen die Albaner und Iberier, und nöthigt beyde zum Frieden B 37. K. 1.— mit dem Phraates getraut er sich doch nicht, sich einzulassen 37, 7. — Krieg gegen Aretas, König Arabiens (Peträa) 37, 15. — Krieg in Syria Paläftina und Eroberung Jerusalems 37, 15. 16. — geht dann noch einmal nach Pontus, und kehrt nach Einnahme einiger Städte nach Rom zurück. (Vellej. Paterc. 2, 40.) So leicht es ihm damals gewesen wäre, sich zum Oberherrn des Römerstaates aufzuwerfen, so entläßt er doch seine Armee in

Dio Cass. 5. B.   O   Brun-

Brundiſium, begnügt ſich unter vielen ihm zuerkannten Ehrennamen mit dem des Großen, den er doch ſchon vorher führte, und mit einem Triumphaufzug 37, 20—49.

Nun verlangt er wenigſtens Ländereyen für ſeine Soldaten, und die Beſtättigung aller ſeiner Handlungen, findet aber an Metell, Cato und andern heftigen Widerſtand, der ihn die Entlaſſung ſeiner Armee bedauren läßt 37, 49, 50. — findet an Craſſus einen Nebenbuhler ſeiner Macht, mit dem ihn doch Cäſar ausſöhnt, worauf alle drey ein gemeinſchaftliches Bündniß unter einander eingehen 37, 55—58. er unterſtützt den Cäſar bey dem Vorſchlage über neue Vertheilung der Grundſtücke (lex Agraria) 38, 5 — täuſcht den Cicero bey der Anklage des Clodius 38, 15. 17. befördert doch hernach deſſen Zurückberufung vor andern mit 38, 30. 39, 6. wogegen Cicero aus Dankbarkeit in Vorſchlag bringt, ihn zum P. áfectus Annonä mit Proconſulsgewalt auf fünf Jahre zu ernennen 39, 9. — begünſtigt vor andern den aus ſeinem Königreiche vertriebenen Aegyptiſchen König Ptolemäus (Auletes) 39, 14. — zwar kommt auch in Vorſchlag, daß er ohne Armee, blos mit zweyen Lictoren denſelben in ſeine Rechte wieder einſetzen ſolle, der Senat bewilligt es aber nicht 39, 16 — er wird von Clodius über moraliſche und körperliche Fehler lächerlich gemacht 39, 19. — ſieht überhaupt zu ſeinem großen Mißvergnügen die Macht und das Anſehen Cäſars zu ſehr zunehmen 39, 24—

24—26. — verbindet sich also näher mit Crassus, und beyde bewerben sich ums nächste Consulat. Weil sie sich aber nicht zu gesetzmäßiger Zeit dazu melden, und viel Widerspruch finden, so leiten sie es dahin ein, daß gar keine Wahlcomitien gehalten, sie vielmehr durch einen Interrex gewählt werden 39, 27 — 31. — Cäsar selbst hatte zu Unterstützung dieser Bewerbung eine Anzahl Truppen nach Rom gesandt 39, 31. — nun suchten beyde, Pompejus und Crassus, auch die übrigen Staatsämter mit ihren Kreaturen zu besetzen, hindern die Erwählung Catos zum Prätor, setzen auch die Wahl neuer Curulädilen, obgleich nicht ohne Blutvergießen, durch, lassen dann durch Volkstribunen, besonders durch Trebonius in Vorschlag bringen, dem Crassus Syrien, dem Pompejus Spanien zur Provinz zu geben, und, um auch Cäsarn bey gutem Willen zu erhalten, diesem die Statthalterschaft in Gallien auf drey Jahre zu verlängern 39, 32. 33. — dem allen widersetzen sich vor andern Cato und Favonius, müssen sich aber nach mancherley Gewaltthätigkeiten bequemen 34—36. — Pompejus und Crassus bringen auch ein Gesetz wider den Luxus in Vorschlag, das sie doch auf Hortensius Widerspruch zurücknehmen. K. 37. — Pompejus weiht das von ihm erbaute Theater ein 39, 38. — weil indeß beyde anfangen, Bürger zu Soldaten aufzubieten, um sie in den ihnen zuerkannten Provinzen zu gebrauchen, so verlieren sie dadurch die Liebe des Volks, und

Pompejus entschließt sich, nach Spanien bloß Unterfeldherren zu senden, und für seine Person in Rom zu bleiben, um sich nicht aus dem Vortheile zu setzen 39, 39. — trägt dem Gabinius, damals Statthalter in Syrien, auf, den Ptolemäus wieder in sein Reich einzusetzen 39, 55. — und hilft ihm hernach in Rom durch. K. 62. 63. — seine Gemahlin Julia, Cäsars Tochter, stirbt, und wird auf dem Marsfelde begraben 39, 64. — während seiner Abwesenheit in Spanien bringen einige Volkstribunen in Vorschlag, ihn zum Dictator zu machen, er lehnt aber bey seiner Ankunft diese Ehre ab 40, 45, 46. — während der Zeit fällt die Ermordung des Clodius vor, man verlangt ihn von neuem zum Dictator, und endlich kommt es dahin, daß man ihn zum Consul ohne Collegen macht 40, 50. — bringt dennoch in Vorschlag, dem Cäsar zu erlauben, auch abwesend ums Consulat anzuhalten 40, 51. — veranlaßt allerhand neue Verordnungen über Amtserschleichung u. s. w., wobey er doch selbst oft parteyisch handelt. K. 53. — verfolgt den Milo, besetzt bey dem ihm angesetzten Termin den Markt mit Soldaten. K. 52. — verordnet, daß bey Wahlcomitien die Amtsbewerber persönlich erscheinen, und die abgegangenen Staatsbeamten nicht vor dem fünften Jahre nach Niederlegung ihres Amtes in Provinzen gehen sollen, macht aber von beyden Verordnungen Ausnahmen. K 56.

Gegen Cäsar war er seit Juliens Tode kalt geworden 40, 44. und was er für ihn zu thun schien,

I. Historisches Register.

schien, war Verstellung. Nun verlangt er, daß Cäsar seine Armee entlassen, und als Privatmann zurückkommen solle 40, 59. — braucht besonders den Marcell zu Durchsetzung seiner Absichten, und bringt nun in Vorschlag, daß Cäsar die ihm ehemals überlassene Legion, und noch eine dazu abgeben müsse, weil Bibulus sie gegen die Parther nöthig habe. K. 65. — Cäsar giebt sie zwar, ersetzt aber seine Armee durch neue Werbung. K. 66. — auf die Nachricht von Cäsars Einrücken in Italien fängt nun unser Held doch an, furchtsam zu werden, und schickt Gesandte an ihn, indeß er sich nach Campanien zieht, wohin er auch den Senat entbietet, und die Schatzkammer und Weihgeschenke aus den Tempeln mitzunehmen befiehlt, was doch in der Eil vergessen wird 41, 5. 6. wirbt nun in Italien, so gut er kann, und legt Besatzungen in die Städte 41, 9. — weil er sich doch in Italien zu halten nicht getraut, zieht er sich nach Brundisium, um von da nach Asien überzugehen, wo er als ehemaliger siegreicher Feldherr noch viele Verehrer hatte. K. 10. 11. — Vergleichung seiner ehemaligen Rückkehr aus Asien mit seiner jetzigen Flucht dahin. K. 13. — landet in Dyrrhachium, wo sich mehr als Eine unglückliche Vorbedeutung zeigt. K. 14. hält seine Winterquartiere in Thessalonich, wo auch der mitgenommene Senat seine Sitzungen hält, ist aber zu sorglos, die Küste gehörig zu decken, wodurch Cäsar in Stand gesetzt wird, noch im Winter mit einem Theile

seiner Armee über die See herüber zu gehen. K.
43. 44. — Gefecht bey Apollonien. K. 47. —
er verschanzt sich in Dyrrhachium, und wird
von Cäsar eingeschlossen; weil aber dieser sei=
nen Plan aufgeben muß, und nach Thessalien
sich zurückzieht, so geht er ihm endlich auch
nach. K. 52. — Schlacht in den Pharsalischen
Gefilden, in der er doch gar nicht mehr als
der ehemalige geschickte General erscheint. K.
53—62. — nach verlorner Schlacht segelt er
erst nach Lesbos zu seiner Gemahlin Cornelia,
und seinem Sohne Sextus, und von da nach
Aegypten, in der guten Hoffnung, bey dem
jetzigen König, dessen Vater er wieder auf den
Thron verholfen, Unterstützung zu finden 42,
1—3. wird aber verrätherischer Weise umge=
bracht. K. 4. 5. und von Cäsar selbst beweint.
K. 8. Hadrian läßt sein verfallenes Grabmahl
wieder herstellen 69, 11.

Cn. Pompejus, des Großen Sohn, verbindet
sich nach der Pharsalischen Schlacht mit Cato,
und belagert Oricum. 42, 12. — geht nach
Spanien herüber, wo er sich lange genug hält,
aber nach geendigtem Africanischen Kriege nun
auch nach hartem Kampfe von Cäsar bezwun=
gen wird, und auf der Flucht das Leben ver=
liert. 43, 28—40.

Sext. Pompejus, des Großen zweyter Sohn,
geht von Lesbos aus mit dem Vater nach
Aegypten 42, 2. — nach dessen Ermordung ent=
kommt er zu seinem Bruder Cnejus nach Af=
rica 42, 5. — geht mit demselben hernach nach

Spa=

I. Historisches Register.

Spanien über 43, 30. — nach einer bey Corduba verlornen Schlacht flüchtet er zu den Lacetaniern, einer Spanischen Völkerschaft, und mit ihnen, und andern aus der Schlacht entronnenen rückt er nach Cäsars Rückkehr nach Italien vom neuen ins Bätische Spanien ein, erobert auch mehrere Städte, besonders nach Cäsars Ermordung. Nun kommt Lepidus als neuer Statthalter an, der ihn auf die Bedingung, sein väterliches Vermögen wieder zu erhalten, zu einem Vergleiche beredet, was denn auch in Rom auf Antons Betrieb bewilligt wird 45, 9. 10. der Senat überträgt ihm die Seemacht. 46, 40. — Octavian verfolgt ihn aber als Theilnehmer an Cäsars Ermordung, ob er gleich damals gar nicht in Rom gewesen war. 46, 48. — auch das Kommando der Flotte nimmt ihm derselbe, und er steht mit auf der Liste der Verbannten; er bringt dennoch für sich eine Flotte zusammen, und läßt bekannt machen, daß jeder Verbannte bey ihm Schutz finden solle. 47, 12. 48, 17. — nimmt von ganz Sicilien Besitz 48, 17—19. Octavian sucht ihn von Anton, der sich ihm antragen läßt, abzuziehen. 48, 16. — Sextus läßt sich darauf nicht ein, geht vielmehr nach Italien herüber, und plündert viele Städte, während daß der von Octavian ihm entgegengestellte Agrippa die Apollinarischen Spiele als Prätor hält 48, 20. — Octavian und Anton vertragen sich vom neuen, und ein Artikel ihres Vertrages ist, gemeinschaftlich gegen ihn zu Fel-

Felbe zu ziehen. K. 29. — er und sein Freygelassener Menas setzen indeß ihre Eroberungen mit Glück fort, und er bemächtigt sich auch Sardiniens K. 30. — Zusammenkunft mit den Triumvirn bey Misenum und Vergleich 48, 36—38. — besteht nicht lange, weil Octavian den zu ihm übergegangenen Menas nicht ausliefern will 48, 45. — an Menas Stelle macht er den Menekrates zum Admiral, der in Campanien einfällt; auch Sextus selbst geht mit seiner Flotte in Italien ans Land, wo er bald gewinnt, bald verliert. Menekrates bleibt in einem Seetreffen. K. 46. — er selbst ist glücklich gegen Octavian, und wird so stolz darauf, daß er sich für ächten Sohn Neptüns hält K. 49. — nach verschiedenen Seegefechten, in denen er bald glücklich, bald unglücklich ist, verliert er eine entscheidende Schlacht gegen Agrippa. 49, 1—10. flieht mit seiner Familie, und was er sonst retten kann. K. 11. — seine Absicht ist, zu Anton zu gehen, unterwegs finden sich aber viele wieder zu ihm, er erscheint mit einer neuen Flotte, und läßt sich den Parthern antragen. Anton schickt den M. Titius gegen ihn, er wird in Nikomedien eingeschlossen, flieht landeinwärts, wird angehalten und umgebracht. 49, 17. 18.

Sextus Pompejus (Nepos), war in dem Jahre, da der vorherstehende umgebracht ward, Consul in Rom (720.) 49, 18.

Sext. Pompejus (Nepos) des Großen Enkel, Consul (767) mit August verwandt (durch Julien,

lien, Cäſars Tochter, Pompejus des Großen Gemahlin) 56, 29.

Pompejus Bithynicus. Statthalter in Sicilien, von Sext. Pompejus bezwungen, macht mit ihm den Vertrag, die Herrſchaft über Sicilien mit ihm zu theilen, wird aber nachher von ihm umgebracht. 48, 18. 19.

Cn. Pompejus Magnus, Schwiegerſohn des Kaiſers Claudius 60, 5. — wird auf Meſſalinens Betrieb hingerichtet 60, 31.

Pomponia Rufina, Veſtalin, unter Caracall lebendig eingemauert 77, 16.

Pomponius Labeo, Exprätor und Statthalter in Myſien, unter Tiber hingerichtet 58, 24.

Pomponius, Statthalter in Myſien unter Caracall 78, 21.

Pomponius Secundus, Conſul unter Caligula (794.) macht dem Kaiſer durch Uebermaaß im Eſſen eine Schmeicheley 54, 29.

Pompoſianus. ſ. Metius.

C. Pomptinius, beſiegt die Allobroger. 37, 47. 48. hält Triumph über dieſelben. 39, 65.

Pontiniſche Sümpfe. Austrocknung derſelben wird Cäſarn aufgetragen. 44, 5. Trajan läßt ſie pflaſtern, auch Brücken und Häuſer anlegen. 68, 15.

Pontus; bey der Theilung der Provinzen unter Auguſt wird es ſenatoriſche Provinz 53, 12. — wird unter Hadrian kaiſerlich. 69, 14.

Popedius Silo, Unterfeldherr im Partherkriege unter dem Triumvir M. Anton. 48, 41.

C. Popilius Länas. Gesandter an König Antiochus. Br. 160.

M. Popilius, Besieger des Viriathus. Br. 163.

L Popilius Länas. Ciceros Mörder, der ihn doch ehemals vor Gericht vertheidigt hatte. 47, 11.

Poppäa (Sabina) aus Patriciergeschlecht, wird von Nero dem bisherigen Gemahl Rufus Crispinus mit Gewalt genommen, und dem nachherigen Kaiser Otho gegeben, der dann so höflich ist, ihre Umarmungen mit dem Kaiser zu theilen 61, 11. — sie verleitet den Kaiser vorzüglich mit, seine Mutter umbringen zu lassen. K. 12. — ist äußerst verschwenderisch, wird von Nero durch einen Fußtritt auf den schwangern Leib ums Leben gebracht. 62, 27. 28.

Poppäus Sabinus, Statthalter in Mysien und Macedonien, stirbt, was unter Nero eine Seltenheit ist, eines natürlichen Todes. 58, 25.

Porcia, M. Catos Tochter und Gemahlin des Brutus; ihre Standhaftigkeit 44, 13. verschluckt eine glühende Kohle und stirbt. 47, 49.

Portá Caspiá 63, 8. — Cilicia. 48, 41.

Postumius, wird als Römischer Gesandter von den Tarentinern schimpflich behandelt. Br. 145.

Postumius (Vibius) endigt den Dalmatischen Krieg 56, 12. (Vellej. Patere. 2, 116.)

Pothinus, Verschnittener und Schatzmeister des Ptolemäus, widersetzt sich vorzüglich Cäsarn in Aegypten, und verbindet sich deßhalb mit dem Oberfeldherrn Achilles. 42, 36. auf Cäsars Befehl ums Leben gebracht. K. 39.

Praag=

I. Historisches Register.

Praaspe, Stadt in Medien (gewöhnlicher heißt sie Phraata) 49, 25.

Anton, Primus, wird von der Armee in Mysien zum Heerführer gegen Vitell erwählt, und erobert nach einem blutigen Gefecht Rom, in Verbindung mit den Vespasianern. 65, 9.

M. Primus, Statthalter in Macedonien unter August. 54, 3.

L. Priscillianus, Statthalter in Achaja unter Caracall, Angeber vieler Unschuldigen, wird unter Macrin deßhalb auf eine Insel verwiesen. 78, 21.

Jul. Priscus. Senator, unter Caligula hingerichtet. 59, 18.

Priscus, berühmter Mechaniker unter Sept. Sever. 74, 11. ingl. 75, 11.

C. Proculus (Proculejus) Ritter, von August an Kleopatren gesandt, um ihr den Entschluß der Selbstentleibung auszureden. 51, 11.

Proserpina, ihr Schatz in Lotri, vom König Pyrrhus beraubt. Br. 42. (Livius 22, 18.)

Protogenes, schändlicher Verhetzer des Caligula zur Grausamkeit 59, 26. unter Claudius hingerichtet. 60, 4.

Prusias, der dritte dieses Namens, König von Bithynien, sehr demüthig gegen die Römer. Br. 162.

Psyller, Nation in Afrika, Giftsauger, von August gebraucht, um Kleopatren, wo möglich, wieder zum Leben zu bringen. 51, 14.

Ptolemäus Philadelphus, sucht nach Pyrrhus Niederlage die Freundschaft der Römer und beschenkt ihre Gesandten reichlich. Br. 47. (Justin 18, 3.)

Ptolemäus Auletes, erwirbt sich die Bestätigung auf dem Throne und das Recht eines Römischen Bundesgenossen durch Geschenke an mächtige Römer, drückt, um seinem Schaden wieder beyzukommen, seine Unterthanen, und kommt nach Rom, mit dem Vorgeben, die Unterthanen hätten ihn vertrieben. Die Alexandriner senden, sobald sie diesen Schritt erfahren, hundert Gesandte nach Rom, die er aber theils unterwegs, theils in Rom selbst umbringen läßt. 39, 12. 13. — die darüber angestellte Untersuchung bleibt ohne Erfolg, weil vorzüglich Pompejus den König in Schutz nimmt, und der Römer gar zu viele waren, die sich von ihm hatten bestechen lassen. K. 14. — muß dennoch alle Hoffnung der Rückkehr aufgeben, und wendet sich nach Ephesus 39, 16. — wird doch hernach von Gabinius wieder auf den Thron gesetzt. 39, 55. sein Testament, worin er verordnet, daß sein Sohn und Tochter nach Landessitte sich vermählen, den Thron gemeinschaftlich besitzen, aber unter Vormundschaft der Römer stehen sollen. 42, 35.

Ptolemäus (Suer), Sohn des vorigen, führt mit der Schwester Kleopatra Krieg, um sie vom Throne auszuschließen. 42, 3. — nach Pompejus Ermordung (42, 4.) kommt Cäsar nach)

nach Aegypten, der König stiftet eine Empörung gegen ihn an. K. 9. — muß sich aber dem väterlichen Testamente gemäß mit der Schwester vermählen, und ihr gleiche Rechte am Throne zugestehen. 42, 35. — wird, weil er neue Unruhen anfängt, gefangen genommen. K. 39. — entkommt aber, wird von Cäsar geschlagen, und ertrinkt auf der Flucht im Nil. 42, 43.

Ptolemäus, jüngerer Bruder des vorigen, bekommt von Cäsar Cypern. 42, 35. — vermählt sich nach des Bruders Tode mit Kleopatren. K. 44. wird von M. Anton umgebracht. 48, 24.

Ptolemäus, König von Cyprus, ein älterer zu Catos Zeiten, dem man sein Reich mit Unrecht entreißt. 38, 30. — bringt sich selbst mit Gift ums Leben. 39, 22.

Ptolemäus Philadelphus, ein Sohn M. Antons von Kleopatren 49, 32. — Anton giebt ihm Syrien 49, 41. August begnadigt ihn. 51, 15.

Ptolemäus, Jubas Sohn 51, 15. wird von Caligula seines Reichthums wegen hingerichtet. 59, 25.

Publia Prisca, Gemahlin des C. Geminius Rufus (unter Tiber) stößt sich vor ihren ungerechten Richtern den Dolch selbst in die Brust. 58, 4.

Pudens, Theilnehmer an Avidius Cassius Empörung. 71, 29. und das. Note.

Pu=

Puteoli, Brücke von Bauli aus nach Puteoli hinüber, von Caligula zu einem Volksfest erbaut. 59, 17.

Pylades, Pantomim unter August, als unruhiger Kopf aus Rom verwiesen, aber zurückberufen. Freymüthige Antwort, die er dem August giebt 54, 17. (Makrobius Saturn. 2, 7.)

Pylades, Pantomim und Lustknabe Trajans. 68, 10.

Pylades, Pantomim unter Pertinax. 73, 13.

Pyrrhus, König von Epirus. Lob desselben. Br. 39. 41. edles Betragen gegen Römische Gesandte. Br. 146. plündert den Schatz der Proserpina in Lokri. Br. 42.

Pythagoras. Freygelassener. Nero vermählt sich mit ihm feierlich. 62, 28.

Pythias, Kammerfrau der Octavia, Neros unglücklicher Gemahlin. Freymüthigkeit derselben. 62, 13.

Q.

Quaden. Krieg gegen Mark Aurel, wundervoller Sieg über dieselben. Verschiedene Erzählungen darüber von Dio und Xiphilin 71, 4—10. Friede mit ihnen auf gewisse Bedingungen K. 11. — sie halten ihn aber nicht lange, setzen den ihnen aufgedrungenen König Furtius ab, und wählen sich den Ariogäsus. K. 13. beschweren sich besonders über die in ihrem Lande angelegten Kastelle. K. 20. Commodus macht mit ihnen Frieden 72, 2.

I. Historisches Register.

Quadratus, hat eine Römische Geschichte geschrieben 72, 4. und daselbst Reimar.

Quintilier, zwey gleich würdige Brüder, führen unter Mark Aurel Krieg gegen die Scythen, können aber nicht mit ihnen zu Stande kommen 71, 33. Muster brüderlicher Liebe — unter Commodus hingerichtet 72, 5.

Quintillus Plautianus, würdiger Senator, unter Sept. Sever hingerichtet 76, 7.

Quintius (Cincinnatus) Dictator, vom Pfluge hinweg. Br. 5.

R.

C. Rabirius, von Labien wegen vorgeblicher Ermordung des Saturnin, der bereits sechs und dreyßig Jahre todt war, angeklagt 37, 26. (Cic. Rede für Rabirius.)

Racius Corstans, Statthalter in Sardinien unter Sept. Severus 75, 16.

Raptus, Anführer der Astinger (Vandalen) unter Mark Aurel 71, 12.

Regulus, von den Karthaginiensern gefangen, und nach Rom gesandt, um die Auswechselung der Gefangenen zu bewirken. Br. 149. seine Armuth. Br. 42.

Rhätien. Lage, zwischen dem Lande Noricum und Gallien an den Tridentinischen Alpen nach Italien zu. Die Einwohner erlauben sich Räubereyen, und sogar Einfälle in Italien unter August, werden aber von Drusus und Tiber besiegt 54, 22.

Rhätium, Stadt in Dalmatien, verzweifelte Gegenwehr derselben gegen Germanicus 56, 11. (Plinius 3, 3. Natazunum, heut zu Tage Mucarisca Fabriz.)

Rhandeja, Stadt in Groß-Armenien 62, 21.

Rhaskyporis, Dynast in Thracien, unterstützt den M. Brutus 47, 25. — geht aber hernach zu den Triumvirn über 47, 48.

Rhaskyporis, Bruder des Königs Rhymetalces, steht den Römern wider die Dalmater (zu Augusts Zeiten) bey 55, 30.

Rhaus, Anführer der Astinger (Vandalen) unter Mark Aurel 71, 12.

Rhegium, wird von den zur Besatzung erbetenen Römern und ihrem Anführer Decius treulos behandelt und ihre Bürger niedergemacht. Br. 40.

Rhein, sein Ursprung und Lauf 39, 49.

Rhianus, Statthalter in Arabien unter Macrin, auf Elagabals Befehl hingerichtet 79, 3.

Rhodier, sprechen mit den Römern in hohem Tone. Br. 159. in der Folge desto geschmeidiger. Br. 160. 161. (Livius 45, 10.) — weigern sich auf Brutus und Cassius Seite zu treten, greifen Cassius an, werden aber bey Myndus, dann in einem Seetreffen geschlagen, der Sieger erobert ihre Insel, und sie müssen ihm ihre Schiffe und Güter geben, den Sonnenwagen ausgenommen 47, 33. — verlieren unter Claudius den Titel eines Freystaates, weil sie einige Römer gekreuzigt hatten 60, 24.

Rhö.

I. Historisches Register.

Rhömetalces, Vatersbruder und Vormund der Söhne des Kotys in Thracien 54, 20. — wird von einem Empörer, Vologäsus, sehr in die Enge getrieben. K. 34. — steht den Römern im Kriege gegen die Dalmater (unter August) bey 55, 30. erhält des Kotys Reich 59, 12.

Roles, König einer Getischen Völkerschaft unter August 51, 24. 26.

Rom, vor Rom. Br. 3.

Rom, Göttin, ihr und Cäsarn zu Ehren Tempel in Ephesus und Nicäa (in Bithynien) auf Augusts Vorschlag errichtet 51, 20.

Romulus, seine Hütte (Casa Romuli) brennt durch einen besondern Zufall ab. 54, 29.

L. Roscius; Volkstribun, Gegner des Pompejus 36, 7. schlägt das Gesetz vor, den Rittern eigene Sitze bey Schauspielen anzuweisen. 36, 25.

Rorolaner, Sarmatische Völkerschaft. 71, 19.

Rubellius Plautus, unter Nero umgebracht. 62, 14.

Rubrius Gallus, wird von Nero gegen Galba geschickt, geht aber zu diesem über. 63, 27.

P. Corn. Rufinus. Consul mit Fabricius (477.) guter General, sonst schlechter Charakter. Br. 37. (Cicero vom Redner 2, 66.)

Rufus (Vibius) besaß zwey wichtige Antiquitäten, Cäsars Curulsessel, und Ciceros Wittwe. 57, 15.

Rufus (Fenius) prätorischer Präfect unter Nero, und Mitverschworner gegen ihn. 62, 13. (Tacit. Ann. 14, 57.)

Rufus. (C. Virginius) Statthalter in Germanien, muß gegen den Empörer Vindex in Gallien anrücken, macht aber auf eine gehabte Unterredung wahrscheinlich gemeine Sache mit ihm, und bedauert den durch ein bloßes Mißverständniß ums Leben gekommenen Vindex sehr, schlägt aber die ihm angetragene Kaiserwürde aus. 63, 24. 25. — Galba vergilt ihm doch diese Resignation mit nichts 64, 4. — mehr als einmal zum Kaiser ausgerufen, fürchtet ihn doch Nerva so wenig, daß er ihn zum Collegen im Consulat annimmt, und ihm nach dem Tode ein Ehrendenkmahl setzen läßt. 68, 2.

Cluvius Rufus, ein Consular, läßt sich von Nero als Ausrufer seiner Narrheiten in Griechenland brauchen. 63, 14.

Rufus Bassäus, prätorischer Präfect unter Mark Aurel. 71, 5.

Rullus (P. Servil.) von Octavian gegen Anton gesandt, um Brundisium zu entsetzen. 48, 28.

Ruspina, Stadt in Afrika, wo Cäsar Winterquartiere hält. 42, 58.

Rusticus Arulenus, stoischer Philosoph, wird unter Domitian hingerichtet, weil er den Thrasea Pätus (61, 5.) einen ehrwürdigen Mann genannt hatte. 67, 13. (Tacitus Leben Agricola K. 2.)

Jun. Rusticus, Lehrer Mark Aurels in der Philosophie. 71, 35.

P. Ru-

P. Rutilius Rufus, ein rechtschaffener Mann, von Marius und den Rittern verfolgt, weil er ihre Geldschneidereyen in Asien eingeschränkt. Sein Vermögen wird eingezogen, er geht freywillig aus Rom, und verlebt den Rest seiner Tage in Smyrna. Br. 106. 107. (Florus 3, 13. 17. Livius Epitome 70.)

P. Rutilius Lupus. Feldherr im Marsischen Kriege. Br. 111.

S.

Sabina. s. Poppäa.

Sabinian, Feldherr unter Commodus. 72, 3.

Sabinus. s. Titurius.

Sabinus, einer der vornehmsten Römer unter Tiber, auf Sejans Anstiften hämisch beherrscht und umgebracht. 58, 1.

Sabinus, Bruder Vespasians, hält sich unter Kaiser Claudius tapfer in Britannien 60, 20. — sucht vor des Bruders Ankunft den Vitellius zu Niederlegung der Regierung zu veranlassen, wird aber an ihn ausgeliefert. 65, 17.

Sabin, desselben Sohn. ebendas.

Sabinus, Statthalter in Gallien unter Caligula, wird unter Claudius von Messalinen in Schutz genommen. 60, 28.

Calvis. Sabinus. s. Calvisius.

Sabinus (Cornel.) Tribun der Leibwache, bringt den Caligula ums Leben. 59, 29. und dann sich selbst. 60, 3.

Sabinus (Jul.) giebt sich unter Vespasian für einen Abstämmling von Jul. Cäsar aus, wird verfolgt, und verbirgt sich neun Jahre mit Frau und Kindern in einer Höhle 66, 3. wird aber endlich entdeckt, nach Rom gebracht und hingerichtet. 66, 16.

Sabos, König im glücklichen Arabien unter August. 53, 29.

Jul. Sacerdos, unter Caligula hingerichtet, 59, 22.

Sadales, Thracischer Fürst bey der Armee des Pompejus im Bürgerkriege 41, 51. — ist mit bey der Pharsalischen Schlacht, wird aber von Cäsar begnadigt. 41, 63. — setzt die Römer zu Erben ein, und M. Brutus nimmt sein Land in Besitz. 47, 25.

Säule des Trajanus. 68, 16.

Salabus, Anführer der Mauren unter Kaiser Claudius. 60, 9.

Salasser, Gallisches Volk am Fuße der Alpen. 49, 34. 53, 25. — besitzt Bergwerke. Br. 79. — von Messala bezwungen. 49, 38. — empören sich unter August, werden aber unter Terentius Varro bezwungen, und größtentheils als Sclaven verkauft. 53, 25.

Salentien, älterer Name von Calabrien. Br. 8.9.

Sallustius Crispus, der Geschichtschreiber, aus dem Senat gestoßen 40, 63. — wird, um einer Stelle im Senat wieder fähig zu seyn, Prätor, aber fast ermordet. 42, 52. — Cäsar macht ihn

zum

I. Historisches Register.

zum Statthalter von Numidien, wo er aber mehr den Räuber spielt. Urtheil über ihn. 43, 9.

Salomons, Königs von Judäa Grabmahl, stürzt zu Hadrians Zeiten ein. 69, 14.

Salon (auch Salonä) Stadt in Dalmatien, von Octavian belagert. — wütender Ausfall der Weiber. 42, 11.

Q. Salvidienus Rufus, Unterfeldherr Octavians 48, 13. wird von Sept. Pompejus zur See geschlagen. K. 18. auf Octavians Befehl hingerichtet. 48, 33.

Salutio, aus der Familie der Scipionen. 42, 58. (Sueton Jul. 59.)

Samniter, älterer Krieg mit ihnen Br. 143. von Sylla bezwungen Br. 135. verheeren im Bundsgenossenkriege Campanien. Feldherr gegen sie Metell. Br. 166.

Samos; erhält von August die Rechte eines Freystaates. 54, 9.

Samosata, Stadt in Syrien, von Trajan erobert. 68, 19.

Senatrucus, König in Armenien unter Caracall. 77, 12.

Sanquinius Maximus, Stadtpräfect unter Caligula. 59, 13.

Saoterus, Freygelassener des Commodus. 72, 12. 77, 21.

Sardiäer. s. Ardiäer.

Sardinien, fällt bey der Theilung der Provinzen zwischen August und dem Senat dem letztern zu. 53, 12. — hatte einmal unter August keine

I. Historisches Register.

senatorischen Statthalter, der Kaiser sandte vielmehr einen mit Truppen dahin, um feindliche Einfälle abzuhalten. 55, 28.

Sargetia. Fluß in Dacien (jetzt Szul. Mannert B. 4. S. 200.) unter welchem König Decebal in einem Gewölbe seine Schätze hatte begraben lassen. 68, 14.

Sarmaten unter August von C. Junius (nicht Lucius) Silanus bezwungen. 54, 20.

Satala, Stadt in Armenien, ▊▊ Trajan erobert. 68, 18.

Ael. Saturninus, wird wegen eines satyrischen Gedichtes auf Tiber vom Tarpejischen Felsen gestürzt. 57, 22.

Sauromaten, fallen unter August in Mysien ein. 55, 30.

Saxa, unter dem Triumvirat in Syrien angestellt. Bruder des Decidius Saxa — im Partherkriege von Labien besiegt und hernach umgebracht. 48, 24. 25. s. auch Decidius.

M. Scaurus, Bruder des Sext. Pompejus (von Einer Mutter) wird von August nach der Schlacht bey Actium begnadigt. 51, 2.

Schiffe; lederne 48, 18. — zu Lande auf Thierhäuten, mit Oel bestrichen, fortgebracht. 50, 12.

Schlangen über den Weg kriechend, unglückliche Vorbedeutung. 41, 14. — Schlangendienst in Athen. — Hadrian läßt eine große Schlange aus Indien kommen, die er in Athen verwahren und füttern läßt. 69, 16.

Schwal-

I. Historisches Register.

Schwalben, wenn sie sich in einem Zelte oder Schiffe anbauen, zeigen Unglück an. 50, 15. (Jul. Obsequens 87.)

P. Scipio (des Cnejus Sohn) ihm wird seiner Rechtschaffenheit wegen die Ehre zuerkannt, der Cybele Bildsäule aus Pesinus nach Rom zu bringen. Br. 63.

P. Scipio Africanus; verhindert, nach der Schlacht bey Cannä, daß die nach Canusien geflüchteten Römer Italien verlassen. Br. 49. (Livius 22, 53.) sein Lob, besonders seine Religiosität, weßhalb man ihn für Jupiters Sohn ausgiebt. Br. 56. (Aur. Victor 49) sein Betragen gegen die Armee. Br. 57 62. — sein sanfter Charakter Br. 59. giebt dem Celtiberier Alucius seine gefangene Braut wieder. Br. 58. — die Spanier nennen ihn den großen König. Br. 59. — man wirft ihm Annahme Griechischer Sitten vor. Br. 64. — edles Betragen gegen Syphax. Br. 66. — begiebt sich endlich freywillig nach Liternum zur Ruhe. Br. 70. — giebt seine Tochter dem Corn. Gracchus zur Gemahlin. Br. 72.

L. Scipio, des vorhergehenden Bruder, nebst diesem dem Neide ausgesetzt. Br. 70. — Gracchus verhindert dennoch den Arrest desselben. Br. 72.

P. Scipio Africanus der jüngere (eigentlich Sohn des Aemilius Paulus, aber von Scipio African dem ältern an Sohnes Statt angenommen, und Eroberer von Karthago) sein

Lob. Br. 77. — strenger Censor, Br. 81. — sein (gewaltsamer) Tod, selbst von seinen Feinden bedauert. Br. 89.

Q. Scipio, Sohn des Nasica, aber durch Testament in die Familie des Metellus Pius aufgenommen, Schwiegervater des Pompejus und College desselben im Consulat 40, 51. — Pompejus rettet ihn von einer Anklage, 40, 53. — giebt den Censoren die ihnen von Clodius entzogene Gewalt wieder 40, 57. — nimmt im Bürgerkriege, wie zu vermuthen, des Schwiegersohnes Parten, und ist bald Sieger, bald Besiegter. 41, 51. — nach Pompejus Tode setzt er nebst Cato den Krieg in Africa fort, läßt, von Juba verstärkt, sich mit Cäsar in ein Treffen ein, nach dessen Verlust er sich selbst entleibt. 42, 9.

Sclavenaufstand in Sicilien — einer ihrer Anführer Athenio in Cilicien. Br. 104.

Scordisker, verheeren unter August Macedonien 54, 20. helfen dem Tiber gegen die Pannonier 54, 20.

Scribonia, Augusts Gemahlin, von ihm geschieden 48, 34. geht mit der liederlichen Tochter Julia freywillig in die Verbannung. 55, 10.

Scribonius (ein gewisser) giebt sich für Mithridats Enkel aus, vermählt sich mit Dynamis, Asanders Wittwe, einer Tochter des Pharnaces und Mithridats Enkelin, und nimmt vom Cimmerischen Bosporus Besitz, wird aber von den Einwohnern selbst umgebracht. 54, 24.

L. Scri-

I. Historisches Register.

L. Scribonius Libo, junger Mann, kommt unter Tiber in den Verdacht des Empörers. Strenge Tibers gegen denselben noch nach freywilligem Tode 57, 15.

Scribonius Proclus, ein Senator, wird von den übrigen Senatoren aus Schmeichelen gegen Caligula in Stücken zerrissen. 59, 26. (Sueton Calig. 28.)

Scribonius Rufus, und

Scribonius Proculus, zwey Brüder Eines Herzens und Einer Seele, unter Nero hingerichtet. 63, 16. 17.

Seeräuber, hatten sich bey den damaligen beständigen Kriegen sehr vermehrt. 36, 3. überfielen selbst einmal den Hafen bey Ostia K. 5. — von Pompejus glücklich und schnell bezwungen K. 20.

Segetische Gegend 51, 23. (wo doch Fabriz lieber Getische lesen will.)

Segimer, Deutscher, hintergeht den Varus durch verstellte Freundschaft. 56, 19.

Sejanus, in seiner Jugend Lustknabe des Apicius 57, 19. Befehlshaber der Leibwache, schlägt zuerst vor, diese Leibwache vor der Stadt in Einem Lager zu vereinigen — wird von Tiber zum Liebling erkohren. 57, 19. — seine Bildsäule im Theater vom Kaiser aufgestellt. — Consuln und Prätoren strömen alle Morgen in seinem Pallast hin, ihm Hof zu machen. K. 21 — läßt den Drusus mit Gift hinrichten K. 22. — treibt fast mit allen Weibern der Vornehmen verbotenen Umgang, und erfähret durch sie oft mehr, als er wissen will. 58, 3. — übertriebene Schmeicheley des Senats gegen ihn K. 4. 5. — opfert sich selbst vor seiner Bildsäule K. 7. — fängt an, dem Kaiser verdächtig zu werden K. 4. — Tiber beträgt sich mit seiner gewöhnlichen Verstellungskunst gegen ihn, bis er sicher zu seyn glaubt, nichts von ihm befürchten zu dürfen. K. 7. 8. — endlich kommt Macro, Sejans Nachfolger im Kommando der Leibwache mit einem Briefe des Kaisers an, ihn gefangen zu nehmen, der Senat verurtheilt ihn zum Tode, das Volk schleppt seinen Leichnam drey Tage umher, sein Sohn und Tochter werden mit ihm niedergemacht, und die Gemahlin Apicata entleibt sich selbst. K. 9—11. sein Tod zieht den Tod vieler andern nach sich. 12. 14.

Sejan der Sohn, wird nebst seinem Vater Priester 58, 7. mit ihm hingerichtet 58, 11.

L. Sejan (Prätor) ein Verwandter des kaiserlichen Lieblings, läßt, um den Kaiser Tiber zu höhnen, eine öffentliche Feierlichkeit von lauter Kahlköpfen verrichten 58, 19.

Sejus Cajus, würdiger Mann, auf Elagabals Befehl hingemordet. 79, 4.

Selbstverbrennen, bey den Indianischen Gymnosophisten gebräuchlich 54, 9.

Seleucien Stadt in Mesopotamien (Bagdad) 40, 16. von Griechen bewohnt. 40, 20.

Selinus, Stadt in Cilicien, nachher Trajanopel. hier stirbt Trajan. 68, 33.

I. Historisches Register.

Semnonen. Nachbarn der Quaden 67, 5. (s. Mannert Geographie (Germanien) S. 379. ff. ein König derselben, Marsyus, geht zu Domitian über 71, 20.

Sempronius Drusus, sucht das Leben des Kaisers Galba zu vertheidigen, verliert aber darüber sein eigenes. 64, 6.

Sempronius Rufus, Verschnittener Caracalls. Insolenz des Mannes 77, 117.

Seneca, L. Annäus, Philosoph, hätte unter Caligula blos seiner Rednertalente wegen fast das Leben verlohren. 59, 19. wird unter Claudius wegen verdächtigen Umganges mit Julien exiliert. 60, 8. wird Neros Erzieher 60, 32. — seine Spottschrift auf Claudius Tod (Apokolokynthosis) 60, 35. — schränkt nebst Burrhus Agrippinen in ihren Anmaßungen ein 61, 3. — nimmt sich der Regierungsgeschäfte treulich mit an. K. 4. — zieht sich nach Britannicus Vergiftung vom Hofe zurück. K. 7. — ist, wenigstens nach Dios Erzählung, Agrippinens Liebhaber, und konnte ein Vermögen von zwölf Millionen unsres Geldes wohl auch nicht immer auf ganz rechten Wegen erhalten haben — ist prachtliebend und — Päderast. 61, 10. — vermählt sich in hohen Jahren mit Paulinen, ebendas. — soll den Nero mit beredet haben, seine Mutter umbringen zu lassen K. 12. — bringt den Britten mehr als Eine Million mit schwerem Interesse auf. 62, 2. — Theilnehmer an der Verschwörung gegen Nero, öffnet er sich die Adern selbst. 62, 24. 25.

L. Sen-

C. Sentius Statthalter in Deutschland unter August, bekommt Triumphinsignien. 55, 28. (Vellejus Paterc. 2, 105. 109.)

L. Septimius, wird in Aegypten Verräther an dem unglücklichen Pompejus 42, 3. 4.

Septimius Severus, Kaiser. s. Severus.

Serapion, ein Aegyptier, sagt dem Caracall seinen baldigen Tod voraus, und wird niedergemacht. 76, 4.

Seras (od. Suras) Philosoph unter Nerva 68, 1.

Serder, Thracische Völkerschaft. 51, 25.

Seretium, Stadt in Dalmatien, von Germanicus erobert. 56, 11.

Servian, von Hadrian selbst mehr als einmal des Thrones würdig erkannt, wird auf Befehl desselben hingerichtet 69, 17.

Servilius Isauricus, stirbt in hohem Alter 45, 16.

P. Servilius Rullus, s. Rullus.

L. Sestius, von August zum Consul gemacht, ob er gleich des M. Brutus vertrauter Freund, und Begleiter in seinen Feldzügen gewesen war, und noch immer das Andenken seines Bruders auf alle Weise ehrte 53, 32.

Jul. Severus, Statthalter in Britannien, von da aus gegen die rebellirenden Juden von Hadrian gesandt 69, 13. hernach Statthalter in Bithynien 69, 14.

Severus, (Luc. Septimius) Kaiser, war unter Pertinax Befehlshaber in Pannonien 73, 14.— sieht voraus, daß Didius Julians Regierung

un-

I. **Hiſtoriſches Regiſter.** 237

unmöglich lange Beſtand haben könne, und daß er an Pescennius Niger und Albin Mitbewerber um den Thron haben werde, trägt alſo dem letztern im Voraus einen Vergleich an, und verſpricht, ihn zum Mitregenten und Thronfolger anzunehmen 73, 15. — zieht dann gegen Rom an, wo bald alles auf ſeine Seite tritt. K. 17. — entläßt die Leibwache, und hält dann ſeinen Einzug in Rom 74, 1. — verſpricht vorzüglich, keinen Senator tödten laſſen zu wollen, hält aber nicht Wort. K. 2. — läßt dem Pertinax ein prächtiges Leichenbegängniß halten. K. 4. 5. — zieht gegen Pescennius Niger zu Felde, und gewinnt nach einigen Gefechten die entſcheidende Schlacht bey Iſſus. K. 8. — erobert Byzanz nach einer dreyjährigen Belagerung. K. 14. — während dieſer Belagerung bekriegt er auch die Osroener, Adiabener und Araber 75, 1—3. bekommt nun einen Bürgerkrieg mit Albin, dem er den ehemals ſelbſt angebotenen Cäſarnamen nicht weiter zugeſtehen will. K. 4. — gewinnt eine entſcheidende Schlacht bey Lyon, bey der er doch ſelbſt in Lebensgefahr geräth, und behandelt den Leichnam ſeines Gegners unedel. K. 5—7. glücklicher Feldzug gegen die Parther, die während des Bürgerkrieges mit Albin die Römiſchen Provinzen überfallen hatten, der doch durch einen baldigen Frieden geendiget wird. K. 9. — auf dem Rückzuge macht er einen Verſuch auf Atra in Arabien, bey dem er viel Volk verliert, und doch immer nichts ausrichtet. K. 10—12.

bereifet bann Aegypten, wo er alle Bücher my-
sterisen Inhalts aus den Tempeln nimmt. K.
13. — wählt den Plautian zu seinem Günstling,
sieht sich aber nebst seiner Gemahlin von demselben insolent behandelt. K. 14. — begehet seine
Decennalien und seines Sohnes Caracalls Vermählung mit Plautillen, Plautians Tochter,
mit großer Pracht 76, 1. — läßt den Plautian
hinrichten. K. 4. — geht nach Britannien, um
die von den Römern bisher noch nicht besessenen Theile auch zu erobern, setzt viel Volk da-
beyzu, macht eine Art von Vertrag mit den
Britten, sie empören sich von neuem, aber
während der Zurüstung zu diesem Kriege stirbt
er, nicht ohne Verdacht auf Caracall. K. 15.
— sein Charakter und häusliche Lebensart. K.
16. 17. — seine Gemahlin Julia (Domna)
74, 3. 75, 15. — er hat sein Leben selbst beschrieben 75, 7.

Severus Alexander, Kaiser, s. Alexander.

T. Sextius, Statthalter in Numidien, führt
Krieg gegen die Statthalter im eigentlichen
Africa Q. Cornificius und Dec. Lälius, ero-
bert auch die Provinz und behauptet sie bis zur
Ankunft des Lepidus 48, 21 — 23.

Sextus (Cháronensis) Plutarchs Schwestersohn, Philosoph unter Mark Aurel 71, 1.

Sextus Condianus, Sohn eines als Muster
brüderlicher Liebe bekannten Quintiliers — aben-
theuerliche Lebensrettung desselben unter Commodus. 72, 6.

Sia-

I. Historisches Register.

Sialeten, Thracische Völkerschaft. 54, 34. und daſ. Note.

Sicilien, fällt bey der Theilung der Provinzen zwischen Auguſt und dem Senat dem leztern zu. 53, 12.

Sidonier, werden nebſt den Tyriern öfterer Empörung wegen für Sclaven erklärt. 54, 7.

Sigerius, Kammerherr und Mitverſchworner gegen Domitian. 67, 15.

Sikoris, Fluß in Spanien. 41, 20.

C. Jun. Silanus (nicht Cajus Lucius) bezwingt unter Auguſt die Sarmaten. 54, 20.

M. Silanus, würdiger Conſular und großer Rechtsgelehrter, von Tiber ſelbſt geſchätzt, wird von Caligula, der deſſen Tochter zur Gemahlin hatte, gemißhandelt und umgebracht. 59, 8.

M. Jun. Silanus. Statthalter in Aſien, würdiger Mann, von Agrippinen, Neros Mutter, vergiftet 61, 6.

P. Silius. Feldherr unter Auguſt, glücklich gegen einige Alpenvölker und gegen die Pannonier. 54, 20.

C. Silius; läßt sich durch Meſſalinen zu dem Schwindel verleiten, ſich mit ihr zu vermählen, und dadurch auf den Thron vorzuarbeiten, die Sache wird aber durch Narciß, dem Kaiſer verrathen, und er wird nebſt Meſſalinen hingerichtet. 60, 31.

Silius Meſſala, Conſular, auf Elagabals Befehl hingerichtet. 79, 5.

Sil.

240   I. Historisches Register.

Silvanus, Unterfeldherr unter Tiber und Germanicus gegen die Dalmater. 56, 12.

Similis, prätorischer Präfect unter Hadrian. Lob desselben. 69, 18.

Singara, Stadt in Mesopotamien, von Trajan erobert. 68, 22.

Sipuntum, Stadt in Sicilien. 48, 27.

Siscia, Stadt in Pannonien (jetzt Sissek) 49, 37. 55, 30.

Sitas, König der Dentheleten. 51, 23. (kommt dem Namen der ältern Könige, Sitalces, nahe. Fabriz.)

P. Sittius, ein ganz unbekannter Mann, wirft sich unaufgefordert zum Retter Cäsars in Afrika auf, und fällt in Numidien ein, wodurch Juba seine Armee zurückzuziehen genöthigt wird. 43, 3. 8. (Appian Civil. 4. 54. Hirtius K. 25.)

Smyrna, großes Erdbeben daselbst unter Antonin dem Philosophen. 71, 32.

Soämis. s. Julia.

Soämus, Arabischer König 59, 12. (Tacit. Ann. 12, 23. 13, 7.)

Soämus, König von Armenien unter M. Aurel von dem König der Parther Vologäsus aus seinem Reiche vertrieben. 71, 2.

Soli, Stadt an der Küste Ciliciens, von Tigranes zerstört, und von Pompejus vom neuen bevölkert 36, 20. s. Pompejopolis.

Solonium, Stadt in der Allobroger Lande. 37, 43. (bey Livius Epit. 103. Solon.)

                                          Sonne.

I. Historisches Register.

Sonne; ihr geweihete Tigerpferde auf den Inseln des rothen Meeres. 75, 14.

Sonnenfinsternis. Entstehung derselben 60, 26.

Sophanene (auch Sophene) Landschaft an Armenien grenzend. 36, 36.

Sophokles. Stelle aus ihm 42, 4.

Sophonisbe. Masinissas Gemahlin, ihre Schönheit ist gerühmt Fr. 61.

Soranus, würdiger Mann, wird bey Gelegenheit der Pisonischen Verschwörung, an der er doch keinen Theil genommen, hingerichtet. 62, 26.

Sosibius, Erzieher des Britannicus, auf Agrippinens Befehl hingerichtet. 60, 32.

C. Sossius, von Anton als Feldherr in Syrien und Cilicien angestellt, erobert Arad und Jerusalem. 49, 22. — ist weniger thätig, weil er sich vor Antons Eifersucht fürchtet 49, 23. — arbeitet als Consul vorzüglich für Anton 50, 2. — bleibt in einem Seetreffen. 50, 13.

Sossius, ein anderer Anhänger Antons, von August nach der Schlacht bey Actium begnadigt 51, 2.

Sossius. Trajan läßt ihm seiner Verdienste wegen eine Ehrensäule errichten. 68, 16.

Sotion, alter Geschichtschreiber angeführt Fr. 10.

Spanien, bey der Theilung der Provinzen zwischen August und dem Senat fällt das Bätische dem Senat, das Tarraconensische nebst Lusitanien dem Kaiser zu. 53, 12.

Dio Cass. 5. B. Q Spa-

Spasins Damm (Spasinu Charax) Stadt am Tigris 68, 28.

Sphärus, Augusts Freygelassener und ehemaliger Lehrer, von ihm prächtig begraben. 48, 33.

Spinnengewebe an Fahnen, unglückliche Vorbedeutung 41, 14. 47, 2.

Sporaces, Phylarch in Anthemusien (kleine Landschaft Mesopotamiens) 68, 21.

Sporus. Freygelassener. Nero läßt ihn, weil er mit Poppäa ähnliche Gesichtszüge hat, entmannen, und vermählt sich förmlich mit ihm 62, 28. 63, 13. (s. auch Poppäa) er entleibt sich selbst unter Vitellius 65, 10.

Statilius Taurus, erobert beyde Römische Provinzen in Africa, die bisher Lepidus besessen hatte 49, 14. — Unterfeldherr Augusts gegen die Dalmater. 49, 38. — baut das erste steinerne Theater. 51, 23.

L. Statius Murcus, belagert nebst M. Crispus den Statthalter Bassus in Apamea 47, 27. — wird von Cassius zum Anführer der Flotte gemacht. 47, 28. 35. — rettet sich nach der Schlacht bey Philippi zu Sextus Pompejus, wird aber umgebracht. 48, 19.

Staubregen silberfarbiger, tingiert eherne Münzen, aber diese Versilberung hält sich nur einige Tage 75, 4.

Stephanus, Freygelassener und Mitverschworner gegen Domitian 67, 15.

Sterndeuter, unter Vitellius aus Rom und Italien verwiesen 65, 2. auch von Vespasian 66, 9.

Stolo.

I. Historisches Register.

Stolo. (C. Licin.) Magister Equitum. Br. 33. zu unterscheiden von dem Volkstribun dieses Namens, ebendas.

Stratonice, Mithridats verstoßene Gemahlin, rächt sich dadurch, daß sie die Stadt Symphorium in Pontus an Pompejus überliefert. 37, 7. (Appian Mithrid. K. 107.)

Stratonicea, Stadt in Asien, nachher Hadrianopel. 48, 26. Note.

Strateg. Name der Vorsteher des Achäischen Bundes Br. 165.

Subrius (Flavius) Tribun der Leibwache, Mitverschworner gegen Nero 62, 24.

Suetonius Paulinus, besiegt die Mauren 60, 9. — unter Nero Feldherr in Britannien, erobert die Insel Mona (Anglesey), indeß empört sich ganz Britannien unter der Königin Bundnika, doch er eilt zurück, und gewinnt die Schlacht gegen sie 62, 2—12.

Sueven (Celten, jenseits des Rheins) empören sich unter August. 51, 22. nach Mysien ausgewanderte, sprechen den Domitian um Hülfe an gegen die Lygier, weil sie aber nur hundert Reiter von ihm bekommen, schlagen sie sich zu den Jazygern 67, 5.

Sulpicianus (Flavius) Schwiegervater des Pertinax und Stadtpräfect. 73, 7. sucht nach Pertinax Ermordung das Kaiserthum für sich, wird aber von Did. Julianus überboten. 73, 11. — auf Sept. Severs Befehl hingerichtet. 75, 9.

Sulpicianus Arrenianus. Senator, berüchtigter Angeber unschuldiger Menschen, wird nebst andern seines Schlages von Macrin in eine Insel verwiesen 78, 21.

Sulpicius Rufus, großer Jurist und Consul mit M. Marcellus. (703.) 40, 58. ist auf Cäsars Seite. K. 59.

Sulpicius Aper, Centurio, Mitverschworner gegen Nero. Freymüthigkeit desselben. 62, 24.

Sulpicius Camerinus, einer von Roms ersten Männern, unter Nero hingerichtet 63, 18.

Sura (Licin.) vornehmer Römer, vertrauter Freund Trajans, von demselben prächtig begraben 68, 8. 15.

Suras s. Seras.

Surena (Amtsname: Wessier) besiegt den Crassus in Parthien 40, 16—27.

Sygambrer (auch Sicambrer 40, 31.) — sind Celten über dem Rhein wohnend. 39, 48. — ihre Feindseligkeiten gegen die Römer 40, 32. 54, 20. Krieg des Drusus gegen sie 54, 32. 33. — August läßt dem Völkerrechte zuwider ihre Gesandten gefangen nehmen, und in den Städten umher vertheilen, sie bringen sich aber selbst ums Leben. 55, 6.

Sylla; belagert Athen. Br. 121. vergreift sich sehr an den reichen und prächtigen Tempeln Griechenlandes. Br. 122. 123. — braucht aber auch viel, weil er die Soldaten anderer Feldherrn durch Geld an sich zu locken pflegt, und ihnen starken Sold giebt. Br. 123. — setzt

Männer,

Männer, die ihm zu seinen Siegen verholfen, zurück, und giebt den schlechtesten Leuten Befehlshaberstellen. Br. 134. — nimmt überhaupt nach Bezwingung der Samniter die Maske ab. Br. 135. — seine unmenschliche Grausamkeiten in Rom. Br. 136—139.

Sylla, des Dictators Brudersohn 36, 27.

Sylla (Faustus) des Dictators Sohn. giebt Spiele zu des Vaters Andenken. 37, 51. — im Augurat unbillig zurückgesetzt. 39, 17.

Sylla, Statthalter in Cappadocien unter Macrin, auf Elagabals Befehl umgebracht. 79, 4.

Symbolum, Gegend in Macedonien, wo zwey Gebirge zusammenstoßen. 47, 35.

Symphorium Kastell, in Pontus 37, 7. (s. auch oben Stratonice.)

Syrakus, von August für Römische Colonie erklärt 54, 7.

Syria Palästina, war zu Pompejus Zeiten in zwey Factionen, des Hyrkan und Aristobul getheilt 37, 15. — Syria Cyrrhestica. 49, 20.

Syriacus, geschmackvoller Gelehrter, wird unter Tiber hingerichtet, blos weil er Freund des Asinius Gallus war. 58, 3. (Seneca Controvers. 2, 27.

T.

Talaura, Stadt in Pontus 35, 14.

Talymenus Ilaces, Satrap in Mesopotamien 40, 12. (bey andern Sillaces.)

Tanape, Hauptstadt in Aethiopien 54, 5. (bey Strabo Napata, bey Stephanus Napatâ.)

Tanusia, Römische Dame, eheliche Treue gegen ihren Gemahl bey seiner Verbannung. 47, 7.

Tapa kleiner Ort in Dacien. 67, 10. 68, 8.

Tarbus, Dynast eines an Dacien grenzenden Landes. 71, 11.

Tarcondimotus, Beherrscher eines Theiles von Cilicien, unterstützt den Pompejus vorzüglich zur See, wird aber von Cäsar begnadigt 41, 63. — verbindet sich mit C. Cassius 47, 26. bleibt in einem Seegefecht. 50, 14.

Tarcondimotus der Sohn, erhält von August das väterliche Reich wieder. 54, 9.

Tarentiner, leichtsinnig und dem Luxus ergeben, erlauben sich mehr als einen Frevel gegen die Römer Br. 145.

Tarquinius Priscus Br. 22.

Tarquinius Superbus Br. 23.

Tarrutenius Patronus. Staatssekretär Mark Aurels für das Lateinische Departement 71, 12. — sein glücklicher Feldzug gegen die Scythen 71, 33. — prätorischer Präfect 72, 5. — wird unter Commodus hingerichtet. ebendas.

Tarsus, die Einwohner nennen ihre Stadt zu Cäsars Ehren Juliopolis 47, 26. — begünstigen überhaupt die Rächer des ermordeten Cäsars, und öffnen dem Dolabella ihre Thore freywillig 47, 30.

Taurisker 49, 34. 50, 28.

Tench.

I. Historisches Register.

Tenchteren, Celtische (Germanische) Völkerschaft, kommen in Gesellschaft der Usipeten vor 39, 47. 48. ingl. 54, 20.

Terentia, Mä:ens Gemahlin, gefällt auch dem August 58, 18.

M. Terentius Varro, s. Varro.

M. Terentius, als Anhänger Sejans verklagt — seine freymüthige Vertheidigung 58, 19.

Teridates, ein Rebell, empört sich wider Phraates in Parthien, wird besiegt und flieht nach Syrien 51, 18. — August liefert ihn nicht, wie Phraates verlangt, wieder aus 53, 33. — von Tiber zum König von Parthien gemacht 58, 26. doch von Artaban vertrieben. ebendas.

Teridates, des Vologäsus und Pacorus Bruder, von Corbulo bezwungen 62, 19. — bekommt aber hernach von Nero das Diadem persönlich in Rom mit vieler Pracht 63, 1—7.

Teridates, geht von den Parthern zu Caracall über 77, 19. Macrin verträgt sich mit ihm, und giebt ihm das Reich wieder 78, 27.

Terpnus, Neros Lehrer im Harfenschlagen 63, 8. (Sueton 20.)

Teuta, Königin von Jllyrien. Br. 46. und 151. s. auch Triteuta.

Thapsus, Stadt in Africa, Lage derselben 43, 7.

Theokrit, eigentlich Sclav und theatralischer Tänzer, hernach von Caracall zum prätorischen Präfect gemacht, als solcher sehr insolent 77, 21.

Thera, Insel, neu entstandene, neben derselben eine andere kleinere (unter Kaiser Claudius) 60, 29.

Theriak, Arzney, besonders von Mark Aurel als Hausmittel gebraucht, 71, 6.

Thessalische Hüte, von den Römern im Theater gebraucht, um sich vor der Sonnenhitze zu verwahren 59, 7.

Thessalonich, in dieser Stadt befand sich der von Pompejus aus Rom mitgenommene Senat 41, 42.

C. Thoranius, Volkstribun 53, 27.

Thracier, von M. Crassus unter August besiegt 51, 15.

Thrasea Pátus, s. Pátus.

Thrasea Priscus, von Caracall hingerichtet 77, 5.

Thrasyll, Sterndeuter unter Tiber 55, 11. 57, 15. — stirbt 58, 27.

Thucidides, Unterfeldherr unter Mark Aurel. Bruchst. I. zu 71, 2.

Thürme, sieben tönende bey Byzanz 74, 14.

Thyrsus, Freygelassener Augusts, von ihm an Kleopatren geschickt, um ihr seine Liebe zu ihr vorzuspiegeln 51, 8.

Tiber, Fluß, tritt aus, und richtet eine große Ueberschwemmung in Rom an 39, 61.

Tiberius, Kaiser, mußte im Bürgerkriege mit seinen Eltern froh seyn, dem August zu entkommen. 48, 15. — bekommt von August Erlaubniß, fünf Jahre früher als gewöhlich um

Staats-

I. Historisches Register.

Staatsämter anzuhalten. 53, 28. — Feldzug gegen die Rhätier in Gesellschaft des Drusus glücklich beendigt 54, 22. — wird, weil die zwey wirklichen Enkel Augusts (von Julien und Agrippa) noch zu jung sind, von August zum Gehülfen in Regierungsgeschäften angenommen, muß sich deßwegen von seiner Gemahlin, einer Tochter Agrippas, scheiden, und sich mit Julien, Agrippas Wittwe vermählen 54, 31. — wird dann gegen die Pannonier gesandt, die er glücklich besiegt. ebendaf. — ingleichem die Dalmater. K. 34. — reiset zu seinem kranken Bruder (Drusus) an den Rhein, und bringt hernach dessen Leichnam nach Rom, hält auch über die Pannonier und Dalmaten den kleinern Triumph 55, 2. — zieht nun gegen die Deutschen zu Felde, besonders gegen die Sygambrer, besiegt sie, und hält den großen Triumphaufzug. K. 6. 8. — bittet um Erlaubniß, nach Rhodus gehen zu dürfen. Bewegungsgründe zu diesem Entschlusse. K. 9. — kommt noch vor dem Tode des Cajus und Julius Cäsar nach Rom zurück. ebendaf. — wird nun von August unter der Bedingung adoptiert, daß er nicht seinen eigenen, sondern seines Bruders Drusus Sohn, Germanicus an Kindes Statt annehmen soll. K. 13.— giebt nebst Germanicus Fechterspiele zu Ehren ihres Vaters Drusus — weihet den Tempel des Castor und Pollux ein K. 27. — zieht gegen die Deutschen zu Felde, dringt gegen die Weser und Elbe vor, erhält aber doch nicht viel

viel dadurch 28. — kann sich überhaupt hier nicht länger verweilen, weil er gegen die Dalmater und Pannonier ziehen muß. 29. 30 — kommt zwar bey August in Verdacht, als ob er von Germanicus abgelöset wird. K. 31. muß aber von neuem dahin abgehen. 56, 12 — nach Varus Niederlage bekommt er nebst Germanicus Befehl, nach Deutschland zu gehen, hält sich aber mehr vertheidigungsweise, und bekommt fast keinen Feind zu sehen. 56, 25. — läßt den Agrippa Postumus sogleich auf die Nachricht von Augusts Tode heimlich umbringen 57, 3. — hält dem August die Leichenrede. 57, 35—41.

Verstellte Weigerung, die Regierung anzunehmen 57, 2. 3 — die Armeen in Pannonien und Deutschland empören sich, und die letzte ruft den Germanicus zum Kaiser aus. K. 5. — Tiber erkennt die hartnäckigste Verweigerung dieses Antrages von Seiten des Germanicus mit Dank, ist aber über dessen allgemeine Beliebtheit bey Volk und Armee sehr eifersüchtig. K. 6. — er nimmt nun die Regierung wirklich an, doch, so lange Germanicus lebte, so, daß er in keinem Staatsgeschäfte etwas ohne den Senat thut, oder zu thun scheint. K. 7. — verbittet alle Ehrennamen: Herr — Imperator — Vater des Vaterlandes — August — und nennt sich blos Cäsar — Germanicus — Princeps Senatus. K. 8. — man darf ihm auch weder Tempel noch Bildsäulen weihen. K. 9. — er läßt die von August angefangenen

(Ger-

I. **Historisches Register.** 251

Gebäude vollenden, und deſſen Namen daran
ſetzen, iſt auch freygebig gegen Provinzen und
einzelne Perſonen K. 10. 17. — nicht weniger
herablaſſend gegen Senat und Volk. K. 11. —
ſchränkt die Anmaßungen ſeiner herrſchſüchti-
gen Mutter auf häusliche Geſchäfte ein. K. 12.
— Geſetze über den Luxus K. 15. — will die
Griechiſche Sprache nicht in Edicten und vor
Gericht gebraucht wiſſen K. 15. — affectiert
überhaupt Eleganz in der Sprache. K. 17. —
läßt, ob er ſich gleich ſelbſt mit Deutung der
Zukunft abgiebt (55, 11.) alle fremde Sterndeuter, Tauſendkünſtler u. ſ. w. hinrichten, und
auch ein ſcharfes Edict für Römer deßhalb
ergehen. K. 15. — läßt den Germanicus durch
Piſo mißhandeln, und wahrſcheinlich vergiften. K. 18. — nach Germanicus Tode legt er
nun ſeine bisherige Verſtellung ab, und wird
Tyrann. K. 19. — nimmt den Sejan zum
Günſtling an. 19. 21. — läßt einen geſchickten
Mechaniker aus Neid hinrichten 21. — hält
auf ſeinen Sohn Druſus die Leichenrede. 22. —
geht von Rom nach Kapreä. 58, 1. — grau-
ſame Härte gegen Aſinius Gallus. K. 3. —
ſchöpft endlich Verdacht gegen Sejan, befördert ihn aber, um ihn ſicher zu machen, zu
Ehren und Würden, bis er ihn endlich in einem Schreiben an den Senat gefangen zu nehmen befiehlt. K. 4—10. — iſt, bis er Nachricht
von dem Erfolge über Sejan erhält, in ſo
großer Angſt, daß er Schiffe zur Flucht bereit
hält. K. 13. — läßt nach Sejans Tode viele

An-

Anhänger desselben hinrichten, um ihr Vermögen einziehen zu können. K. 14. — giebt doch einmal vier Millionen unserer Thaler zu einer Leihkasse her, und läßt alle als falsche Angeber berüchtigte an Einem Tage umbringen. K. 21. Grausamkeiten und unzählige Hinrichtungen, so daß die Statthalter in den Provinzen aus Mangel an Nachfolgern ihre Aemter mehr als Ein Jahr nach einander behalten müssen. K. 23. 24. stirbt endlich zu Misenum, und Caligula nebst Macro lassen, weil er noch einmal wieder aufzuleben scheint, dichte Decken auf ihn werfen. 58, 28.

Sein verstellter tückischer Charakter überhaupt. 57, 1. 58, 28. — sieht bey Nacht besser als bey Tage. 57, 2.

Tiberius, des Kaisers Enkel von Drusus (oder ein Gemächt Sejans) 58, 23. — Caligula läßt ihn umbringen 59, 1. 8.

Tifata, Bergkette in Campanien 42, 25.

Tigellinus Sophonius, an des hingerichteten Burrhus Stelle von Nero zum prätorischen Präfect gemacht, ein wohllüstiger und mordsüchtiger Mann. Freymüthigkeit des Pythias gegen ihn 62, 13. begleitet den Nero auf seinem Virtuosenzuge nach Griechenland, und erlaubt sich auch da viele Ungerechtigkeiten. 63, 12.

Tigerthiere, unter August zuerst in Rom gesehen, vielleicht auch in Griechenland, wie Dio meint 54, 9.

Ti.

I. Historisches Register. 253

Tigranes; König von Armenien, von Lucull bezwungen, wagt es dennoch, denselben vom neuen bey Tigranocerta anzugreifen, wird aber geschlagen, und wirft, um auf der Flucht nicht erkannt zu werden, seinen Turban (Tiare) weg. Br. 178. nimmt doch hernach den Römern wieder mehrere Städte ab. 35, 8. — im Kriege des Pompejus gegen Mithridates ergiebt er sich nothgedrungen an Pompejus, und wird von demselben freundlich aufgenommen. 36, 35. — Pompejus giebt ihm seine alten Erblande wieder, nur die neuerlich eroberten muß er herausgeben 36, 36. — Doch nachher nimmt er ihn sogar zum Freunde und Bundsgenossen des Römischen Volks an. ebendas.

Tigranes, des vorigen Sohn, empört sich gegen den Vater, wird aber von demselben geschlagen, worauf er zu den Römern übergeht, und mit gegen den Vater zu Felde zieht. 36, 34. — unbescheidenes Betragen gegen den Vater, welches Pompejus selbst mißbilligt. Er ist mit dem ihm zugetheilten Lande nicht zufrieden, will auch die Schätze des Vaters nicht überliefern, wird aber von Pompejus fest genommen, und, weil er entfliehen will, gefesselt nach Rom gebracht. 36, 36. — Clodius, der Volkstribun befördert, durch Geld bestochen, seine Flucht aus Rom. 38, 30.

Tigranes, bisher als Geißel in Rom, wird von August zum König in Armenien gemacht. 54, 9. — empört sich, Prinz Cajus (Cäsar) wird gegen ihn gesandt, und er bequemt sich. 55, 11.

Ti-

Tigranes von Nero zum König von Armenien ernannt. (Tacit. Ann. 14, 26.) hatte bey dem Feldzuge des Corbulo die Provinz Adiabene verwüstet. 62, 20. — wird von Vologäsus in Tigranocerta belagert. ebendas.

Tigranocerta, Hauptstadt in Armenien, von Lucull belagert. Vr. 178. und eingenommen 35, 2. — von Corbulo erobert und von Vologäsus belagert. 62, 20.

Tillius Cimber, einer der Verschwornen gegen Cäsar, unterstützt als Statthalter in Bithynien den C. Cassius. 47, 31.

Tingitaner in Africa, erhalten Römisches Bürgerrecht. 48, 45.

Titanen, sollen in die Höhle Cira geflohen seyn 51, 26.

Titiana (Flavia) des Kaisers Pertinax Gemahlin 73, 7.

Titianus (Flav.) Einnehmer der kaiserlichen Gefälle in Alexandrien unter Caracall 77, 21.

M. Titius, von Sext. Pompejus als Gefangener mild behandelt 48, 30. — wird hernach Mörder 49, 18. geht von Anton zu August über 50, 3.

Titius Rufus, Senator unter Caligula hingerichtet 59, 18.

Titurius Sabinus, Unterfeldherr Cäsars, verliert eine Schlacht 40, 11. (Sueton Jul. 67. und Tituriana Clades 25.)

Titus, Kaiser, rettet zu des Kaisers Claudius Zeiten seinen Vater Vespasian in Brittannien aus

I. Historisches Register. 255

aus einer gefährlichen Lage 60, 30. — wird nach Vespasians Regierungsantritt zum Cäsar ernannt 66, 1. — belagert Jerusalem, und erobert Stadt und Tempel nach einer verzweifelten Gegenwehr 66, 4—7. findet die Jüdische Prinzeßin Berenice sehr nach seinem Geschmack, sie kommt zu ihm nach Rom, wohnt bey ihm, und er hat sie wahrscheinlich zu seiner Gemahlin bestimmt; weil aber das Mißvergnügen darüber allgemein ist, überwindet er sich, und entläßt sie 66, 15. — sein moralischer Charakter war vorher nicht eben der beßte gewesen, aber dem Regenten kann man weder eine Härte gegen andere, noch eine Liebschaft Schuld geben, obgleich Berenice nach der Zeit noch einmal nach Rom kam. K. 18. — Vergleichung zwischen ihm und August. ebendas. — er unterstützt die durch den Ausbruch des Vesuvs unglücklich gewordenen Bewohner Campaniens, und läßt die durch einen großen Brand in Rom zerstörten öffentlichen Gebäude wieder herstellen. K. 24. — weiht mit großer Pracht und Spielen aller Art, die hundert Tage dauern, die nach ihm benannten Bäder und das Amphitheater ein. K. 25. stirbt, wie einige sagen, durch Domitians Tücke, nach andern eines natürlichen Todes. Wenigstens läßt Domitian den kranken Mann, um die Fieberhitze abzukühlen, in einen mit Schnee gefüllten Kasten legen. Bey seinem Tode bereut er nur Eine Handlung seines Lebens, über die man

ver-

verschiedene Muthmassungen hat. K. 25. (Sueton. K. 10.)

Togodumnus, kleiner König in Britannien unter Kaiser Claudius 60, 20.

Tolosa, (Toulouse) vorher mit den Römern verbunden, rebelliert dann, und wird von den Römern geplündert. Diese Stadt war sehr reich, und besaß unter andern die von Brennus ehemals in Delphi geraubten Kostbarkeiten. Br. 97.

Jun. Torquatus Silanus, Urenkel Augusts unter Nero hingerichtet 62, 27.

Trajanus, Kaiser, ein Spanier von Geburt, und der erste Ausländer, der Römischer Kaiser wird 68, 4. — war Statthalter in Deutschland, als ihn Nerva adoptirte. 68, 3. — schreibt schon voraus an den Senat, daß kein rechtschaffener Mann unter ihm für Leben oder Ehre zu fürchten habe, und hält Wort. — ist überhaupt ein gerader Mann, macht gute Anordnungen im Staate, und giebt gern große Summen, um besonders eine gute Kinderzucht in Italien zu befördern K. 5. weil er den bisher an die Dacier bezahlten Tribut schimpflich, und den Anwachs ihrer Macht gefährlich findet, unternimmt er einen Krieg gegen dieselben, in dem er und sein Feldherr Lusius so glücklich sind, den Decebal zu einem Friedensantrage zu nöthigen. K. 6. 8. — Trajan setzt indeß, weil er dem ränkevollen Manne nicht traut, seine Eroberungen fort, bis Decebal

I. Historisches Register.

rebal persönlich erscheint, und sich zu gewissen Bedingungen bequemt. K. 9. — Decebals Treulosigkeit nöthigt ihn doch bald zu einem neuen Feldzuge, jener läßt seinem Leben durch Meuchelmörder nachstellen, lockt auch einen seiner Generale (Longin) zu einer freundschaftlichen Unterredung, und behält ihn dann als Gefangenen bey sich. K. 12. — Trajan läßt eine prächtige Brücke über die Donau bauen, geht dann mit der Armee hinüber, erobert Decebals Reich und Hauptstadt, zwingt den König, in sein eigenes Schwert zu fallen, und erbeutet viele verborgene Schätze desselben; K. 13. 14. — er geht nach Rom zurück, giebt mehrere Spiele, und erhält viele auswärtige Gesandtschaften, läßt seinen vertrauten Freund, Sura, prächtig begraben, auch andern verdienten Männern Bildsäulen setzen, legt Büchersammlungen an, und läßt auf einem neu erbauten Markte eine hohe Säule (Columna Trajani) errichten 15. 16. — nach der Zeit unternimmt er einen Feldzug gegen die Armenier und Parther, zu dem er doch keine andre Veranlassung hat, als seine Ruhmbegierde. Indeß ist er auch hier glücklich, und trift verschiedene Abänderungen unter den Regenten im Orient K. 17—22. — erhält die Beynamen des Beßten und Parthicus (so wie vorher schon den Namen Dacicus) K. 23. — kommt bey dem großen Erdbeben in Antiochien fast ums Leben 25. — erobert dann Adiabehe, und bringt bis nach Babylon vor 68, 26. will den

Euphrat durch einen Kanal in den Tigris herleiten, muß zwar davon abstehen, läßt aber seine Schiffe durch Hebebäume in den Tigris herüberschaffen, geht vor Ktesiphon, und erobert es 68, 28. — ingleichem eine vom Tigris gebildete Insel Mesene. ebendas. — gelangt endlich bis an den Ocean, und hat große Lust, nach Indien zu gehen. Der Senat erkennt ihm viele Ehrenbezeigungen, unter andern einen prächtigen Triumphbogen auf dem von ihm neu angelegten Markte zu, aber alle im Orient gemachte Eroberungen gehen durch Empörungen wieder verloren; K. 29. — zwar läßt er seine Generale Lusius und Maximus gegen die Rebellen hinziehen, der letztere bleibt im Treffen, jener erobert aber Nisibis und Edessa wieder, und zwey andere Generäle nehmen Seleucien wieder ein. Trajan selbst giebt den Parthern aus Furcht einer Empörung auch von ihrer Seite einen König am Parthamaspates K. 30. geht dann nach Arabien, wo er die Atrener vergebens zu unterjochen sucht. K. 31. — nun wird er kränklich, rüstet sich zwar zu einem neuen Feldzuge nach Mesopotamien, schifft sich aber wegen zunehmender Krankheit (ohne Zweifel Wassersucht) nach Italien ein, und stirbt zu Selinus (von ihm nachher Trajanopel genannt) in Cilicien, nach einer Regierung von neunzehn und einem halben Jahre; 68, 33. — seine Asche wird unter seiner Prachtsäule beygesetzt; 69, 2. — sein vortreflicher Charakter 68, 6. 7. — der doch durch

durch Päderastie und Liebe zum Trunk in Schatten gestellt wird. 68, 7.

Tralles; die Einwohner dieser Stadt wollten wenigstens den Schein haben, die Römer bey der allgemeinen Mordscene Mithridats in Asien verschont zu haben. Br. 115.

L. Trebellius, Volkstribun, Gegner des Pompejus. 36, 7. 13.

Trebonius, Volkstribun, von Pompejus und Cäsar gebraucht, ihre ehrgeizigen Plane durchzusetzen 39, 33. 35. — ist im Bürgerkriege auf Cäsars Seite und belagert Marseille; 41, 19. — Cäsar macht ihn zum Prätor urbanus, in welchem Amte er durch seines Collegen Titius Tücke in Lebensgefahr kommt 42, 22. — ist dann Statthalter in Spanien 43, 29. — einer der vorzüglichsten Verschwornen gegen Cäsar, hält während der Ermordung den M. Anton im Gespräch auf 44, 14. unterstützt den Brutus von Asien aus mit Gelde 47, 21. — endlich von Dolabella in Smyrna umgebracht. 47, 29.

Treviren und Celten (Deutsche) unter August von Nonius Gallus besiegt. 51, 20.

L. Triarius, Unterfeldherr Luculls, besiegt den Mithridat. 35, 10.

Triballier, Mysische Völkerschaft. 51, 22. 23. 27.

Dec. Triccianus, vorher Thürsteher, hernach Statthalter in Pannonien unter Macrin. 78, 13.

Triccianus, wahrscheinlich von dem vorherstehenden verschieden, Commandeur der Albanischen Legion unter Macrin. 79, 4.

Triteuta. ſ. Teuta.
Tucca, Stadt in Africa (Numidien) 48, 21.
Tullus Hoſtilius, König in Rom. Br. 21.
Turbo, prätoriſcher Präfect unter Hadrian. Lob deſſelben. 69, 18.
P. Turullus, einer von Cäſars Mördern, von Anton nach der Schlacht bey Actium an Octavian ausgeliefert und hingerichtet. 51, 8.
Tusculaner; liſtige Rettung ihrer Stadt gegen die anziehenden Römer. Br. 32. Livius 6, 25.)
Tyndaris, Stadt in Sicilien. 48, 17.
Tyrus vom König der Parther Pacorus vergeblich belagert. 48, 26. — ihre Bewohner werden nebſt den Sidoniern öfterer Empörung wegen von Auguſt für Sclaven erklärt 54, 7.

U.

Ubier. (Cölln) 39, 48.
Ulia, Stadt in Spanien (in der Gegend von Corduba, vom jüngern Pompejus belagert. 43, 32. 33.
Ulpianus (Domit.) prätoriſcher Präfect unter Alexander Severus. 68, 1.
Ulpius Marcellus, tapferer Feldherr unter Commodus. 72, 8.
Ulpius Julianus; Praefectus Aerarii et Annonä unter Caracall 78, 4. prätoriſcher Präfect unter Macrin. 78, 15.
Umbonius Silo, Statthalter im Bätiſchen Spanien unter Claudius 60, 24.

Unel-

Uneller, Gallische Völkerschaft. 39, 45.
Urania, Göttin der Karthaginenser. (Asterte) Elagabal vermählt sie mit dem Sonnengott (Elagabal) 79, 12.
Usipeten, Celtische (Germanische) Völkerschaft, kommen in Gesellschaft der Tenchteren vor. 39, 47, 48. 54, 20. sie grenzen an die Bataver. 54, 32. 33.
Usus, Consul unter Domitian. 67, 4.
Utica, Stadt in Africa, von Curio belagert. 41, 41. erhält von Octavian das Römische Bürgerrecht. 49, 16.
Uzitta, Stadt in Africa. 43, 4.

V.

Vaccäer, Nation in Spanien, empört sich nebst andern Völkern gegen die Römer, welche Unruhen zu stillen Pompejus Auftrag erhält — werden von Metellus Nepos geschlagen 39, 54. — unter August von Statilius Taurus besiegt 51, 20.
Valens (Fabius) General bey der Armee des Vitellius. Anecdote von ihm. 64, 16.
Valerian, Feldherr des Septim. Severus gegen Pescennius Niger 74, 7.
Valerianus Pätus unter Elagabal hingerichtet 79, 4.
Valerius Largus, als Angeber unter August berüchtigt. 53, 24.

Valerius Asiaticus, Exconsul, bringt die tumultuarischen Soldaten nach Caligulas Ermordung zu besserer Besinnung 59, 30. — wird wieder Consul, aber von Messalinen verfolgt, und endlich ums Leben gebracht. 60, 20.

Valerische Inseln; (Balearen) Br. 18. und daselbst Valesius und Reimar.

Vandalische Gebirge; auf denselben entspringt die Elbe. 55, 1.

Vannonen, Alpenbewohner. 54, 20.

Varro (M. Terentius) Unterfeldherr des Pompejus in Syrien. 43, 36. — rettet bey der Verbannung das Leben auf eine listige Art. 47, 11.

Varro (Terentius) bekriegt die Salasser unter August. 53, 25.

Varus (Attius) im zweyten Bürgerkriege auf Pompejus Seite, von Curio besiegt. 41, 41. dessen Truppen doch nach Verlust ihres Generals zu ihm übergehen. 41, 42. verlangt das Oberkommando in Africa nach der Pharsalischen Schlacht 42, 57. — auf des jüngern Pompejus Seite in Africa 43, 30. verliert ein Treffen gegen Didius. K. 31.

Varus (Quintil.) vorher Statthalter in Syrien, dann in Deutschland, macht sich durch sein gebieterisches Betragen die Nation, die sich zum Theil schon an Römische Sitte zu gewöhnen anfieng, zur Feindin. — läßt sich besonders von Armin und Segimer täuschen und tiefer ins Land locken, wo er endlich aufs äusserste

ge=

gebracht, in sein eigenes Schwerdt fällt 56, 18—21.

Vatinius ein Volkstribun, will den Consul Bibulus ins Gefängniß führen lassen. 38, 6.

Vatinius, Statthalter Illyriens, Gegner des Brutus in Macedonien, wird von seinen Soldaten verlassen 47, 21.

Vatinius, Senator zu Neros Zeiten. Anekdote von ihm 63, 15. (Tacitus Ann. 15, 34.)

Vedius Pollio, reicher und grausamer Mann, füttert Muränen, mit Sclavenfleisch 54, 23. setzt außer andern auch August zum Erben ein. ebendas.

Velleda, Celtische Wahrsagerin, lebte unter Vespasion 67, 5. und das. Reimar.

Veneter, zu Gallien gehörig (am Ocean, sagt Dio) 39, 40. Fabriz in der Note: Vennes in Niederbretagne, von diesen sollen die Italischen Veneter entsprungen seyn. Strabo 4. S. 195.)

Venonen, Alpenbewohner 54, 20.

Ventia, Stadt im Lande der Allobroger 37, 47.

Ventidius, Feldherr unter M. Anton im transalpinischen Gallien 48, 10. — seine tapfern Thaten gegen die Parther und Labienus 48, 39—41. — Anton nimmt ihm aus Eifersucht das Kommando, doch hält er in der Folge Triumph über seine Siege 49, 21. (ehemals selbst im Triumph mit aufgeführt 43, 51.)

Veragrer, Völkerschaft in Gallien 39, 5.

Vercingetorix, Heerführer der Arverner 40, 33. fällt in das Land der Allobroger ein, muß sich in die Stadt Alesien werfen, wo ihn Cäsar belagert — ergiebt sich an Cäsar freywillig, wird aber in Fesseln gelegt, nachher im Triumph aufgeführt und hingerichtet 40, 39 — 41. 43, 19.

Verginius Rufus, s. Rufus.

Verschnittene, giftige Dünste sollen ihnen nicht schaden 68, 27. (Ammian 23, 6.)

L. Verus, Mitregent Mark Aurels 71, 1. geht nach Syrien, um dem von Vologäsus angefangenen Parthischen Kriege näher zu seyn, läßt ihn aber nur durch seine Generale führen — muß, weil er, wie man sagt, den Mark Aurel umbringen wollen, den Giftbecher trinken 71, 2.

Verus, hat unter Elagabal Lust, sich zum Monarchen aufzuwerfen, wird aber hingerichtet 79, 7.

Vesontio, (Besançon) 38, 34.

Vespasian, Kaiser, unter Caligula Aedil, sonderbare Vorbedeutung seines künftigen Glücks 59, 12. — (Sueton 5) — seine Heldenthaten in Britannien unter Claudius 60, 20. 30. hatte von Judäa aus, wo er damals Krieg führte, seinen Sohn Titus abgesandt, um dem Galba zur Thronbesteigung Glück wünschen zu lassen, dieser kam aber wegen der indeß eingetretenen Empörung Othos und dann Vitells zurück. Und Vespasian sah sich, besonders auf
Mu-

I. Historisches Register.

Mucians Betrieb, von seiner Armee selbst zum Kaiser ausgerufen 65, 8 — er läßt den Mucian mit seiner Armee vorausgehen, geht für seine Person über Syrien und Aegypten, um Gelder aufzunehmen, und Rom mit Korn zu versehen. K. 9. — macht Kranke gesund, wird aber von den Alexandrinern gewaltig bespöttelt, besonders weil er ihnen viel Abgaben zumuthet. K. 8. — hebt noch abwesend die Anklage über Majestätsverbrechen auf, und vertreibt die Sterndeuter aus Rom, ob er gleich dieselben selbst zu Rathe zieht. K. 9. — kommt nun in Rom an, und läßt die Wiederaufbauung des Jupitertempels seine erste Sorge seyn. — Ueberhaupt wendet er viel auf öffentliche Gebäude, ob er gleich in seiner häuslichen Einrichtung sehr eingeschränkt lebt. Die vielen Abgaben, die er Italien und den Provinzen auflegt, hatten also mehr ihren Grund in der durch seine Vorgänger erschöpften Schatzkammer, als in eigener Bereicherungssucht oder Geiz. — Er ist sehr herablassend, ohne seiner Würde etwas zu vergeben, nimmt auch Pasquille nicht übel, läßt vielmehr seine Vertheidigung dagegen auch öffentlich anschlagen 10, 11. — einen heftigen, aber unverdienten Feind findet er an Helvidius Priscus, was ihn doch wirklich kränkt. K. 12. — vertreibt die Philosophen aus Rom, weil sie durch ihre Grundsätze den Staat zu verwirren suchen. K. 13. — büßt seine Gesellschafterin Cänis ein, die er unter der Hand auch dazu gebraucht hatte zu mäkeln,

mäkeln, Staatsämter, Statthaltereyen u. s. w. zu verkaufen. — Auflage auf Harnlassen. K. 14. Alienus und Marcell verschwören sich wider ihn, werden aber entdeckt und hingerichtet. K. 16. — stirbt, nicht an Gift oder Podagra, sondern an einem Fieber in den Cutilischen Bädern. K. 17.

Vespronius Candidus, Consular unter Kaiser Dibius Julianus. 73, 16.

Vesuv, gewaltiger Ausbruch desselben unter Titus 96, 21 — 23. und unter Septim. Sever 76, 2.

Vetrasius Pollio. s. Pollio.

L. Vettius. Angeber der Catilinarischen Verschwörung 37, 41. 38, 9.

Vezinas, vornehmer Dacier, nach dem Könige der nächste. 67, 10.

Vibius Pansa. s. Pansa.

Vibius Priscus. 65, 2.

Vibulenus Agrippa, ein Ritter, unter Tiber verklagt, nimmt im Senat in seinem Siegelringe verwahrtes Gift, und stürzt todt hin. 58, 21.

Victorin, Stadtpräfect unter Commodus, ein würdiger Mann. 72, 11.

Vienne, Stadt im Narbonensischen Gallien, von den Allobrogern eingenommen. Für die damals ausgewanderten erbauen Lepidus und Plancus die Stadt Lyon 46, 50.

Vin-

I. Historisches Register.

Vindex, Statthalter in Gallien, empört sich wider Nero 63, 22. — schlägt aber nicht sich selbst, sondern den Statthalter Spaniens, Galba, zum Kaiser vor. K. 23. Rufus, Statthalter in Germanien, rückt gegen ihn an, sie besprechen sich mit einander, wahrscheinlich um gemeinschaftliche Sache gegen Nero zu machen, er wird aber durch ein Mißverständniß von Rufus Armee angegriffen, und stößt sich selbst das Schwerdt in die Brust K. 24.

M. Vinicius; Feldherr Augusts gegen die Celten (Deutschen) 53, 26. — Gemahl Juliens, durch Messalinens Veranstaltung vergiftet. 60, 27.

Vipsania, Agrippa's Tochter, erst Tibers, dann Asinius Gallus Gemahlin 57, 2.

Virgil; Stelle aus ihm. 75, 10.

Viriathus; sein Lob. Br. 78. vergl. Br. 163. Vellejus Paterc. 2, 1. 3.)

Viridovir. Anführer der Unellet, einer Gallischen kleinen Nation. 39, 45.

L. Vitellius, unter Caligula Statthalter in Syrien, kriechender Schmeichler, um das Leben zu retten. 59, 27.

L. Vitellius; Vater des Kaisers. Consul (796.) 60, 21.

Vitellius (Aulus) Kaiser, von edler Geburt, ehemals Lustknabe Tibers, auch nachher seiner Ausschweifungen wegen berüchtigt — wird als Statthalter in Deutschland von der mit Galba unzufriedenen Armee zum Kaiser ausgerufen.

64,

64, 4. — nach gewonnener Schlacht bey Cremona wird er als Kaiser anerkannt. 65, 1. — ergiebt sich nun den ausschweifendsten Schwelgereyen, und verpraßt unglaubliche Geldsummen. — große Schüssel, die er verfertigen läßt. 2. 3. Contrast gegen seine vormaligen armseligen Umstände K. 4. — hat dennoch mehr als Eine gute Seite, rächt sich nicht an Othos Anhängern, Confiscationen sind unter ihm nicht üblich, er zeigt viel Herablassung gegen die Vornehmen und das Volk. K. 5—7. indeß hatten die Armeen — die in Judäa den Vespasian — die in Mysien den Antonius Primus zu Kaisern ausgerufen. K. 8. 9. Vitell bleibt für seine Person in Rom, sendet aber den Alienus und andere mit der Armee den Nebenkaisern entgegen. Alien läßt sich von Antonius Primus zum Abfall bereden, die Armee erklärt sich auch für Vespasian, ruft dennoch den Vitell bald darauf vom neuen zum Kaiser aus, und nimmt den Alienus gefangen. K. 10. mörderisches Gefecht, in dem sich die Vitellianer ohne Anführer sehr tapfer halten, aber endlich durch einen kleinen Mißverstand sich zurückziehen, und ihren Feinden den Frieden anbiethen. K. 11—14. der Kaiser ist auf diese Nachricht sehr unschlüssig K. 16. — die Consuln treten endlich mit Sabin, Vespasians Bruder und andern Senatoren zu-

zusammen, und ziehen mit bewaffneter Hand nach dem Pallaste hin, den Kaiser zu freywilliger Lossagung vom Throne zu bereden, oder zu zwingen, werden aber von den Fäusten seiner deutschen Trabanten sehr unsäuberlich empfangen, ziehen sich aufs Capitol, wohin sie auch Vespasians Sohn, Domitian, mitnehmen, müssen sich aber den Tag darauf, weil die Soldaten das Capitol ersteigen, und den großen Tempel Jupiters abbrennen, entweder durch die Flucht retten, oder ergeben. K. 17. — die Vespasianer rücken indeß, von Cerealis und Primus angeführt, immer näher, und bringen endlich in die Stadt ein K. 18. 19. — weil man den von Vitell angebothenen gütlichen Vergleich nicht annimmt, kriecht er endlich in einem zerlumpten Rocke in ein Hundebehältniß, wird aber hervorgezogen, und unter den empfindlichsten wörtlichen und thätlichen Beschimpfungen auf den Markt gebracht, und niedergestoßen, nach ihm auch sein Sohn und Bruder. K. 20—22.

Dolcäische Sümpfe; in Pannonien oder Dalmatien 55, 32.

Dologásus, ein Thracier (Besser) und Priester des Bacchus, fängt unter August eine Empörung an, bringt den Rhesluporis, Kotys Sohn, ums

ums Leben, verfolgt auch den Rhömetalces, König im Thracischen Chersones. 54, 34. von L. Piso bezwungen. ebendas.

Vologäsus, König von Parthien, unter Nero von Corbulo bekrieget, und um Frieden zu bitten gezwungen 62, 19—23. giebt Geißeln 62, 23. — seine Kinder kommen nebst Teridates nach Rom. 63, 1. er selbst will doch nicht zum Nero kommen. 63, 7. Stolz gegen Vespasian 66, 11. — der ihm dagegen auch die gesuchte Hülfe versagt. 66, 15.

Vologäsus der zweyte, König von Parthien, fängt unter Mark Aurel Krieg gegen die Römer an 71, 2. Verus zieht gegen ihn zu Felde. 70, 1.

Vologäsus der dritte, Sanatruks Sohn, König der Parther unter Septim. Severus, fällt in die Römischen Provinzen ein, bekommt aber bald einen Gegenbesuch in seinem Lande, und muß um Frieden bitten. 75, 9.

W.

Wallfisch mit einem fast menschlichen Gesicht. 54, 21.

Weiber, wahrsagende, bey den Celten. 38. 48. (siehe Keysler Antiquit. Septentrionales et Celticas. S. 369. ff.)

X. Xan-

X.

Xanthus, Stadt in Lycien, von Brutus erobert; die Einwohner zünden ihre Stadt selbst an, und bringen einer den andern ums Leben. 47, 34.

Xenophon hat seine Geschichte beym Genuß des Landlebens geschrieben. 38, 28.

Z.

Zama, Stadt in Africa. 48, 23.

Zantik, König der Jazyger unter Mark Aurel. 71, 16.

Zarmar, Indianischer Gymnosophist, läßt sich zu den Eleusinischen Geheimnissen einweihen, besteigt dann den Scheiterhaufen, und verbrennt sich selbst. 54, 9.

Zenodor, vor Herodes Tetrarch in Judäa. 54, 9.

Zenodotion, Stadt in Osroene. 40, 13.

Zermizegethusa, Stadt in Dacien, am Flusse Sergetia, von Trajan belagert. 68, 8. 9. 14.

Zevgma, Stadt, woher sie den Namen hat. 49, 19. 40, 17.

Ziela,

Ziela, Stadt in Pontus. 42, 47.

Zober, König der Albaner. 49, 24.

Zotikus. Lustknabe Elagabals. Der auch als Lustknabe mehr begünstigte Hierokles läßt ihm einen entnervenden Trank beybringen. 79, 16.

Zyraxes, kleiner Fürst der Geten. 51, 26.

II.
Antiquarisches Register.

A.

Abgaben; auf Abschaffung derselben in Rom und Italien trägt Metellus Nepos an. 37, 51. — der fünf und zwanzigste Theil des Vermögens, als Kriegssteuer unter dem Triumvirat. 46, 31. und von den Senatoren vier Obolen (etwa drey Groschen) auf jeden Dachziegel. ebendas. — ingleichem die Decima, als Vermögensteuer unter dem Triumvirat 47, 16. — Quinquagesima vom Sclavenverkauf (unter August) 55, 31. — (unter Nero Quinta et Vicesima. Tacit. Annal. 13, 31.) Vicesima Hereditatum (unter ebendemselben) 55, 25. 56, 28. — Ducentesima in Centesimam von Tiber verwandelt. 58, 16. (s. Burmann de Vectigal. S. 70. 71.) — von Caligula auf den vorigen Fuß gesetzt. 59, 9. — Decima von Erbschaften, freygelassenen Sclaven und Schenkungen anstatt der Vicesima von Caracall eingeführt 77, 9. — von Macrin wieder abgeschafft 78, 12.

Actische Spiele, wegen des Sieges bey Actium 51, 1. 18. 53, 1.

Adler der Legionen, stand unter einem kleinen Kapellchen. — unglückliche Vorbedeutung, wenn er sich schwer aus der Erde heben ließ. 40, 18. — fliegen bey Consecrationen verstorbener Kaiser vom Scheiterhaufen auf 56, 42. 74. 5.

Aedilen, bereits zu Cäsars Zeiten vertraten einmal Volkstribunen ihre Stelle. 41, 36. — unter dem Triumvirat Prätoren und Volkstribunen 49, 16. 53, 2. — ein Aedil von einem Volkstribun ins Gefängniß gesetzt. 40, 45. — von Jul. Cäsar wurde ihre Zahl auf sechs, zwey Patricier, vier Plebejer, (unter den letztern zwey Cereales) festgesetzt, welche Zahl bis auf Dio's Zeiten fortgedauert hat. 43, 51. — weil viele Senatoren in den Bürgerkriegen verarmt waren, so wollten sie dieses mit Aufwand verbundene Amt nicht annehmen 49, 16. oder legten es nieder 54, 10. — sie hatten unter den Kaisern die öffentlichen Gebäude, Schleusen u. dergl. zu besorgen. 49, 43. — die Reinlichkeit der Gassen. 59, 12. Löschanstalten bey entstandenem Brande zu treffen; 53, 24. 54, 2. — Pasquille zu vernichten 56, 27. — Senatsverordnungen in ihrer Verwahrniß. 54, 36.

Aegyptischer Gottesdienst, innerhalb der Ringmauer auch von August verboten. 53, 2. s. auch Isis und Serapis.

II. Antiquarisches Register. 275

Aerarium, wird Cäsars alleiniger Disposition überlassen; 43, 55. — unter demselben zweyen Präfecten übertragen; 43, 48. — hernach zweyen Exprätoren. ebendas. Kaiser Claudius giebt es den Quästoren wieder. 60, 24.

Aerzte, erhalten von August Befreyung von Abgaben auf ewige Zeiten, in Rücksicht auf Antonius Musa glückliche Kur an dem Kaiser. 53, 30.

Agrarische Gesetze. s. Leges.

Albanische Legion, ein Theil der Leibwache, vom Albanischen Berge, wo sie kantonirte, benannt; 78, 13. 79, 4. stand unter Macrin in Syrien. 78, 34.

Album Senatorum, Verzeichniß der Senatoren, noch zu Dies Zeiten gebräuchlich. 55, 3.

Ambitus. s. Amtserschleichung.

Ameisenhaufen in der Stadt, bedeuten Unglück. 54, 19.

Amphiktyonen. Fr. 122. (sind zu unterscheiden von denen in Thermopylä und in der Insel Calaurien. Marsham Canon Chronicus S. 119. Leipz. Ausgabe. van Dalen Dissertat. Antiqu. 6. S. 430. ff.)

Amphitheater, Beschreibung desselben 43, 22. — brennt unter Macrin ab 78, 25. — des Titus, mit vieler Pracht eingeweiht 66, 25.

Amtsbewerber, (Candidaten) müssen auf Augusts Verordnung eine Geldsumme deponieren, die sie, wenn sie der Bestechung schuldig befunden werden, nicht zurückerhalten 55, 5.

Amtserschleichung, Gesetz des Calpurnius Piso darüber 36, 21. geschärft durch zehnjährige Verbannung 37, 29. — Gesetz des Cornelius 36, 21. — des Pompejus 40, 52. — Augusts 54, 26. s. auch vorherstehenden Artikel.

Apollinarische Spiele, unter Cäsar von einem Stadtpräfect besorgt 43, 48.

Aqua Virgo; Wasserleitung zu Rom, von Agrippa angelegt, und die Augustische genannt 54, 11.

Aquá Julia, in die Stadt geleitet 48, 32. August überläßt die Nutzung davon den Capuanern 49, 14.

Archiv des Senats, läßt Tiber wieder in Ordnung bringen 57, 16. — das kaiserliche geht unter Commodus größtentheils durch Brand verloren 72, 24.

Assessoren, s. Beysitzer.

Astrologen; August verbietet ihnen, ihre Kunst zu treiben 56, 25. — Tiber läßt die fremden hinrichten, und wegen der einheimischen ein scharfes Edict ergehen 57, 15.

Asyl; unter Romulus angelegt, wird nachher bey zunehmender Volksmenge so verzäunt, daß es von Missethätern nicht gemißbraucht werden kann 47, 19. Cäsars Kapelle dient auch zum Asyl. ebendas. und 51, 15.

Athenäum; Tempel Minervens, von August errichtet 51, 22. — auch von Hadrian 73, 17. und das. Reimars Note.

Auctoritas Senatus; klassische Stelle 55, 3. (wo Dio auch das Lateinische Wort selbst bey behält.) auch 41, 3. 42, 23.

Augurium Salutis; klassische Stelle 37, 24. ingl. 51, 20. (s. die Ausleger zu Tacitus Annal. 12, 23.)

Augustalien, Feyerlichkeiten, wegen glücklicher Rückkehr der Kaiser schon unter August eingeführt 54, 10. 34. auch bey Augusts Geburtstage, noch lange nach seinem Tode begangen 57, 14.

Aureus, Goldmünze, fünf und zwanzig Denare in Silber 54, 12.

Aurum Coronarium; von den Provinzen für die triumphirenden Imperatoren gefordert 48, 42. — erläßt August nach seinem Siege über Kleopatra 51, 21. s. auch 77, 9.

Aurum Judaicum, s. Judensteuer.

Auspicien, die am Himmel genommenen (servare de cölo, was doch nur auf Donner und Blitz geht) konnten nur einmal genommen werden, und galten auf den ganzen Tag, an welchem dann keine Stimmensammlung in den Comitien vorgenommen werden durfte, hebt Clodius auf 38, 13.

B.

Bacchus, Nationalgott der Thracier 54, 34. ihm und dem Herkules baut Sept. Sever einen Tempel 76, 16.

Baden, gemeinschaftliches beyderley Geschlechter, von Hadrian verboten 69, 8. — Sabina (Poppäa) badet sich täglich in der Milch von fünfhundert Eselinnen 62, 28.

Bäder, Lakonisches (Schwitzbad) des Agrippa 53, 27. 59, 29. — warme Schwimmbäder Mäcens 55, 7. — des Titus von ihm mit vieler Pracht eingeweiht 66, 25.

Bärte; die Römer legten sie in männlichen Jahren ab, (gemeiniglich mit dem ein und zwanzigsten) August mit dem vier und zwanzigsten 48, 34. — Bartfest deßwegen. ebendas. — Bartfest Neros (Juvenalien) 67, 14. — Hadrian läßt ihn zuerst unter den Kaisern wachsen 68, 15.

Banden, der Wettfahrer. Vier derselben: die weiße — die rothe — die grüne — die seeblaue 61, 6. Domitian vermehrt sie mit zweyen, der goldnen und silbernen (purpurnen. Reimar) 67, 4. — die grüne begünstigten vorzüglich Caligula, Nero, Verus, Commodus, Elagabal; die seeblaue Vitellius und Caracall. Reimar zu 61, 6.

Barbillische Spiele, s. histor. Register unter Ephesus.

Begnadigungsrecht; dem August das Votum decisivum (Calculus Minervä) dabey zuerkannt 51, 19.

Begräbniß, innerhalb der Ringmauer (nur besonders verdienten Männern und den Vestalinnen erlaubt) dem Cäsar noch bey Lebzeiten zuge-

II. Antiquarisches Register. 279

gesagt 44, 7. (Eutrop. 8, 2.) in einer Entfernung von fünfzehn Stadien außerhalb der Stadt verordnet 48, 43.

Bellona; in dem Tempel derselben vor der Stadt versammlete sich der Senat besonders dann, wann ein Feldherr die Ehre des Triumphes suchte. Br. 135. auch gab man da den Gesandten der Völker Audienz, mit denen man Krieg führte. Br. 149.

Beysitzer der Statthalter in den Provinzen. Verordnung Augusts darüber 53, 14. und des Kaisers Claudius. 60, 15.

Bienenschwärme, irgendwo angelegt, bedeuten Unglück. 41, 61. 42, 26. 47, 2. 40. 54, 33. und mehrmal.

Bildsäulen von andern Besitzern entlehnt. Br. 81. und 48, 4. neue Köpfe anderer neuerer Personen darauf gesetzt 72, 22. — Kaiser Claudius verbietet den eingerissenen Gebrauch, daß jeder, der es bezahlen konnte, sich eine setzen ließ. 60, 25.

Bona Dea; ihr Gottesdienst von den Vestalinnen in den Häusern der Consuln und Prätoren gehalten. 37, 45. auch K. 35.

Breviarium Imperii (statistische Tabelle über das Römische Reich) von August aufgesetzt. 53, 30.

Bürgerrecht. Der Senat durfte, ohne Vorwissen des Volkes, keinen Bürger hinrichten lassen. 37, 42. 38, 14. — wer in den Provinzen von einem Statthalter oder Imperator

S 4   das

das Bürgerrecht erhielt, nahm zur Dankbarkeit den Namen seines Wohlthäters an. 60, 17.
— war unter Kaiser Claudius um ein Spottgeld zu haben. Sprichwort darüber 60, 17. wird auf das ganze Römische Reich unter Caracall ausgedehnt. 77, 9.

C.

Capitol; auf demselben werden die Gesetztafeln verwahrt. 39, 21. 44, 7. f. unten Gesetze, auch Senat daselbst gehalten 39, 9. 60, 1. — vom Blitze getroffen 42, 26. — von den Anhängern des Vitellius in Brand gesetzt. 65, 17.

Castration. f. Entmannung.

Censoren; klassische Stellen. 40, 57. 53, 17. — sollen nach einem Vorschlage des Clodius keinen aus dem Senat stoßen, wenn er nicht von beyden Censoren gerichtet und überwiesen ist. 38, 13. — (Beyspiel, wo ein Volkstribun einen Censor in Regulierung des Senates stört. 37, 9.) Q. Scipio hebt die von Clodius veranlaßte Einrichtung wieder auf 40, 57. und Appius Claudius streicht viele wider Willen seines Collegen von der Liste. 40, 63. — einer hebt die Anordnungen des andern auf. Br. 81. 84. — durften, während daß sie das Lustrum condierten, keinen Leichnam sehen, ausserdem war alles, was sie als Censor gethan, ungültig. 54, 28. — kein vernünftiger Mann will mehr Censor werden. 40, 57. — sie hören unter den Kaisern auf, welche sich die damit verbundenen

Geschäfte und Vorrechte allein vorbehalten 53, 17. doch haben sie Untercensoren. Das letzte Beyspiel, daß zwey Privatpersonen es zugleich waren, unter August. 54, 2 — anstatt dieser Benennung gab man den Kaisern den Namen Präfectus Moribus. 43, 14. (Ciceros Briefe 9, 15. an Pätus. Sueton Cäsar 76.) Domitian übernimmt dieses Amt auf Lebenszeit — das einzige Beyspiel dieser Art. 67, 4.

Cerealädilen. s. Aedilen.

Ceres; ihr Tempel brennt ab. 50, 10.

Chalcidicum; Säulengang um das Athenäum, von August errichtet. 51, 22. und das. Fabriz.

Chifferschrift; Cäsars 40, 9. — Augusts 51, 3.

Circensische Spiele; bey diesen bekommen die Senatoren und Ritter abgesonderte Sitze erst unter August 55, 22. (im Theater hatten sie dergleichen schon vorher gehabt.) — noch genauere Bestimmung hierüber unter Claudius. ebendas. Fabriz in der Note.

Circulation des Geldes. Verordnung Cäsars darüber, wie viel einer todt im Kasten liegen haben dürfe 41, 38.

Clementia, ihr zu Cäsars Ehren erbauter Tempel 44, 6.

Collegien; s. Innungen.

Comitien; vor Verlauf der ersten Tagesstunde durfte man nichts mit dem Volke vornehmen. (Vortrag thun) 39, 65. — Privatpersonen konnten darin eher als die Staatsbeamten das Wort nehmen. 39, 35. — die Stimmen sollen einzeln

gesammelt werden, vermöge des Fufischen Ge-
setzes 38, 8. — konnten verhindert werden durch
vorgegebene ungünstige Auspicien. 38, 13. 40,
45. — oder durch Volkstribunen 40, 45. —
konnten unterbrochen werden durch Abhebung
der Fahne auf dem Janiculum. 37, 27. — oder
wenn jemanden in der Versammlung die Epi-
lepsie (daher Morbus comitialis) befiel. 46, 33. —
Pompejus erneuert das Gesetz, daß die Amtsbewerber persönlich gegenwärtig seyn müssen,
macht aber bald mit sich selbst eine Ausnahme.
40, 56. — schon Cäsarn überträgt man die Lei-
tung derselben. 42, 20 — selbst die Tributa
43, 45. — ob er gleich dem Scheine nach diese
Ehre verbittet 43, 47. — August schränkt den
Einfluß des Volkes auf dieselben ein 53, 21.
hebt sie aber doch nicht ganz auf. 56, 40. —.
von Tiber abgeschafft 58, 20. — von Caligula
wieder hergestellt. 59, 9. aber auch von ihm
wieder aufgehoben. 69, 20. — waren zu Dios
Zeiten nur noch pro forma gebräuchlich. 58, 20.

Concordientempel zu Ehren Cäsars erbaut. 44, 5.

Confecration verstorbener Kaiser: ʻCeremonien
dabey. klassische Stelle 74, 4. 5. (Herodian 4,
2. ff.)

Consiliarii s. Räthe.

Consularen, wenn sie aus dem Senat gestoßen
waren, mußten sie, um wieder einrücken zu
können, erst wieder Prätoren werden. 37, 30.
42, 52. auch diejenigen hießen unter August so,
die blos zu Consuln gewählt waren, aber das
Amt nicht wirklich verwaltet hatten 52, 42.

Con-

Consularische Ehrenzeichen, berechtigen nicht, sich in der Folge Consul zum zweitenmal zu nennen. Kaiser Sever war der erste, der diese Ausnahme mit Plautian machte 46, 46. vergl. 78, 13.

Consuln; Beyspiel eines Consuls, ohne vorher Prätor gewesen zu seyn. 56, 26. 28. 62, 23. — ohne sogar vorher eine andere Magistratur bekleidet zu haben. 76, 5. — ohne einmal Senator gewesen zu seyn 48, 33. — durch einen Interrex gewählt, wenn die Comitien gehindert wurden 39, 27. 31. 40, 45. wodurch sich es bisweilen bis in den siebenten Monath verzog. ebendas. — auf mehrere Jahre im Voraus gewählt, unter Cäsar 43, 51. unter dem Triumvirat. 47, 19. 50, 10. die designierten konnten schon Verordnungen im Voraus geben. 40, 66. — einmal fünf und zwanzig in Einem Jahre. 72, 12. — ohne Collegen Q. Marcius Rex 35, 4. Pompejus 40, 50. M. Lollius 54, 6. Caligula 59, 24. — suffecti. klassische Stelle 48, 35. — sollen sich auf Tibers Verordnung nicht als rechtliche Beystände gebrauchen lassen. 57, 21. — durften nicht aus der Stadt abwesend seyn, ausgenommen, wenn sie Armeen kommandierten, in welchem Falle die Prätoren ihre Stelle in der Stadt vertraten. 46, 45. 59, 24. — können einer dem andern widersprechen 33, 6. — von einem Volkstribun ins Gefängniß gesetzt. 37, 50. 38, 6. — können durch Ansetzung von Feiertagen die Betreibung der Staatsgeschäfte und Volksversammlungen hindern. 38, 6. vergl. doch Casaubonus zu Sueton Jul. 20.) unter

Cäsar

Cäsar kam es zuerst auf, daß man es nicht ein ganzes Jahr blieb, Cäsar vielmehr und die Kaiser, seine Nachfolger, andere an ihre Stelle setzten. In den Fastis wurden aber nur diejenigen aufgeführt, die das Jahr antraten 43, 46. — schworen bey Niederlegung ihres Amtes, dasselbe nach bestem Gewissen verwaltet zu haben 37, 38.

Cullenische Spiele. f. histor. Register.

Curatores Viarum. f. Straßenbau.

Curiatgesetze; f. Leges.

Curien; Hostilische, brennt ab, indem man den Clodius auf dem Scheiterhaufen verbrennt 40, 29. Faustus Sylla bekommt Befehl, sie wieder aufbauen zu lassen. ebendas. — wird hernach niedergerissen, neu erbaut, und Cäsarn zu Ehren Julia genannt. 44, 5. wieder ausgebessert und von August eingeweiht. 51, 22. — Curia Octavia 55, 8. — Curia Pompeji 44, 16. — Janusaltar vor derselben. 73, 13.

D.

Decennalien der Kaiser, rühren von August her, weil er dem Scheine nach die Last der Monarchie nur immer auf zehn Jahre übernehmen wollte 53, 16.

Decima Vermögenssteuer und von Erbschaften f. oben Abgaben.

Decimation, militarische Strafe. 49, 27. 38.

II. Antiquarisches Register.

Delphine auf der Erhöhung im Circus (Spina Circi) von Agrippa zuerst aufgestellt. 49, 43.

Dictatoren, wurden bey Nacht gewählt, Fr. 35. und daſ. Valeſius — waren es in der Regel höchſtens nur auf ſechs Monathe, und ihre Gewalt ging nicht über Italiens Grenzen (einzige Ausnahme Atilius Calatinus 36, 7. — während der Dictatur waren alle übrigen Magiſtraturen auſſer Activität geſetzt, die Volkstribunen ausgenommen. 42, 21. — die Dictatur wird nach Cäſars Tode auf immer abgeſchafft. 44, 51. daher die Kaiſer auch dieſen Namen nie annehmen wollten. 53, 17.

Dienſtjahre der Soldaten ſetzt Auguſt bey der Leibwache auf zwölf, bey den übrigen auf ſechszehn Jahre. 54, 25.

Diribitorium, das größte Gebäude, das je unter ein Dach gebracht worden, war zu Dios Zeiten oben offen. 55, 8. — auch als Theater gebraucht 59, 7. brennt unter Titus ab. 65, 24.

Disceſſion. (Gr. Metaſtaſis) wenn man im Senat nicht einig werden konnte. 41, 2.

E.

Edictum Prätorum; Geſetz des Cornelius, Volkstribuns darüber. 36, 23.

Ehe; das zwölfte Jahr ward bey den Mädchen für das reife Alter zur Ehe angenommen. 54, 16. Geſetze Auguſts zu Beförderung derſelben. ebendaſ.

Ehe-

Ehelosigkeit; Gesetze dawider. 54, 16. 56, 1. ff.

Eis; zu Abkühlung des Weines gebraucht. 76, 5.

Eltern hatten das Recht, ihre Kinder am Leben zu strafen. 37, 36.

Entaphien; Kostbarkeiten und anderes Geräthe, das man bey Verbrennung eines Todten auf den Scheiterhaufen warf. 74, 4.

Entmannung im ganzen Römischen Reiche von Domitian verboten. 67, 2. und von Nerva. 68, 2.

Erbschaften; Abgabe des zwanzigsten Theiles davon, unter August eingeführt 55, 25. 56, 28. — des zehnten Theiles von Caracall verordnet. 77, 9. aber von Macrin wieder aufgehoben. 78, 12.

Evocaten, Soldaten, die nach ausgedienten Jahren sich wieder zum Kriege gebrauchen liessen 45, 12. klassische Stelle. 55, 24.

Exilierte; August schärft die Strafen wider sie, weil sie, als solche, üppiger als vorher lebten. 56, 27. — Tiber erklärt sie für unfähig, ein Testament zu machen, welches noch zu Dios Zeiten gilt. 57, 22.

F.

Fabricische Brücke auf die Tiberinsel hinüber, nun von Steinen gebaut. 37, 45. (Horaz Sat. 2, 3. 36. und daselbst die Ausleger.)

II. Antiquarisches Register.

Fackeln; Vortragen derselben von Mark Aurels Zeiten an ein Vorrecht der Kaiser und ihrer Familie. 71, 35.

Fahnen; Adler, stand in einem kleinen Gehäuse (Sacellum), war auf einer unten spitzigen Stange befestigt — üble Vorbedeutung, wenn er sich nicht leicht aus der Erde herausheben ließ. 40, 18. Vexillen. (fliegend, wie die unsrigen) während der Comitien ein Vexill auf dem Janiculum aufgesteckt. 37, 27 — Agrippa bekommt von August ein seeblaues als Ehrenzeichen. 51, 21.

Familientrauer; bey derselben darf man keine gottesdienstliche Handlung verrichten. Br. 25.

Fechterspiele zu Ehren der Verstorbenen gehalten 37, 51. (das erste Beyspiel bey Jun. Brutus Begräbniß. Liv. Epit. 26.) s. auch Gladiatoren.

Felicitas; ihr Tempel zu Rom von Lucull erbaut. Br. 81. ein anderer zu Ehren Cäsars. 44, 5.

Feuerwache von August eingeführt 55, 26.

Fides; ihr Tempel. 45, 17.

Flamen Dialis; nach einer Vacanz von siebzig Jahren ein neuer von August erwählt 54, 36.

Fleisch, gekochtes, verbietet Claudius für das gemeine Volk feil zu haben. 60, 6.

Florales; Spiele, unter den Kaisern von Prätoren gegeben. 58, 31.

Formula Provinciá; Etat der Einnahme und Ausgabe, Verfassung der Provinzen. 53, 15.

Fortuna publica 42, 26. — rückwärts sehende (respiciens) ebendas. — redux, ward unter August üblich, in so fern sie die Kaiser gesund aus Kriegen oder von Reisen zurückbrachte. 54, 10.

Fratrien, Innungen. Br. 1.

Fremde, sollen in Rom nicht geduldet werden, nach einem Gesetze des C. Papius 37, 9.

Freygelassene; mußten, wenn sie das Bürgerrecht erhielten, sich in eine Tribus aufnehmen lassen. 39, 24. — waren verbunden, wenn sie keine Kinder hatten, ihren ehemaligen Herren einen Theil ihres Vermögens zu vermachen. 51, 15. — konnten sogar Senatoren werden. 40, 63. 43, 47. und mehrmal.

Friedenstempel; von Vespasian eingeweiht. 66, 15.

G.

Gerichte; den Senatoren und Rittern gemeinschaftlich von Cäsar übertragen. 43, 25.

Gerichtsform; Pompejus verordnet, daß der Anwalt des Klägers zwey, der des Beklagten drey Stunden sprechen dürfe 40, 52. — bey Staatsverbrechen wird der Gebrauch abgeschafft, daß man ihre anderweitigen Verdienste in förmlichen Reden lobte. ebendas.

Gerste für Korn; militärische Strafe. 49, 27. 38.

Gesandte feindliche, bekommen vor der Stadt Audienz. Br. 149. 152. 164. — andere, mit
deren

deren Nationen man keinen Krieg führte, wurden frey gehalten, und bekamen von der Republik Geschenke (Lautia) Br. 164. — August verordnet drey Consularen, ihr Anbringen zu hören, und ihnen Bescheid zu geben. 55, 27. — ingleichem Tiber 56, 25. die guten Kaiser (z. B. Trajan) ließen dem Senat die Ehre, sie anzunehmen. 68, 9. — Hadrian 69, 15. — saßen bey Schauspielen unter den Senatoren (unter Trajan) 68, 15.

Geschwindschreibkunst; (Tachygraphie) auch Mäcen hat Zeichen für sie erfunden 55, 7.

Gesetze. (NB. hier nur überhaupt; die einzelnen sind unten unter Leges deßwegen aufgeführt, weil das lateinische Wort Lex bekanntlich einen weitern Umfang hat, als unser deutsches Gesetz, oft blos Antrag eines Gesezes, Verordnung, Edict, Privilegium u. s. w. bedeutet) die Römer bekamen sie von den Athenienser 44, 26. — erhielten erst durch Comitien ihre Rechtskraft, obgleich der Senat Vorschläge dazu thun konnte 36, 22. — werden beschworen 38, 7. — waren auf dem Capitol in Säulen oder Tafeln eingegraben 37, 9. 39, 21. 41, 14. 45, 23. — die dem Cäsar zuerkannten Ehrenbezeigungen sollen mit goldenen Buchstaben auf silberne Säulen verzeichnet werden 44, 7. — die Kaiser sind nicht an dieselben gebunden 53, 18. und daf. Reimar 53, 28. 56, 32.

Getraideaustheilung, unentgeldliche vom Volkstribun Clodius 38, 13. Pompejus vermindert die Zahl der Empfänger 39, 24. auch Cäsar um die Hälfte 43, 21. (Sueton 41.)

Gladiatoren; Clodius und Milo brauchen sie zu Ausführung ihrer Absichten gegen einander, und stürmen sogar mit ihnen in die Volksversammlung 39, 7. 8. hatten ein eigenes Gebäude, worin sie unterhalten wurden, und ihre Uebungen trieben (Ludus gladiatorius) 72, 22. schon unter Cäsar traten Ritter und Senatoren als solche auf, doch gestattete er es den letztern nicht 43, 23. — Senatoren auch unter August 51, 22. — vom Vitellius beyden verboten 65, 6. — unter den Kaisern wurden dergleichen von den Prätoren, aber auf Kosten des Aerarium gegeben 55, 31. 56, 25. — von Weibern gehalten unter Sept. Sever 75, 16.— wurden aufgeführt bey Einweihung von Theatern 51, 23 — bey Siegsfesten 53, 1. — bey Leichenbegängnissen 37, 8. 51. 39, 7. 43, 22. 55, 8. 27.

Götter, hatten das Justrium liberorum, wodurch sie gewisser Erbschaften fähig wurden 55, 2.

H.

Häuser, der Staatsverbrecher niedergerissen; des M. Manlius Capitolinus. Jr 31. des Cicero 38, 17. — Freyhäuser, dergleichen hatte der Pontifex Maximus 57, 28. — dem Cäsar zuerkannt 43, 44. und dem August 49, 15.

Hoffnung, Göttin, ihr Tempel brennt ab 50, 10.

Hostilische Curie, s. Curie.

II. Antiquarisches Register.

;ut; bey den Scythen ein Vorrecht der höheren Volksklassen 68, 9. — Thessalische, brauchen die Römer bey Schauspielen, um sich vor der Sonnenhitze zu verwahren 59, 7.

J

Janus; Altar desselben vor der Curie 73, 13. Janustempel, unter August geschlossen 51, 20. zum zweytenmal 53, 26. zum drittenmal 54, 26.

Imperator, den übrigen Namen vorgesetzt, kommt zuerst unter Cäsar auf 43, 44. 52, 41. — Labienus läßt sich ganz wider die Regel Imperator Parthicus nennen, ob er gleich mit den Parthern gegen die Römer Krieg führt 48, 26. — dieser Name bleibt hernach den Kaisern allein eigen 51, 25. — die damit verbundene Macht 53, 17.

nnungen, (Collegien) von Clodius wieder hergestellt 38, 13.

ntercalation, hieng von den Oberpriestern ab, die sich aber viel Willkührliches dabey erlaubten 40, 62. Cäsars Verfahren dabey bey seiner Kalenderverbesserung 43, 26.

nterrex, mußte ein Patricier seyn 46, 45.

sis, s. Serapis.

udensteuer; (Aurum Judaicum) jeder Jude mußte nach Jerusalems Eroberung durch Titus zwey Denare jährlich dem Capitolinischen Jupiter entrichten 66, 7. (s. Zorn Hist. Fisci Judaici.)

Julische Curie, von August errichtet 51, 22. — Julische Wasserleitung s. Aqua.

Jupiter Belus; sein Orakel zu Apamea 78, 40. — Capitolinus, hatte auch eine Kapelle im Victorientempel 45, 17. — Latiaris 47, 40. — Olympius (des Phidias Meisterstück) will Caligula in seine Person umwandeln lassen 59, 28. (Sueton 57. Josephus 19, 1.) Tonans, gleichsam der Glöckner des Jupiter Capitolinus 54, 4. — Victor 47, 40. — Der große Jupiterstempel auf dem Capitol von den Vitellianern in Brand gesetzt 65, 17. — auch brennt derselbe wieder unter Titus ab 66, 24.

Juridici; von Mark Aurel eingeführt, hatten die Jurisdiction über die Italischen Städte, und überhaupt derselben Bestes zu besorgen — von Macrin abgeschafft 78, 22.

Jus primá relationis; (den ersten Vortrag im Senat zu thun) dem August zuerst zuerkannt 53, 32.

Jus trium liberorum; klassische Stelle 55, 2. — erstreckt sich selbst auf Götter, s. Götter — die Vestalinnen erhielten es von Augustus 56, 10.

Juvenalien 67, 14. und daselbst Note. s. auch Bärte.

K.

Kaiser; führten auch den Titel der Consuln fort, hießen auch, wenn sie sich außerhalb der Ring-

II. Antiquarisches Register.

Ringmauer befanden, zuweilen Proconsuln. — der Imperatorname war ihnen allein eigen — hatten die Rechte der ehemaligen Censoren, führten aber diesen Namen nur, wenn sie wirklich Census hielten — ingleichem die Rechte der Volkstribunen — waren Erzpriester — an die Geseze (in gewisser Betrachtung) nicht gebunden 53, 16–18. 28. — wenigstens die löblichen hatten bey ihren Lebzeiten keine Tempel in Rom und in Italien, (nicht ganz gegründet, s. Reimars Note) wohl aber in den Provinzen 51, 20.

alender, vorher von den Priestern besorgt, aber durch Cäsar verbessert 43, 26.

leider, bey Trauer geringere (sordida) angelegt. Die Senatoren trugen in diesem Falle Ritterkleider mit schmaler Besezung 38, 14. 16.

oloß, auf der heiligen Straße (von Nero errichtet, nachher eingestürzt) von Vespasian wieder aufgestellt 66, 15. — Commodus läßt seinen eigenen Kopf darauf sezen 72, 22.

raniche, gegen einander im Kampfe aufgestellt 66, 25.

riegsfahne, im Janiculum während der Comitien aufgesteckt 37, 27. 28.

riegskasse; August nebst Tiber machten den ersten Fond dazu, hernach ward die Vicesima Hereditatum dazu geschlagen 55, 25. auch das Vermögen des Agrippa Postumus 55, 32. — wird Expråtoren auf drey Jahre übertragen 55, 25.

Kronen, goldene, den siegenden Imperatoren von Königin und Provinzen zugesandt 42, 49. — Dies wird hernach eine Gerechtigkeit, und die Provinzen mußten eine gewisse Steuer dafür bezahlen (Aurum Coronarium) 51, 21. — eine Corona rostrata bekommt M. Agrippa vom August zuerst und zuletzt unter allen Römern 49, 14. (s. doch Scheffer de Militia navali 4, 3.)

Kuchen, platte, Unterlagen der Speisen, die man am Ende, wenn man mit den Speisen fertig war, auch verzehrte. Br. |3. (Heyne üb. Virgil Aen. 7. v. 109.)

Kugeln, eyförmige, im Circus von M. Agrippa aufgestellt 49, 43.

L.

Lakonische Bäder, von Agrippa angelegt 53, 27.

Landcharten, in Zimmern aufgehangen. Beyspiel davon 67, 12.

Latiarien; Menschenopfer, dem Jupiter Latialis am Lateinerfeste gebracht 47, 40. (s. die Ausleger zu Ciceros Briefen an seinen Bruder Quintus 2, 2.)

Legaten a, Unterfeldherrn, Generaladjutanten, ihre glückliche Thaten werden ihren Imperatoren zugeschrieben 49, 4. 21. — doch wird auch ihnen zuweilen Triumph zu halten erlaubt: so dem Domitius Calvinus 48, 42. — dem Agrippa von August, der doch diese Ehre nicht annimmt 54, 11. Tiber hingegen darf keinen halten

ten 54, 31. — — b) Legaten und Preprätoren unter den Kaisern waren die Statthalter in den kaiserlichen Provinzen 53, 13.

Leges; das allgemeine, s. oben unter Gesetze, hier einzeln, wie sie in Dio vorkommen:

Agrariá. Gracchi. (gieng nicht durch) Br. 88. Rulli. (die doch nicht genannt ist) 38, 5. — Cäsars 38, 1. — L. Antonii 45, 9. — der Triumvirn 47, 14.

de Ambitu. (Amtserschleichung) des Acilius Glabrio 36, 21. — Calpurnia (C. Calpurn. Piso) 36, 21. Cornelia. (C. Cornelius Volkstribun) ebendas. Pompeji 40, 52. — Augusti 54, 16.

Annales (in welchem Lebensjahre man Staatsämter suchen dürfe) oftmalige Ausnahmen von diesen Gesetzen in Ansehung Cäsars und dann der kaiserlichen Prinzen 46, 29. 46. 53, 28. etc.

Augusts, überhaupt 54, 16. — Cäsars wirkliche oder vorgebliche Mörder auch abwesend zu verurtheilen 46, 48. — über Amtserschleichung 54, 16. — daß die gerichtlichen Redner kein Geld von den Clienten nehmen sollen 54, 18. den Miethzins ganz oder zum Theil zu erlassen 48, 9. — geschärfte Strafen gegen die Exilierten, die als solche, gemeiniglich in der Verbannung üppiger als vorher lebten 56, 27. — über Freylassung der Sclaven 55, 13. wider das ehelose Leben (de maritandis orbinibus) 54, 16. 56, 1. ff. mit Berufung

Leges, rufung auf ältere Verordnungen darüber. (Livius Epit. 59. Sueton 89.) 56, 6. — über den Senat, bestimmte Zeit der Sitzungen, fleißige Abwartung derselben, und Senatsconsulte 55, 3. — diejenigen, die als Beklagte nicht erscheinen, zu contumacieren 54, 3. über Ersparnisse bey den Staatsausgaben 55, 25. — die Volkstribunen aus dem Ritterstande zu wählen 54, 30. 56, 27. — über Vestalinnen, auch Freygelassene dazu zu wählen (doch blieb es beym Alten) 55, 22.

Cäsars; sehr zahlreich, die aber Dio eben ihrer Menge wegen nicht aufführen wollte 38, 7. — einzeln kommen vor: Agraria 38, 1. über Herabsetzung des Miethzinses 42, 51. — daß die Richter aus Senatoren und Rittern, mit Ausschluß des gemeinen Volks, genommen werden sollen 43, 25. — wider den Luxus, (sumtuaria) ebendas. — Belohnungen für die, welche mehrere Kinder haben. ebendas. — wie lange man eine Statthalterschaft behalten könne. ebendas. — über Contracte 58, 21. — über Wucher und verpfändete Grundstücke 41, 37. — über Circulation des Geldes, wie viel einer baar liegen haben dürfe 41, 38. — neue Einrichtung des Kalenders, 43, 26.

Calpurnia, über Amtserschleichung 36, 21.
Claudia, des Kaisers, mehrere stehen beysam=

Leges. sammen 60, 11. über Verpflegung kranker Sclaven 60, 29.

Clodiá, des Volkstribuns, über Zünfte (Collegien) und Getreidevertheilung 38, 13. über der Censoren Gewalt. ebendas. vergl. 40, 57. — über Auspicien 38, 13. — in Rücksicht auf Cicero 38, 14. 17.

Clóliá, über Erlaß des Miethzinses und der Schulden (Tabulá nová) 42, 22. kommt aber nicht zur Wirklichkeit. K. 23.

Cornelia, s. Sylla.

Corneliá, des Volkstribuns über Amtserschleichung 36, 21. — über Edicte der Prätoren 36, 23.

Curiatá, über Adoption 37, 51. 45, 5. — über die militarische Gewalt der Statthalter in den Provinzen 39, 19. — über die Wählung der Staatsbeamten 41, 43. (Cicero de lege agraria 10.)

Dolabellá, über Miethzins und Schuldenerlaß (kommt nicht zur Rechtskraft) 43, 22.

Domitia, daß die Wahl der Pontificum vom Volke abhangen solle, von Sylla abgeschafft, von Cäsar wieder hergestellt 37, 37.

Domitians, Verbot der Entmannung 67, 2.

Falcidia, Testamente betreffend, klassische Stelle 48, 33.

Sufia, die Stimmen in den Comitien einzeln geben zu lassen 38, 8.

Gabinia, das Kommando gegen die Seeräuber dem Pompejus zu übertragen 36, 6.

Leges. Gracchi; zu Gunsten des im Kriege dienstleistenden gemeinen Volks. (Bach Hist. Juris S. 160. Ausg. 1775.) und Uebertragung des Richteramtes von den Senatoren auf die Ritter. Br. 88.

Hadrians, daß kein Senator öffentliche Gefälle pachten solle 69, 16.

Juliä, s. Augusti und Cäsars.

Manilia, dem Pompejus den Krieg gegen Mithridates aufzutragen 36, 25. — daß auch Freygelassene Stimmrecht in den Comitien haben sollen. ebendas.

Metelli Nepotis, von Abschaffung der Abgaben 37, 51.

Nervä, wider die Entmannung, und Verheirathung mit des Bruders Tochter 68, 2.

Papia (Caji), daß die Fremden nicht in Rom geduldet werden sollen 37, 9.

Papia Poppäa, zu Begünstigung der Ehen, (de maritandis ordinibus) 54, 16. 56, 1. ff. von der der Senat doch den August zu Gunsten Liviens in so fern entbindet, daß er ihr im Testamente mehr vermachen konnte, als dieses Gesetz verordnete 56, 32. und das. Reimar.

(Plautia) über Gewaltthätigkeit 37, 31. 39, 7.

Pompeji, über Richter und Gerichtsform 40, 52—55. über Comitien 40, 56.

Por-

II. Antiquarisches Register.

Porcia, über Unverletzlichkeit Römischer Bürger 45, 32.

Leges. Regia, (nicht namentlich genannt) Reimar citirt in seinem Index 42, 20. wo dem Cäsar die Entscheidung über Krieg und Frieden aufgetragen wird. Mit mehrerem Rechte wohl von August 53, 16. 17. (mehreres s. bey Beck de lege regia S. 9)

Roscia, bestimmt den Rittern besondere Plätze im Theater 36, 25. 60, 7.

Sempronia, s. oben Gracchi.

Sumtuariá, (wider den Luxus) Pompeji, gieng nicht durch 39, 37. — Cäsaris 43, 25. Augusti 55, 25.

Severi, Kaisers über Ehebrecher 76, 16.

Syllá, Cornelia de Sacerdotiis, über den Pontificatus Maximus 37, 37.

Voconia, daß keine Frauensperson einer Erbschaft über fünf und zwanzigtausend Denare fähig seyn solle. August dispensiert in Rücksicht auf Livien einige Frauen davon 56, 10.

Legionen; wurden nach Zahlen benannt 38, 47. — hatten einen goldnen Adler als Fahne 40, 18. — zu Augusts Zeiten waren derselben drey und zwanzig, oder fünf und zwanzig, von denen zu Dios Zeiten noch neunzehn übrig waren, klassische Stelle 55, 23. 24. — die von andern Kaisern nach August errichteten 55, 24. einzeln kommen sonst vor: die dritte, Gallische 65, 14. stand unter Elagabal in Phönicien 79, 7. —

7. — die vierte geht von Anton zu Octavian über 45, 13. steht unter Elagabal in Scythien 79, 7. — die siebente und eilfte bekommen unter Kaiser Claudius die Namen Claudiana, Piä, Fideles 55, 23. 60, 15. — die achte, Augusta, verliert diesen Namen, weil sie sich nicht tapfer hält 54, 11. — die neunte, rebellirt wider Cäsar 41, 26. wird mit Schimpf entlassen 41, 35. die zehnte dagegen von Cäsar vor andern geschätzt 38, 46. und zur Leiblegion (prätoria) ernannt 38, 47. — rebellirt dennoch in der Folge auch 42, 52. — die zwölfte, mit dem Beynamen die donnernde (Fulminatrix) 55, 23. Standquartier in Melitene in Cappadocien 71, 9. u. das. Reimar.

Leibwache; (Prätorianer) Sejan legt sie unter Tiber in ein eigenes Lager vor der Stadt 57, 19 — wird von Sept. Sever entlassen 74, 1. vorher hatte man sie nur aus Italien, Spanien, Macedonien und Noricum genommen, Sever ersetzt aber den jedesmaligen Abgang aus allen Legionen, wodurch er die gute Kriegszucht verdirbt 74, 2.

Lictoren, durften keine Sclaven seyn 48, 43. — auch jede Vestalin hatte einen 47, 19.

Livor, (Neid) als Gottheit verehrt 59, 17.

Luperci Juliani; zu Ehren Cäsars, unter ihnen M. Anton 44, 6.

Lustration der Armee vor Anfang einer Schlacht 47, 38. 40.

Luxus, Gesetze dagegen, s. oben Leges sumtuariä.

M. Ma=

M.

Magister Equitum; der erste aus dem gemeinen Volke war L: Stolo. Br. 33. — mußten der Regel nach wenigstens Prätoren gewesen seyn; die erste Ausnahme davon macht Cäsar mit M. Anton 42, 21. — Lepidus, Consul und Mag. Equitum zugleich 43, 33.

Magistratus. s. Staatsbeamten.

Magistri Vicorum, Gassenmeister unter August eingeführt. 55, 8.

Marcische Wasserleitung, von Agrippa wieder hergestellt. 49, 42.

Mars Ultor, sein Tempel von August erbaut. 54, 8.

Mauer; ein Stück derselben ward in Griechenland zu Ehren der Sieger in großen Spielen niedergerissen, um sie durch diese Oeffnung ihren Einzug halten zu lassen. 63, 20.

Mauerbrecher, Art ihre Wirkung zu schwächen, oder ganz unkräftig zu machen. 66, 4.

Mausoleum der Cäsaren Cajus und Lucius. 78, 24. und daselbst Reimar.

Megalensische Spiele unter Cäsar von Volksädilen besorgt. 43, 48.

Merkur, als Beherrscher der Luft. 71, 8.

Miethzins, herabgesetzt oder ganz erlassen. 42, 22. 51. 43, 32. 47, 14. 48, 9.

Militärtribunen mit consularischer Gewalt, werben nach dem Beyspiele jener ältern vom neuen in Vorschlag gebracht, aber verworfen. 40, 45.

Milliarium aureum (Meilensäule) von August aufgestellt. 54, 8.

Minervens Bildsäule von Cicero auf dem Capitol errichtet 38, 17. von einem Sturme zertrümmert. 45, 17.

Münzen; nach Mäcens Vorschlage sollen die Provinzen keine eigenen haben. 52, 30. — des Caligula (eherne) läßt der Senat nach dessen Tode einschmelzen. 60, 22. — Vitellus hingegen läßt die seiner Vorgänger, Nero, Galba und Otho im Gange 65, 6. — verblichene läßt Trajan einschmelzen. 68, 15. — mit Getas Kopfe läßt Caracall vernichten. 77, 12. — unter Caracall waren die Goldmünzen vergoldetes Bley, und die Silbermünzen versilbertes Erz. (Billon) 77, 14. — Privatpersonen dürfen keine mit ihrem Bildnisse prägen lassen. 79, 4. — Münze des Brutus mit Hut und zweyen Dolchen. 47, 25. — Cäsars mit Pater Patriä 44, 4. Aureus, Goldmünze, gilt fünf und zwanzig Denare in Silber (etwa vier Thaler acht Groschen 54, 12. — durch einen silberfarbigen Staubregen werden einmal eherne Münzen mit Silber tingiert, die Tinctur hält sich aber nicht. 75, 4.

Muränen, werden von Römern in Fischbehältern mit vielen Kosten unterhalten, und Vedius Pollio füttert sie mit Menschenfleisch. 54, 23.

N.

Namen; Abänderung derselben bey Adoptirten 46, 47. die Römer haben auch manchmal zwey Vornamen gehabt. 60, 14. u. da. Reimar.

Naumachie (Seegefecht auf einem zu Lande ausgegrabenen Bassin) von Cäsar gegeben 42, 23. (Sueton 39.) von August 55, 10. — von Claudius 60, 33. — von Nero 61, 9. — von Titus 66, 25. — von Domitian 67, 8.

Neptuns Säulengang von Agrippa erbaut 53, 27.

Neujahrsgeschenke dem August gemacht. 54, 35.

Nundinä, auf einen andern Tag verlegt, wenn sie mit einigen (nicht allen) Festtagen zusammentrafen. 60, 24. (Macrob. Saturn. 1, 13.)

O.

Odeum, von Trajan erbaut. Baumeister Apollodor 69, 4.

Ohren durchbohrte, in Mauritanien üblich 78, 11.

Orakel; des Aeskulap 77, 15. — des Amphilochus zu Mallus. 72, 7. — des Apoll zu Delphi, von Nero zerstört 63, 14. — des Apollo Grannus. 77, 15. in Apollonien (Nymphäum) 41, 45. — des Herkules in Kadix. 77, 20. — des Jupiter Belus in Apamea. 78, 8. 40. des Serapis 77, 15.

P. Pach-

P.

Pachten; s. Provinzen; einzelner Gefälle verbietet Hadrian den Senatoren. 69, 16.

Pachter öffentlicher Einkünfte, ihre Bedrückungen in Asien von Rutilius eingeschränkt. Vr. 106. und von Cäsar 42, 6. der ihnen doch auch den dritten Theil des Pachtgeldes einmal Remiß giebt. 38, 7.

Palilienfest. Roms Erbauungstag. 43, 42.

Pantheon, woher es seinen Namen hat. — von Agrippa ausgebaut 53, 27. brennt unter Titus ab. 66, 24.

Pasquille, von August verboten, und ihre Verbrennung den Aedilen aufgetragen. 56, 27.

Patricier, ihre Zahl vermehrt von Cäsar 43, 47. von August. 49, 43. 52, 42.

Paulischer Säulengang, von Paulus Aemil. Lepidus erbaut und eingeweiht 49, 42. brennt ab. 54, 24.

Periodonikes, so hieß derjenige, welcher in allen vier Griechischen Volksspielen den Preis erhalten hatte. 63, 8.

Pomórium, von Cäsar erweitert. 43, 50. ingleichem von August. 55, 6.

Pontifices Maximi, giengen nicht in die Provinzem. Vr. 62. und das. Fabriz und Valois. ingl. die Ausleger zu Tacitus Annalen 3, 58. 71. — die Ernennung derselben nimmt Anton zu Gunsten des Lepidus dem Volke, und überträgt sie den Priestern. 44, 53. — bleiben es auf

auf Lebenszeit, und man durfte ihnen das Amt nicht nehmen 49, 15. — Die Kaiser maßten sich dieses Amt ausschließlich an. 53, 17.

Praͤfectus Annonaͤ unter August 52, 25.

Praͤfecti Praͤtorio, waren in der Regel Ritter, nicht Senatoren, und wenn sie Consularenrang und Insignien erhielten, so war dies Ausnahme. Als einen von Dio allein (79, 1.) bemerkten Umstand führt Reimar an, daß die praͤtorischen Praͤfecten sich als Nichtsenatoren aus dem Senat entfernen mußten, sobald der Ausrufer den Anfang der Berathschlagung ankündigte. — Maͤcen schlägt ihre Einführung vor 52, 24. August ernennt derselben zwey 55, 10.

Verzeichniß der praͤtorischen Praͤfecten.

Fabretti in seinem gelehrten Werke über Trajans Säule S. 8. hatte behauptet, daß nur von August bis Claudius es zwey dergleichen praͤtorische Praͤfecten, unter Nero hingegen und seinen Nachfolgern nur immer Einen zu gleicher Zeit gegeben, und Commodus endlich es wieder auf den alten Fuß gesetzt habe. Dieses bestreitet Reimar in einer Note zu 67, 15. und führt Beyspiele von zweyen gleichzeitigen Praͤfecten auf, ob sie gleich nicht immer namentlich im Dio vorkommen. Diese Arbeit hat er denn auch in seinen Index aufgenommen, und ich glaubte denen, die etwa über praͤtorische Praͤ-

II. Antiquarisches Register.

fecte eine Nachweisung suchen, durch Beybehaltung dieser Reimarischen Arbeit vielleicht nützlich zu werden. Also

unter Tiber: Sejan 57, 19. ff. und Macro 58, 9.

unter Claudius: Justus Catonius 60, 18. und Rubrius Pollio 60, 23.

unter Nero: Burrhus 61, 3. ingl. Sophonius Tigellinus nebst Fenius Rufus 63, 12.

unter Otho: Plotius Firmus und Licin. Proculus Reimar zu 67, 15.

unter Vitellius: P. Sabinus und Jul. Priscus und dann Priscus und Alphenus Varus (nicht im Dio) Reimar zu 67, 15.

unter Vespasian: dessen Sohn Titus. Sueton 6. und Reimar 66, 15. ingleichem Arius Varus und Corn. Fuscus. Reimar zu 67, 15.

unter Domitian: Norbanus und Petronius Secundus 67, 15.

unter Nerva: Petronius Secundus und Casperius Aelianus 68, 3. Reimar zu 67, 15. an Aelians Stelle dann Claud. Livianus 68, 9.

unter Trajan: Licin Sura 68, 8. 15.

unter Hadrian: Attianus und Similis Reimar zu 67, 15.

unter

II. Antiquarisches Register.

unter Antonin Pius: Petronius Mamertinus und Gavius Maximus. Reimar. ebendas. — ingl. Sabius Repentinus und Corn. Victorinus. ebend. und Turbo 69, 18.

unter Mark Aurel: Bassius Rufus und Macrinus Vindex. Reimar zu 67, 15.

unter Commodus: Tarrutenius Paternus und Perennis 72, 5. 9. an Perennis Stelle Kleander. Reimar zu 72, 10. ingl. Julian 72, 14. und Aemil. Latus 72, 19.

unter Did. Julian: Flav. Genialis und Tullius Crispinus. (Spartian Kap. 3.) Reimar zu 73, 12.

unter Sept. Sever: Aemil. Saturninus und Plautian 75, 14. ingl. Papinianus 76, 10. 77, 1.

unter Caracall: Theokritus, Schauspieler 77, 21. und Macrin 78, 11.

unter Macrin: Ulpius Julianus und Nestor Julianus 78, 15. ingl. Basilianus 78, 35.

unter Elagabal: Eutychian, auch Romazon genannt 79, 4.

unter Alexander Sever: Flavian und Chrestus 80, 2. Domit. Ulpianus allein 80, 2.

Präfectus Vigilum 52, 25.

Präfectus Urbi; Cäsar macht derselben acht, oder richtiger, wie Dio glaubt, sechs 43, 28. — hatten zu Cäsars Zeiten die Staatskasse unter sich, und in Abwesenheit desselben alle innere Staatsangelegenheiten mit Zuziehung des Magister Equitum Lepidus zu besorgen 43, 48. — zwey derselben bekamen die Verwaltung des Aerarium. ebendas. Vorschlag Mäcens über neue Einrichtung dieses Staatsamtes 52, 21. — der erste nach dieser neuen Bestimmung unter August Agrippa 54, 6. — hatten auch die Stadtsoldaten und Schaarwachen unter sich. Reimar zu 65, 17. — waren gemeiniglich Consularen. Ausnahme davon 78, 14. (s. überhaupt von ihren: Eduard Corsini de Präfectis Urbis. Pisa 766. 4.)

In Dio kommen vor:

unter dem Triumvirat: L. Cäsar, von Anton widerrechtlich ernannt 42, 30.

unter August: M. Vipsanius Agrippa 54, 6.

unter Tiber: L. Lamia 58, 19. und L. Piso. ebend.

unter Caligula: Sanquinius Maximus 59, 13.

unter Commodus: Victorin 72, 11.

unter Pertinax: Fl. Sulpician 73, 7.

unter Sept. Sever: Jun. Cilo 77, 4.

unter Macrin: Marius Maximus 78, 14. 16. 79, 2.

unter Elagabal: Eutychian, auch Romazon genannt 79, 4. und Leo 79, 14.

Präfecturen, in Italien außer Rom unter Claudius ganz abgeschafft 60, 24.

Prätoren; Edictum Prätoris. Jeder muß es das ganze Jahr so beybehalten, wie er es beym Antritt des Amtes publiciert 36, 23 — Cäsar vermehrt ihre Zahl 42, 51. — bis auf vierzehn 43, 47. — in Einem Jahre einmal, doch nach und nach, sieben und sechzig erwählt 48, 43. — mußten unter August dreyßig Jahre alt seyn 52, 20. — den Prätor urbanus ernennt August selbst 53, 2. — eben derselbe setzt ihre Zahl auf zehn 53, 32. — haben unter August die Schauspiele zu besorgen, erhalten aber Zuschuß aus der Staatskasse 54, 2. — bekommen unter August das Recht, einen Vortrag im Senat zu thun, behalten es aber nicht lange 53, 3. — zu Tibers Zeiten gewöhnlich sechszehn, einige darüber, oder auch darunter 58, 20. — so auch unter Caligula 59, 20. — einige hatten die Schatzkammer unter sich 60, 4. welches Geschäft ihnen doch bald wieder abgenommen wird 60, 24. — geben unter Caligula Gladiatorengefechte, und die vornehmsten losen darum 59, 14.

Prätorianische Cohorten, (Leibwache) waren unter August zehntausend Mann stark 55, 24. — bekamen doppelten Sold 53, 11. — ihre

Dienſtzeit zwölf Jahre 54, 25. nachher ſechs‐
zehn 55, 23. — Sejan vereinigt ſie in Einem
Lager vor der Stadt 57, 19. Sept. Sever ent‐
läßt ſie einmal 74, 1.

Prätorianiſche Reiterey 61, 9. 74, 1.

Prieſter; (Pontifices) zwey aus Einer Familie,
wenigſtens nahe Verwandte, dürfen nicht einer‐
ley Art von Prieſterthum zugleich verwalten
39, 17. — beſorgten den Kalender, hatten
aber durch unſchickliche Einſchaltungen große
Unordnungen angerichtet 40, 62. — Cäſar ver‐
mehrt ihre Zahl 42, 51. — man erlaubt dem
Auguſt nach geendigtem Aegyptiſchen Kriege
Prieſter zu wählen, ſoviel er will, welches Recht
hernach die Kaiſer fortbehalten haben 51, 20.

Proconſuln, unter Auguſt nicht nur die Conſuln
des vorhergehenden Jahres, ſondern auch wirk‐
liche oder Titularprätoren 53, 13. — Procon‐
ſuln hießen auch unter den Kaiſern die Statt‐
halter in den ſenatoriſchen Provinzen 53, 13. —
auch die regierenden Kaiſer ſelbſt führten dieſen
Namen, wenn ſie ſich außerhalb der Ringmauer
befanden 53, 17. — was doch zu Gunſten Au‐
guſts aufgehoben wird 53, 32. ſ. auch 79, 2.

Procuratoren, Ritter und Freygelaſſene, wa‐
ren in den Provinzen Rechnungsbeamte, und
wurden in allen Provinzen vom Kaiſer allein
ernannt 53, 13. — Benennung nach Verhält‐
niß ihrer Beſoldungen. z. B. Sexagenarien,
Centenarien u. ſ. w. 53, 15.

Pro‐

II. Antiquarisches Register. 311

Proprätoren oder Legaten, Statthalter der kaiserlichen Provinzen, auch wenn sie Consularen waren (Sueton Octav. 47.) bekamen auch ihre Statthalterschaften prolongirt, hatten das Recht über Leben und Tod, und sechs Lictoren 53, 13.

Provinzen, konnten nach der Verlosung gegen andere vertauscht werden 37, 33. — Verordnung des Pompejus, daß keine obrigkeitliche Person vor dem fünften Jahre nach Abgang vom Amte in der Stadt um eine Provinz zu losen fähig seyn sollte, eine Verordnung, die er doch bald selbst übertrat 40, 56. vergl. 53, 14. (s. Statthalter) — Pachten derselben wird nach der Pharsalischen Schlacht von Cäsar abgeschafft 42, 6. (s. Burmann de Vectigal. K. 9) klassische Stelle über die neue Einrichtung der Provinzen unter August 53, 12. wo Dio doch selbst die Bemerkung beyfügt, daß er diejenigen Provinzen nicht angegeben habe, die entweder erst nachher erobert wurden, oder, wenn sie es damals schon waren, doch ihre eigenen Landesgesetze und Regierungsform behalten hatten, oder unter Königen standen, und daß die nachher eroberten jedesmal dem Kaiser zugefallen. — unter Mark Aurel wird das Gesetz gemacht, daß keiner in der Provinz, in der er gebohren, Statthalter werden solle 71, 31.

Pyrrhiche, Waffentanz 60, 7.

U 4   Q. Quä.

Q.

Quästoren; Cäsar erhöhet ihre Zahl auf vierzig 43, 47. (vorher nur zwanzig, klassische Stelle bey Tacitus Annal. 11, 22.) jeder Consul bekam zuerst zwey Quästoren zu Beyständen (Jah. 716 eine Nachricht, die dem Dio allein eigen ist 48, 43. und Fabriz Note. — werden Quästoren in den Provinzen, wenn sie es in der Stadt gewesen sind 53, 28. — bekommen nach Augusts Verordnung die Senatsconsulte in Verwahrung 54, 36. — werden als Statthalter an der Seeküste, um Rom und andern Orten Italiens angestellt 55, 4. was doch Kaiser Claudius wieder abschafft 60, 24. — hatten die Strafen an den vom Senat Verurtheilten zu vollziehen 58, 4. — bekommen unter Claudius wieder das Aerarium zu besorgen 60, 24. — lesen die Anbringer der Kaiser im Senat vor 78, 16. — in ihrer Abwesenheit einmal ein Prätor. ebendas.

Quindecimviri, ihre Zahl von Cäsar mit Einem vermehrt 43, 51.

Quinquagesima, vom Sclavenverkauf, s. Abgaben.

Quinta et Vicesima venalium Mancipiorum 55, 31. und das. Fabriz. (s. auch Tac. Annal. 13, 31.)

R.

Räthe, kaiserliche, ein Ausschuß aus dem Senat genommen, unter August 53, 21. 56, 28.
— von

II. Antiquarisches Register. 313

— von Tiber 57, 7. — seit Tibers Abwesenheit in den letzten Regierungsjahren und unter Caligula nicht gebräuchlich, werden von Claudius wieder eingeführt 60, 4.

Rechte bürgerliche, haben die Pontifices in ihrer Verwahrung 48, 44.

Richter, fünf derselben kann nach einer Verordnung des Pompejus jede Partey perhorresciren 40, 55. — sollen nach Cäsars Verordnung aus dem Senat und den Rittern mit Ausschluß des gemeinen Volkes genommen werden 43, 25.

Ringe, goldene, waren unter der freyen Republik ein Vorrecht der Ritter, und auch unter den Kaisern durften Freygelassene nicht anders als auf specielle Erlaubniß der Regenten dergleichen tragen 48, 45. — Beyspiel davon Antonius Musa, auch Freygelassener, nach glücklicher Cur an August 53, 30.

Ritter, bekommen durch ein Gesetz des Roscius (Otho) abgesonderte Sitze bey den Schauspielen 36, 25. und im Circus durch August 55, 22. — Generalpachter der Einkünfte in den Provinzen, erhalten den mehrmals gebetenen, aber von Cato immer gehinderten Remiß vom Cäsar 38, 7. — können auf Augusts Erlaubniß auch Volkstribunen werden 54, 30. 56, 27. Verbot, als Gladiatoren aufzutreten, wird aber nicht lange befolgt, weil sie sich dadurch bey dem Volke sehr beliebt machen 56, 25.

Rostra, die alten, von Jul. Cäsar an eine andere Stelle versetzt 43, 49. Rostra Julia 56, 34.

U 5 S. Säk-

S.

Säcken, Strafe für Elternmörder. 61, 16.

Sättel, von den Rittern zu Neros Zeiten zuerst gebraucht. 63, 13.

Säule des Trajanus. 68, 76.

Säulengang sich senkender, wird von einem geschickten Mechaniker wieder gerade gerichtet. 57, 21.

Salier, Marspriester ihre Zahl vom König Tullus vermehrt, und zum Unterschied Collini benamt. Vr. 21.

Saturnalien von Caligula um Einen (fünften) Tag vermehrt. 59, 6. vergl. 60, 25. Saturnaliengeschenke. ebendas.

Saturnustempel. 45, 17.

Scalpieren, auch in Italien bey den Picentern üblich. Vr. 113 und das. Note.

Schauspiele s. Spiele.

Schauspieler, ihre Zänkereyen unter August 54, 17. unter Tiber aus der Stadt verwiesen. 57, 21. (Sueton 37.) von Caligula zurückberufen. 59, 2.

Schiffe, werden auf frisch abgezogenen und mit Oel bestrichenen Thierhäuten zu Lande fortgeschoben. 50, 12. (Dio bezweifelt es selbst, s. doch Silius Italicus 12, 441.) — Schiffe, von August zu Lande über den Isthmus gebracht. 51, 5.

Schiff-

II. Antiquarisches Register.

Schiffbrücken. Art, wie sie die Römer schlugen 71, 2. und zweytes Bruchstück daselbst.

Schlangendienst in Athen. Hadrian läßt eine große Schlange aus Indien kommen, die er hier verwahren und füttern läßt. 69, 16.

Schlachtopfer, entlaufende, unglückliche Vorbedeutung 45, 17.

Schminke mit Bleyweiß und Karmin. 79, 14.

Schrift, geheime, Cäsars 40, 9. Augusts 51, 3.

Schwur, der Consuln beym Abgang vom Amte 37, 38. Der Römer bey der Kaiser Glück, und alle ihre Thaten und Anordnungen für gültig halten zu wollen. 57, 8. 9. — ein Staatsbeamter beschwor dies im Namen aller. 58, 17. 60, 25. — auf die Anordnungen der schlechten Kaiser schwört man nach ihrem Tode nicht mehr. 59, 9.

Sclaven, weil sie gegen ihre Herren nicht peinlich befragt werden durften, so verordnete August, daß der Staat oder der Kaiser sie in dergleichen Fällen loskaufen zu können das Recht haben solle. 55, 5. — wenn sie bey Krankheiten von ihren Herrn auf Aeskulaps Insel ausgesetzt (nach unserer Art dem Lazareth anheim gegeben) wurden, erhielten sie bey wiederhergestellter Gesundheit ihre Freyheit nach Kaisers Claudius Verordnung. 60, 29.

Secutoren, Art von Fechtern. 72, 19.

Selbst-

Selbstmord; die Erlaubniß dazu mußte bey der Obrigkeit nachgesucht werden. 69. 8.

Senat; ward in der Regel von Consuln und Prätoren angesagt, und in deren Abwesenheit von Volkstribunen, was doch, wie Dio unter Macrin bemerkt, seit undenklichen Zeiten nicht mehr üblich war. 78, 37. — man konnte keine Umstimmung vornehmen, wenn ein Senator die Versammlung verließ. 39, 28. — von Cäsar und August sehr vermehrt, und mit den schlechtesten Leuten besetzt. 48, 34 — auch sehr junge Leute in denselben aufgenommen. 48, 43. — August hatte nur immer einen Ausschuß bey sich, doch behielt der Senat im Ganzen sein Ansehen und Gerichtsbarkeit, nahm auch die auswärtigen Gesandten an. 53, 21. — August schreibt gewisse Tage zu Hauptsitzungen vor, bey denen keiner fehlen darf, läßt die Namen der Senatoren in ein Verzeichniß (Album Senatorum) bringen — von August mehr als einmal gemustert, (um ihn, wo möglich) auch wieder auf eine geringere Zahl der Mitglieder zu bringen.) 52, 41. 54, 13. 14. 17. 26. — das Recht des ersten Vortrages (Jus primâ relationis) dem August zuerst zuerkannt. 53, 32.

Senatoren; Album Senatorum öffentlich angeschlagen. Vr. 137. 55, 3. — die Staatsbeamten, und selbst die Consuln waren nicht Senatoren, wenn sie nicht von dem jedesmaligen Censor dafür erkannt waren. 37, 30. (Livius 23, 23. Gellius 3, 18.) ingl. 37, 46. — durften kein

II. Antiquarisches Register. 317

kein auffallendes Leibesgebrechen haben. 54, 26. — unter Cäsar waren derselben neunhundert. 43. 47. unter August tausend. 52, 41. — hernach auf sechshundert herabgesetzt. 54, 14. — mußten unter August fünf und zwanzig Jahre alt seyn 52, 20. — sollen nicht über Latrocinium, (d. i. wenn sie Soldaten auf eigene Kosten gehalten, oder andern um Sold gedient hatten, welches beydes im Bürgerkriege zwischen August und Anton mögliche Fälle gewesen waren) verklagt werden. 49, 43. — August verbietet ihnen ausser Italien zu reisen, Sicilien und das Narbonensische Gallien ausgenommen, und nur in Staatsgeschäften und auf genommenen Urlaub. — gilt noch zu Dios Zeiten. 52, 42. — wenn man bey einer unglücklichen Begebenheit die Kleider zu wechseln beschloß, kam auch kein Senator in die Schauspiele, oder zu andern Feierlichkeiten. 39, 28. 30. — sollen keine Freygelassene zur Ehe nehmen 54, 16. — dürfen keine Sitzung versäumen; strenge Verordnung des Kaisers Claudius darüber 60, 11. — Hadrian verbietet ihnen, Zölle und Revenüen ganzer Provinzen zu pachten. 69, 16. — in ältern Zeiten waren die Magistratus, wenn sie vom Amte abgingen, nicht mehr Senatoren, dies ward erst 693. eingeführt. 37, 46. — auch mußten die aus dem Senat gestoßenen erst wieder Prätoren werden, um senatsfähig zu seyn. 37, 30. 42. 52.

Se-

Senatus Auctoritas. 41, 3. 42, 23. in der klassischen Stelle darüber 55, 3. behält Dio das Wort Auctoritas selbst im Griechischen bey, doch war die ganze Sache zu Dios Zeiten nicht mehr gebräuchlich. ebendas.

Septa, Schranken auf dem Marsfelde zu Haltung der Tributcomitien, von Lepidus mit Säulengängen umstellt, und von Agrippa mit Tafelsteinen belegt, mit Gemählden ausgeziert, und Septa Julia benannt. 53, 23. — von Caligula zu Gladiatorengefechten, und selbst zu Naumachie gebraucht 59, 10. brennen unter Titus ab. 66, 24.

Septemviri, ihre Zahl von Cäsar mit dreyen vermehrt. 43, 51. ihre Stelle konnten in Abwesenheit auch Pontifices vertreten. 48, 32.

Serapis und Isis; ihr Gottesdienst ward nur ausserhalb der Ringmauer geduldet, und ihr Tempel soll niedergerissen werden. 40, 47. — erneuerte Verordnung darüber 42, 26. — die Triumvirn lassen ihnen einen Tempel bauen, 47, 15. der unter Titus abbrennt. 66, 23.

Servare de coelo. s. Auspicien.

Sibyllensprüche, durften nicht ohne vorhergegangene Senatsverordnung bekannt gemacht werden. 39, 15. — sollen auf Augusts Befehl vom neuen abgeschrieben werden. 54, 17. (Sueton 31.)

Soldateneid von August eingeführt. 57, 3.

Spiele,

Spiele, das Volk sah ihnen anfangs bis ans Ende zu, hernach kam es auf, in der Mitte aufzustehen und zu essen. 37, 46. (s. auch die Ausleger zu Horaz Ep. 1, 19. 47.) Das Zeichen zum Anfange derselben gaben die vorsitzenden Magistratspersonen, man erkannte aber hernach dieses Recht den Kaisern allein zu. 43, 14. — man bediente sich bey denselben Thessalischer Hüte, um sich vor Sonnenhitze zu verwahren. 59, 7.

Verschiedene Arten derselben:

Actische, wegen des Sieges bey Actium. 51, 1. 18. 53, 1.

Apollinarische, vom Stadtpräfect gegeben, 43, 48. vom Prätor 47, 20. — von Agrippa als Prätor mit vorzüglicher Pracht. 48, 20.

Augustalen; 1) wegen Zurückkunft der Kaiser 54, 10. 34. 55, 8. 2) am Geburtstage 53, 34. 56, 25. 29. auch nach Augusts Tode noch fortgeführt. 56, 46. 3) Palatini auch zu Augusts Ehren. ebendas.

Barbillische. s. histor. Register unter Ephesus.

Capitolinische. 79, 10.

Castrenses im Lager gegeben. 53, 26. 60, 17. am Geburtstage Augusts. 56, 25.

Cereris. 47, 40.

Cullenische 77, 24. (wenn Xiphilins Text nicht verdorben ist) s. histor. Register.

Florales vom Prätor gegeben. 58, 19. 78, 22.

Iselastische, gemeint, obgleich nicht genannt. 63, 20. s. oben Mauer.

Juvenalien, unter Nero zu Ehren seines Bartes gegeben. 61, 19. auch unter diesem Namen von andern Kaisern beybehalten z. B. Domitian 67, 14. und das. Reimar. s. auch Bärte.

Latiales oder Latiares, außer der Ordnung vom Stadtpräfect gehalten (sonst von den Consuln) 47, 40.

Lugdunenses, in Lyon bey dem Altar Augusts von Caligula gegeben. 59, 22.

Martis von den Consuln besorgt. 56, 46.

Maximi et sanctissimi, (ehemals von Aedilen gegeben. Cicero gegen Verres 5, 14.) kommen unter Kaiser Macrin von Prätoren besorgt vor. 78, 22.

Megalensische unter Cäsar von Volksädilen veranstaltet. 43, 48.

Palatinische. s. oben Augustalen.

Palilien, an Roms Erbauungstage, waren Circensisch. 43, 42. weil sie abgekommen, führte sie August wieder ein 45, 6.

Römische auch Magni genannt 37, 8. an denselben schmausten die Senatoren im Capitol. 48, 52.

Secu-

II. Antiquarisches Register. 321

Seculares von August zum fünftenmal gehalten. 55, 18.

Troja. Ritterspiel der Jugend. 42, 23.

Vulcanalien. 78, 25.

In denselben wurden aufgestellt: Africanische Thiere. 53, 27. 54, 26. — Buckeloch en 6, 1. — Elephanten 77, 6. ingleichem gegen Rhinoceros aufgestellt. 55, 27. — Giraffen (Kameelpardel) 43, 23. 72, 10. — Hippopotamus. 51, 22. — Hunde statt Pferden im Wettfahren vorgespannt. (unter Nero) 61, 6. — lauter Kahlköpfe 58, 19. — Kameele 60, 7. — Kraniche 66, 25. — Löwen, fünfhundert in fünf Tagen. 39, 38. — Nilpferde (Hippopotamus) 51, 22. — Rhinoceros. s. Elephanten. — Strauße 76, 1. — Tiger (zuerst unter August) 54, 9. Tigerpferde (Hippotigris) 77, 6. — Waldesel 76, 1. — Zwerge gegen Zwerge. 67, 8.

Spolia opima, blos der Ehre wegen Cäsarn zuerkannt. 44, 5. ein anderes Beyspiel. 51, 24.

Staatsbeamte; ihre Aemter mehrere Jahre nach einander zu verwalten, war in Roms frühern Zeiten nicht Sitte, kam vorzüglich unter Marius und Sylla auf. 36, 14. — dürfen während ihres Amtes nicht angeklagt werden 40, 55. —

Dio Cass. 5. B. X könkonnten, wenn sie bloß designiert waren, schon im Voraus Edicte herausgeben. 40, 65. — waren im Bürgerkriege zwischen Cäsar und Pompejus doppelt, doch hießen die Pompejanischen nur Proconsuln, Proprätoren, Proquästoren. 41, 43. — Privatpersonen mußten, wenn sie ihnen auf der Straße begegneten, etwas auf die Seite treten, und von Pferd und Wagen absteigen. 45, 16. — Wahl derselben, behält sich Tiber theils selbst vor, theils überträgt er sie dem Senat, (so daß dem Volke im Ganzen kein Besetzungsrecht blieb, und die Comitien aufgehoben wurden) klassische Stelle 58, 20. und das. Reimar.

Staatsgefangene, werden nicht in öffentliche Gefängnisse gesetzt, sondern einem andern Römer ins Haus gegeben. 37, 32. auch noch unter den Kaisern. 58, 3. 18.

Stadtpräfecte, s. Präfectus Urbi.

Statthalter, in den Provinzen, Zeit, wann sie dahin abgehen mußten, fünf Jahre nach verwaltetem Staatsamte in Rom (in frühern Zeiten sogleich im nächsten Jahre) 40, 30. 46, 56. — Abänderung hierin von August 53, 14. Tiber verordnet, daß sie wenigstens vor dem ersten Julius abgehen sollen 57, 14. — vor dem ersten April nach Claudius Verordnung 60, 11.

II. Antiquarisches Register. 323

60, 11. wenigstens vor der Mitte 17. — durften nicht über die Grenze ihrer Provinz gehen 39, 56. — neue Einrichtung der Provinzen und ihrer Statthalter durch August, klassische Stelle 53, 12. ff. und durch Tiber 54, 17. s. auch oben Provinzen.

Statuen, s. Bildsäulen.

Straßenbau, durch zwey Männer (Curatores Viarum) aus den Exprätoren von August angestellt 54, 8.

Supplication, Dankfest zur Ehre siegender Feldherrn, dem Cäsar zuerst auf funfzehn Tage zuerkannt. 39, 5. und das. Fabriz Note.

T.

Tachygraphie, auch Mäcen hat einige Zeichen für sie erfunden. 55, 7.

Testudo (Schirmdach) Beschreibung derselben. klassische Stelle. 49, 30.

Theater; Tücher über dasselbe gespannt bey Cäsars Schauspielen, die er bey Gelegenheit seines Triumphes gab. 43, 24. — Theater Marcells 53, 30. — von August eingeweiht. 54, 26. — des Balbus, von ihm unter August eingeweiht. ebendas. brennt unter Titus ab 65, 24. — des Pompejus, auch unter Titus abgebrannt. ebendaſ. (ſ. auch Demetrius) Zänkereyen der Schauspieler unter Auguſt. 54, 17. (unter Tiber Sueton 37.)

Thierhäute; friſch abgezogen und mit Oel beſtrichen, werden zu Fortbringung der Schiffe zu Lande gebraucht. 50, 12.

Tiſche von Citronenholze 61, 10. bey Gaſtmahlen hatte jeder Gaſt ſein eigenes Tiſchchen. ebendaſ.

Trauer, ſ. Kleider.

Tribus. Br. 1. weil derſelben fünf und dreyßig waren, gab die achtzehnte ſchon den Ausſchlag. 36, 13.

Triumph; hielten die Feldherren unter den Kaiſern nicht mehr (weil dieſe allein Imperatoren waren. ſ. Imperatoren.) Dio giebt auch dies zur Urſache an, weil Agrippa ſeine Siege nicht an den Senat berichtet, worin ihm andere Feldherren nachher gefolgt — doch bekamen ſie Triumphinſignien. 54, 24. 56, 17.

Troja; Ritterſpiel, von der Jugend aufgeführt. 42, 23.

Trompeter; Art, wie ſie zur Schlacht blieſen. 47, 43. eine Nachricht, die man bey Dio allein findet.

V. Ver-

V.

Verzeichniß der Senatoren (Album Senatorum) war öffentlich angeschlagen. Br. 137.

Vestalinnen, opferten außer ihrem Tempel auch jährlich einmal in dem Hause des jedesmaligen Consuls zu Ehren der Bona Dea 37, 37. auch in dem Hause der Prätoren. 37, 45. — bey ihnen wurden wichtige Documente, Verträge, Testamente niedergelegt. 48, 37. 46. — zu Augusts Zeiten wollten die Vornehmen ihre Töchter nicht gern mehr hergeben, man brachte also in Vorschlag, daß auch freygelassene Jungfrauen dieses Amtes fähig seyn sollten, doch blieb es beym Alten 55, 22. — erhalten unter August das Recht dreyer Kinder 56, 10. — als Gesandtinnen zu Friedensvorschlägen von Vitellius gebraucht 65, 18. — Beyspiel von zugelegten Liebhabern. Br. 91. 92. — eingemauert 77, 19. Vestalis Maxima 54, 24. — — Elagabal vermählt sich mit einer solchen 79, 9.

Verillen, größere, flatternde Fahnen, worauf die Namen der Armee und des Feldherrn standen 40, 18.

Vicesima Hereditatum, zur Kriegskasse von August bestimmt 55, 25. man wäre sie gern los gewe-

gewesen, aber es bleibt bey dieser Einrichtung 56, 28.

Vigintiviri; zu Vertheilung der Ländereyen unter Cäsar 38, 1.

Villa publica, diente auch dazu, die Bürger zum Kriegsdienste auszuheben. Br. 135. und daſ. Valeſius.

Virtus, Göttin 48, 43.

Voconiſches Geſetz, ſ. Leges.

Volkstribunen; nur Plebejer konnten es werden, und Patricier nur, wenn ſie dem Patriciat entſagten, und ſich von einem Plebejer adoptieren ließen 37, 51 (Gellius 5, 19.) waren zugleich Senatoren 40, 63. (ob ſie aber auch Magiſtratus geweſen, welches Plutarch läugnet, ſ. Fabriz zu 60, 28.) durften keine Nacht aus der Stadt abweſend ſeyn 37, 43. (Gellius 3, 2.) — konnten den Vortrag ſelbſt der Conſuln unterbrechen 38, 12. — ließen ſogar bisweilen Magiſtratsperſonen ins Gefängniß führen z. B. Conſuln 37, 50. 38, 6. — einen Aedil 40, 45. — konnten aber auch auf Befehl des Senats ins Gefängniß gebracht werden 40, 45. — konnten die Wahl eines Staatsbeamten hindern. ebendaſ. — und Senatsconſulte 41, 2. auch noch unter Tiber 57, 15. — konnten verhindern, daß die Staatsbeamten in die

ihnen

ihnen zugetheilten Provinzen nicht gehen durf‐
ten 37, 50. — konnten einer dem andern ent‐
gegenarbeiten und widersprechen 38, 14. —
schon Cäsarn erkennt man nach der Pharsalischen
Schlacht alle Rechte eines Volkstribuns zu,
und daß er unter ihnen Platz nehmen solle 42,
20. — nach geendigtem Aegyptischen Kriege
dem August, und zwar auf Lebenszeit 51, 19.
20. er nimmt aber wenigstens den Namen nicht
an 53, 32. — hören unter den Kaisern auf
das zu seyn, was sie vorher waren, diese wa‐
ren es selbst 53, 17. und ihre Regierungsjahre
werden nach denselben berechnet. ebendas. Au‐
gust erlaubt auch Rittern es zu werden 54, 30.
56, 27.

Vorhang über den Markt gespannt. 59, 23. und
das. Fabriz über das Theater. 43, 24.

Vornamen, ob die Römer zuweilen zwey der‐
selben gehabt? Gronov zu Livius 9, 36. läug‐
net es. Ein Beyspiel doch bey Dio 60, 14. und
das. Reimar S. 952.

W.

Wasser, warmes bey den Römern zum Trin‐
ken gebräuchlich. 57, 14. Verkauf des warmen
Wassers von Claudius verboten. 60, 6. — von
Nero. 62, 14. — von Vespasian. 66, 10.

Wasserleitungen; Aquä Juliä 48, 32. Marcia 49, 42. Virgo 54, 11.

Wettfahren; sechs Wagen fuhren zusammen aus (seit Domitians Zeiten) vorher nur vier. 75, 4. Note. in zwölf Gängen 59, 7. hernach in vier und zwanzig. ebend. unter Commodus einmal dreyßig. 72, 16.

Wochentage; Benennung derselben nach den Planeten, eine Erfindung der Aegyptier, doch in neuern Zeiten, wie Dio meint. 37, 18. 19.

3.

Zehente anstatt des zwanzigsten Theiles von Freylassung der Sclaven, Erbschaften und jeder Art von Schenkung von Caracall eingeführt. 77, 9. — von Macrin wieder aufgehoben. 78, 12.

Zwerge gegen Zwerge kämpfend. 67, 8. (Statius Silv. 6, 51.

Nachricht.

Die beiden Sammlungen der Uebersetzungen der griechischen und lateinischen Schriftsteller, welche seit 1781 angefangen, mit vielem Beifall aufgenommen worden, und welche von jedem Freunde der Litteratur, als das erste Institut seiner Art, empfohlen zu werden verdienen, bestehen anjetzt aus folgenden Theilen.

I. Die Sammlung der Griechen.

	Ladp.		Subsr.	
	fl.	kr	fl.	kr
1) Diodors von Sicilien Bibliothek, übersetzt von Stroth und Kaltwasser 6 Bände	9	8	6	48
2) Xenophons Feldzug des jüngern Kyrus, übersetzt von Grillo	1	—	—	45
—— griechische Geschichte, übersetzt von Borhek	1	30	1	8
3) Plutarchs moralische Abhandlungen, übersetzt von Kaltwasser 1ter bis 6ter Band	9	—	6	46
Dessen 7ter Band ist unter der Presse; der achte Band beschliesst dieses vortreffliche Werk, dem ein sehr vollständiges Register beigefügt wird.				
4) Dio Cassius römische Geschichte, übersetzt von Wagner 4 Bände	6	—	4	48
Dessen 5ter Band, ein vollständiges Register enthaltend	1	12	—	54
5) Herodots Geschichte nebst Larchers Wörterbuch, übersetzt von Degen 6 Bände	7	36	5	42
6) Herodian, übersetzt von Cunradi	1	—	—	45
7) Arrians Geschichte, übersetzt von Borhek 1ter und 2ter Band	2	20	1	45
8) Appians römische Geschichte, übersetzt von Dillenius 1ter Band	1	—	—	45
9) Polyäns Kriegslisten, 2 Bände	1	36	1	12

II. Die

II. Die Sammlung der Lateiner.

	fl.	kr	fl.	kr
1) Justinus, übersetzt von Ostertag 2 Bände	1	48	1	12
2) Plinius N turgeschichte, übersetzt von Grosse 12 Bände	10	48	7	12
3) Kornel Nepos, übersetzt von Bergsträsser, zweite Auflage verbessert	1	40	1	6
4) Cicero's vermischte Briefe, übersetzt von Borhek 5 Bände	5	24	3	42
5) Sallusts Catilina und Jugurtha, übersetzt von Hök	—	54	—	45
6) Curtius, übersetzt von Ostertag 2 Bände	2	30	1	45
7) Julius Cäsar, übersetzt von Hauss 3 Bände	2	18	1	45
8) Suetonius, übersetzt von Ostertag 2 Bände	2	24	1	45
9) Plinius Briefe nebst Leben, übersetzt von Schmidt 2 Bände ..	2	—	1	30
10) Florus, übersetzt von B.	—	54	—	42
11) Geschichtschreiber der historia augusta, übersetzt von Ostertag. 2 Bände	3	45	2	50
12) Livius, übersetzt von Ostertag 1—6ter Band	9	45	7	22
dessen 7ter Band	1	30	1	12
13) Eutropius, übersetzt von Hauss .	—	40	—	30
14) Ammian Marcellin, übersetzt von Wagner 3 Bände	4	—	3	—

Jeder Autor ist mit erläuternden Anmerkungen versehen. Die vorgesetzte deutsche Zahl zeigt den Theil der Sammlung an. Einzelne Theile können nicht um den beigesetzten Subscriptionspreis abgegeben werden, dieser Vortheil ist blos den Subscribenten und denen die eine oder beide Sammlungen beisammen kaufen, vorbehalten. Mit Exemplarien auf Schreibpapier kann man auch dienen, doch wie es sich von selbst versteht, um einen höhern Preis. Beide Sammlungen werden fortgesezt. Plutarchs Biographien und Tacitus werden dazu bereits bearbeitet.

Von der Sammlung der lateinischen Dichter ist bereits erschienen: Virgils Aeneide 8 fl. 1 48 kr.

Ovids Metamorphosen sind unter der Presse.

Frankfurt den 30. Nov. 1795.

Hermannsche Buchhandlung.

www.ingramcontent.com/pod-product-compliance
Lightning Source LLC
Chambersburg PA
CBHW021201230426
43667CB00006B/506